나쓰메 소세키

일 본 학 총 서 06

나쓰메 소세키

생애와 작품

권혁건 지음

고려대학교출판부
KOREA UNIVERSITY PRESS

1912년 45세 때, 〈히간스기마데〉와 〈행인〉을 발표할 당시의 나쓰메 소세키. 이 사진은 일본 천 엔千円권 지폐에 사용된 바 있다.

1872-1873년 5-6세 때, 시오바라 마사노스케塩原昌之助 집에 양자로 갔을 당시의 나쓰메 소세키.

1908년 41세 때, 〈몽십야〉와 〈산시로〉 등을 발표할 당시의 나쓰메 소세키.

1912년 45세 때, 메이지 천황이 작고한 이후의 나쓰메 소세키.

머리말

나쓰메 소세키夏目漱石(1867-1916)라는 작가의 이름과 작품에 대하여 처음 알게 된 것은 1978년 서울 북창동에 있는 일본어학원의 선생님을 통해서였다. 나쓰메 소세키에 대하여 처음 들었을 때, '일본에도 한국의 이광수와 비슷한 작가가 있는 모양이다'라고 무심히 생각했다.

이후 일어일문학과에 진학하여 공부하면서 〈마음こころ〉이라는 작품을 알게 되었다. 필자가 본격적으로 나쓰메 소세키 문학에 대하여 연구하려고 마음먹은 것은 1984년 와세다대학早稲田大学 어학교육연구소에 재학할 때였다. 대학원에 들어가서 '어떤 학문을 전공해야 평생 후회하지 않고 공부할 수 있을까?'로 고민을 했다. 일주일 정도 학교에도 가지 않고 고민을 한 끝에 일본 근대문학, 그중에서도 나쓰메 소세키 문학을 연구 대상으로 삼기로 했다.

그러한 결심을 하면서 장래에 내가 나쓰메 소세키 문학 연구자가 될 수 없다고 해도 후회하지 않겠다고 생각했다. 연구자가 되지 못하면 서울 남대문시장 근처에 식당을 차려 맛있는 요리를 정성껏 만들면서, 틈이 날 때마다 그의 작품을 재미있게 읽어 보겠다고 생각하니 연구에 대한 부담감에서 벗어날 수 있었다.

이후 나는 일본대학日本大学과 규슈대학九州大学에 진학해 석 · 박사 과정을 밟으면서 나쓰메 소세키의 작품을 연구하는 데 한계를 느낄 때마다, 지갑 안에 고이 간직한 그의 사진을 꺼내어 바라보면서 나쓰메 소세키에 대해 애착을 가지려고 노력했다.

필자가 나쓰메 소세키의 문학에 빠져든 지 벌써 23년이 지났다. 그의 문학을 연구하겠다고 결심한 이후, 단 하루도 그의 생애와 작품에 대해 생각하지 않은 날이 없었다. 이는 나쓰메 소세키의 작품 연구의 권위자로 인정받기 위해서도 아니며, 입신출세하기 위해서도 아니다. 나쓰메 소세키가 도쿄제국대학 교수직을 사직하고 아사히신문사의 전속 작가로 들어가서 도대체 작품을 통해 무엇을 말하려고 했던 것인지, 서양 문화가 한꺼번에 일본으로 밀려들어 오던 격동의 시기에 근대문명을 어떻게 바라본 것인지 명확하게 알고 싶었기 때문이다.

이 책은 나쓰메 소세키의 생애와 작품을 한국인의 입장에서 나름대로 객관적으로 정리해 본 결과물이다. 그의 생애를 분석하여 그가 체험했던 삶과 문학이 어떻게 연결되어 있는지 조명해 보았다. 또한 처녀작 〈나는 고양이로소이다〉를 비롯하여 〈미치쿠사〉 등 그의 대표작이라고 말할 수 있는 작품 10편과 2007년 8월까지 한국에서 발행된 나쓰메 소세키 관련 번역본과 단행본 현황을 정리하였다.

끝으로 본 저서를 낼 수 있도록 적극적으로 권유해 주신 고려대학교 일어일문학과 최관 교수님께 마음으로부터 고마움을 표한다. 또한 고려대학교출판부와 원고 교정을 도와준 서미경, 신윤주, 전수진 선생에게도 감사드린다.

2007년 8월

권혁건

차례

제3장_작품 산책

제4장_참고자료

제1장

나쓰메 소세키는 어떤 작가인가

1. 일본의 문호

영국이 낳은 세계 최고의 극작가인 셰익스피어, 독일의 문호 괴테, 프랑스의 문호 발자크, 러시아의 문호 톨스토이, 그들은 그 나라를 대표하는 문학자이다. 그들은 문학을 애호했던 경력이 길고, 당시 시대를 대표할 만한 훌륭한 작품을 많이 발표했으며, 작자 자신이 인간적으로도 훌륭하고 풍부한 교양과 높은 식견을 갖고 있었다.

영국의 문호 셰익스피어와 독일의 문호 괴테와 견줄 수 있는 일본의 문학자를 고르라고 한다면 많은 사람들이 나쓰메 소세키夏目漱石(1867-1916)를 선택할 것이다. 그는 일본 근대문학이 성립되던 시기에 문학자다운 생애를 살았고, 주옥 같은 작품을 남긴 작가이기 때문이다. 정신적으로 불안하고 안정되지 않은 삶을 살았던 적도 있으나, 그는 여전히 일본 메이지 시대의 위대한 지식인이자 훌륭한 소설가, 지적 지도자로 인정받고 있다.[1]

나쓰메 소세키가 1912년 45세 때 작품 〈행인行人〉을 발표할 당시에 찍은 사진을 언뜻 보면 콧수염을 기르고 중후한 표정을 짓고 있다. 윤택한 가정

---

1 丸谷才一, 〈慶応三年から大正五年まで〉, 《夏目漱石》(河出書房新社, 1990), 24쪽 참조.

에서 남부럽지 않게 살았던 사람으로 보이지만 그의 얼굴을 자세하게 살펴보면 오른쪽 눈에만 쌍꺼풀이 졌다. 어딘가를 바라보고 있는 그의 눈은 무엇인가 초조해 하는 것 같기도 하고 표정에는 까닭 모를 불안과 슬픔이 배어 있다.

나쓰메 소세키는 일본에서 국민적 작가, 또는 문호文豪로 불리고 있다. 그가 국민적 작가, 문호로 일컬어지는 이유는, 그의 문학이 일본인들의 정신 속에 미치고 있는 다대한 영향력 때문이다. 특히 전쟁이나 역사의 전환점에 서 있을 때마다, 제2차 세계대전 이후 일본이 경제적으로 고도성장을 이룩한 시기에 나쓰메 소세키가 재조명된다는 점은 눈여겨볼 만한 일이다.

일본 자위대의 이라크 파병 문제로 들썩였던 2003년 말 일본의 국영방송이 나쓰메 소세키와 그의 사상, 그가 살았던 시대를 재조명하는 특집 프로그램을 방영한 것은 주목할 만한 일이다. 그리고 최근 약 10년간의 불경기 속에서 나쓰메 소세키 붐이 일본에서 일어나고 있다. 일본 현대사회가 불안할수록 인간의 삶의 가치를 되돌아보고 근대화에 대한 반성과 자기 성찰을 하게 되는 시기에, 나쓰메 소세키의 존재와 그의 문학이 하나의 길잡이 역할을 하고 있는 것은 분명하다고 생각된다.[2]

그러나 나쓰메 소세키가 문호로 불리는 이유는 일본의 국가 조직과 일부 우익 조직, 일부 광신적인 연구자들이 조직적으로 미화하고 우상화, 신화화했기 때문이다. 특히 나쓰메 소세키의 문하생들이 그를 도덕적 인격자로 성인화聖人化했고, 그 영향력은 오늘날까지 이어져 대부분의 일본인들

2 김정숙, 〈근대 지식인의 초상〉, 《길 위의 생》(이레, 2006), 312-313쪽 참조.

이 그를 위대한 인격자로 인식하고 있다고 지적하는 연구자도 있다.[3]

또한 나쓰메 소세키 작품 '〈마음〉을 일본인 연구자들이 정전正典[4]화하고 있다'고 주장하는 연구자도 있다.[5]

나쓰메 소세키의 문하생들이 그의 좋은 부분만 부각시켜 도덕적 인격자로 신화화하고 성인화했던 부분도 있을 것이다. 하지만 최근에 세계 여러 나라에서 활동하고 있는 일본문학 연구자들이 나쓰메 소세키 생애와 사상, 문학의 평가에 대해 자유롭게 논문을 발표하고 있고, 모든 연구 정보가 인터넷 등을 통해 전 세계에 낱낱이 공개되고 있다.

위와 같은 글로벌 지식정보사회의 연구 환경에서, 일본의 국가 조직과 일부 광신적인 비평가, 그의 문하생들을 비롯한 일부 연구자들이 불순한 의도를 갖고 계속해서 나쓰메 소세키의 생애와 작품을 미화하고 우상화, 신화화, 도덕적 인격자로 성인화한다는 것은 불가능할 것이다.

혹시라도 일본의 국가 조직과 일부 연구자들이 나쓰메 소세키 생애와 문학을 미화, 우상화, 신화화, 정전화했던 부분이 존재한다면, 그 부분은 앞으로 문학 연구자, 비평가들의 분석과 점검을 통해 바르게 수정될 것으로 믿는다. 또한 나쓰메 소세키 생애의 어두웠던 부분, 그가 바람직하게 행동하지 못한 부분은 연구자들에 의해 앞으로 좀더 구체적으로 명확하게 밝혀질 것으로 생각된다.

---

3 유상희, 《나쓰메 소세키 연구》(보고사, 2001), 278-282쪽 참조.

4 문학비평 분야에서 기성체제의 비평가와 연구자 등이 묵시적인 합의를 통해 위대하다고 인정한 작품과 작가를 가리키는 문예비평 용어.

5 인터넷 사이트 http://www.donga.com/fbin/output?sfrm=1&n=200506250009, "서울대 권장 도서 100권―71. 마음(나쓰메 소세키)" 참조. 《동아일보》(2005. 06. 25) 신문기사 참조.

나쓰메 소세키의 작품은 대부분 1905년(明治 38)부터 1916년(大正 5)까지 12년 동안에 집중적으로 발표되었다. 〈나는 고양이로소이다吾輩は猫である〉, 〈마음こころ〉을 시작으로 장편소설이 11편, 〈도련님坊っちゃん〉, 〈풀베개草枕〉를 포함한 중편소설이 4편, 〈영일소품永日小品〉, 〈생각나는 일들思い出す事など〉, 〈유리문 안에서硝子戸の中〉 등의 수필, 〈몽십야夢十夜〉, 〈환영의 방패幻影の盾〉 등을 포함한 단편소설이 있다.

또한 문학을 과학적으로 분명하게 분석해 보려고 했던 〈문학론文学論〉과 18세기의 영국문학을 논했던 〈문학평론文学評論〉이 있다. 그리고 〈나의 개인주의私の個人主義〉, 〈현대일본現代日本의 개화開化〉 등의 강연이 있다. 그 외에도 '서간집', '일기', '그림', '한시 ', '하이쿠' 등이 있다.

그의 작품 대부분은 《아사히신문》에 연재소설로서 발표된 것들이다. 그는 매일 《아사히신문》을 읽는 불특정 다수의 독자를 상대로 계속 그들의 흥미를 끌 만한 작품을 궁리하여 발표했을 것이다. 그러나 독자의 흥미만 생각해 문학적 깊이가 얕은 작품만 발표했던 것은 아니다. 오히려 독자의 흥미보다 문학적 깊이를 더 고려하여 작품을 발표했던 것이 아닌가 하는 느낌이 드는 작품이 많다. 그의 작품을 처음 읽으면 별것 아닌 것처럼 보이지만 읽을수록 이리저리 꼬여 있고, 일본 풍습과 어려운 한자 등도 많이 나와 쉽게 이해할 수 없는 점이 있다. 그런 까닭에 오늘날까지 세계 여러 나라의 연구자들로부터 그의 작품이 주목을 받고 있는 것이다.

2000년 6월 일본 아사히신문사朝日新聞社에서는 독자들 20,569명을 대상으로 천 년간의 기간 동안 가장 인기 있는 문학자를 선별해 보는 '천 년의 문학자' 인기투표를 실시했다. 그 결과 나쓰메 소세키가 3,516표를 얻어

일본 지폐 천 엔권 안에 들어갔던 나쓰메 소세키 초상화.

1위를 차지했고, 2위는 〈겐지이야기源氏物語〉를 썼던 무라사키 시키부紫式部가 3,157표를 얻어 그 뒤를 이었다. 노벨문학상을 수상했던 가와바타 야스나리川端康成와 오에 겐자부로大江健三郎는 8위 안에도 들지 못했다.

위와 같은 조사 결과를 살펴보아도 나쓰메 소세키가 노벨문학상을 수상한 작가는 아니지만 일본문학을 대표하는 문호, 인기 작가임에 틀림없다는 것을 알 수 있다.

현재 사용되는 일본 천 엔千円권에는 세균학자인 노구치 히데오野口英世의 초상화가 들어가 있지만 2004년까지만 해도 나쓰메 소세키의 초상화가 들어가 있었다.

나쓰메 소세키 문학에 많은 사람들이 매혹당하는 이유는 약 100여 년이 지난 오늘날에도 통할 수 있는 근대화의 모순과 그늘, 죄의식, 고독감, 소외된 지식인들이 처한 제반의 문제, 지식인의 불안, 죽음과 자살, 삼각관계, 불륜에 대한 공포, 금전의 구애, 부친과 자식의 갈등, 급격한 근대화에 대한 지식인이 느끼는 두려움, 근대문명과 인간의 불안, 에고이즘 추구로 몸부림치는 고독한 인간 모습 등을 작품을 통해 철저하게 파헤쳐 설득력 있는 문장으로 묘사했기 때문이다.

나쓰메 소세키가 작품을 통해 추구했던 테마가 옛날보다 경제적으로 윤택하게 살게 된 오늘날의 현대인들에게 공감과 감동을 안겨 주고 있는 것은 틀림없다고 생각된다. 그는 서양문명의 도입으로 급격하게 변해 가는 일본 근대화의 성공 가능성을 느끼는 것과 동시에, 그 한계를 예상하여 불안해하고 고뇌했던 작가였다.

2006년 12월, 나쓰메 소세키 서거 90주년을 맞이하였다. 그의 작품은 지금도 일본의 중 · 고등학교의 국어 교과서에 실려 학생들에게 학습되고 있다. 삼성당三省堂의 《고등학교현대문高等学校現代文》에 〈마음〉과 〈현대 일본의 개화〉가, 대수관서점大修館書店의 《신편국어종합新編国語綜合》에 〈몽십야夢十夜〉가, 《정선현대문精選現代文》에 〈마음〉이 실려 있다. 축마서방筑摩書房의 《신현대문新現代文》에 〈마음〉이, 동경서적東京書籍의 《국어종합현대문편国語綜合現代文編》에 〈나의 개인주의〉, 《정선국어종합精選国語綜合》에 〈몽십야〉가 실려 있으며, 메이지서원明治書院의 《정선현대문》에 〈마음〉과 〈현대 일본의 개화〉가, 《신현대문》에 〈나의 개인주의〉 등이 실려 있다. 나쓰메 소세키의 작품이 고등학교 교과서에 많이 실려 있는 이유는 인간의 에고이즘 추구, 친구와 우정 등의 문제가 내포되어 있기 때문이기도 하지만 근본적인 원인은 다양한 시각으로 작품 해독이 가능하기 때문이다.[6]

일본에서 손꼽히는 출판사의 하나인 이와나미서점岩波書店이 이제까지

---

6 木部与巴仁, 〈漱石は今でも読まれているのか?〉, 《東京人 2》, 夏目漱石特集夏目漱石(都市出版, 2006), 58-61쪽 참조.

출판한 《나쓰메 소세키 전집》의 판매 부수만 해도 1천만 부를 넘었다. 그의 작품은 전집뿐만 아니라 문고본이나 단행본으로도 간행되어 많이 판매되고 있다. 매년 나쓰메 소세키와 관련된 수십 권의 책과 100편 이상의 연구 논문이 일본을 비롯하여 세계 여러 나라에서 쏟아져 나오고 있다. 나쓰메 소세키 연구자라고 해도 그에 관해 발표된 저서와 논문을 전부 읽는다는 것은 불가능하다고 여겨질 정도이다.

특히 최근에는 그에 대한 출판 붐이 가속화되어 나쓰메 소세키 연구 전문서적은 한국에서도 《나쓰메 소세키夏目漱石 문학연구文学研究》, 《나쓰메 소세키 작품 〈마음〉 연구》, 《나쓰메 소세키의 전기 삼부작 연구》 등이 발간되었다.

한국에서 일본 근대문학 연구자들 가운데 나쓰메 소세키 연구자의 수가 가장 많고, 이제까지 발표된 나쓰메 소세키 관련 연구물의 수량도 여느 일본 문학자의 그것보다 많다. 미국과 중국에서도 나쓰메 소세키 문학은 일본 근대문학 연구자 사이에서 가장 인기를 얻고 있다.[7]

7 권혁건, 《나쓰메 소세키와 한국》(제이앤씨, 2004), 251-257쪽 참조.

2. 한국에서의 인지도

1990년 이후 나쓰메 소세키 작품이 국내에서 왕성하게 번역되고 있어 그의 이름은 우리사회에서도 그리 낯설지 않다. 더욱이 나쓰메 소세키 문학은 일본문학을 연구하는 연구자들 사이에서는 크게 인기를 얻고 있다.

하지만 나쓰메 소세키가 한국의 일본문학 연구자들 사이에서는 압도적인 인기를 얻고 있는 작가임에는 틀림없으나, 그의 작품이 일반 대중에게까지 인기를 얻고 있는 것은 아닌 듯하다. 수만 부에서 수십만 부까지 팔리고 있는 무라카미 하루키村上春樹와 요시모토 바나나吉本ばなな의 경우를 볼 때 한마디로 나쓰메 소세키 문학은 국내의 일반 대중에게보다는 일본 근현대문학 연구자에게 더 인기가 있다고 할 수 있다.

서울대는 국내 대학 최초로 동서양 고전을 모은 〈대학생을 위한 권장도서 100권〉의 해제집(독서 방식에 대한 가이드북)을 2005년 11월에 발간했다. 서울대 측은 '지성인으로서 갖추어야 할 교양, 문화적 다원성에 대한 이해의 증진, 현재적 적실성 등을 고려해 여러 분야들의 상징적인 고전들을 권장 도서로 선정했다'고 밝혔다. 해제집은 단순한 숫자 100권을 넘어선 '열린 지식의 보고'로 평가되고 있다. 일본 근대문학 작품 가운데 나쓰메

소세키의 작품 〈마음〉이 권장 도서로 해제집 속에 들어갔다.[8]

2007년 7월 현재 한국에서 간행된 나쓰메 소세키 문학 번역본은 30편을 넘고 있다. 한 편의 작품이 여러 출판사에서 간행된 것을 포함하면 총 번역본은 약 104편이다. 최근 약 15년간 소세키 문학의 80퍼센트가 번역물로 간행되었다.

일본에서 발간된 나쓰메 소세키 문학에 관한 전문서적은 그 수량이 너무 많아서 정확하게 헤아릴 수가 없을 정도이다. 그러나 안타깝게도 일본에서 발간된 나쓰메 소세키에 관한 전문서적의 수량에 비교하면 한국에서 한국인의 손으로 쓰여진 나쓰메 소세키에 관한 전문서적은 그리 많지 않다.

해방 이후 2007년 2월까지 출판된 나쓰메 소세키 관련 전문서적은 13권이다. 그 가운데 3권은 일본에서 발간된 것이고 9권은 국내에서 발간된 것이다. 일본문학 작가 연구 가운데, 한 작가에 대해 한국인 연구자가 연구하여 발간한 전문서적이 13권이나 되는 작가는 현재로는 나쓰메 소세키 한 사람뿐이다.

위와 같은 연구실적은 한국인 일본문학 연구자에게 있어서 나쓰메 소세키 문학 연구가 인기를 얻고 있는 것을 증명하고 있는 것이다.

한국인 연구자가 일본에서 발간한 3권을 저자별로 정리하여 보면 1994년에 윤상인尹相仁이 《세기말과 소세키世紀末と漱石》를 발간했다. 1997년에는 진명순陳明順이 《소세키 한시와 선 사상漱石漢詩と禅の思想》을, 2002년에 김정훈金正勲이 《소세키 남자의 언사, 여성의 처사漱石 男の言草, 女の仕草》를 발간

8 인터넷 사이트 http://news.media.daum.net/snews/society/affair/200511/30/kukinews/v10947987.html에 실린 "서울대, 권장 도서 100권 가이드북 발간" 참조.

했다.

국내에서 발간된 10권을 저자별로 정리하여 보면, 1994년에 필자(権赫建)가 《나쓰메 소세키 문학세계—작가와 작품 연구》를, 1996년에는 《일본 근대소설연구—나쓰메 소세키를 중심으로》를, 2001년에 필자(権赫建) 편집 《나쓰메 소세키 문학연구》를, 2003년에는 편저인 《나쓰메 소세키 작품 〈마음〉 연구》를 2004년에는 《나쓰메 소세키와 한국》를 발간했다. 2001년에 유상희柳相熙가 《나쓰메 소세키 연구》를 발간했다. 같은 해에 조영석曺栄錫이 《나쓰메 소세키의 문학세계》를 발간했다. 2003년에 오경呉敬이 《가족관계로 읽는 소세키 문학》을 발간했다. 2005년에는 한국 나쓰메소세키연구회 편 《나쓰메 소세키의 전기 삼부작 연구》가 발간되었으며, 2006년도에는 진명순이 《漱石詩と文学思想》을 발간했다.

또한 2003년에는 한국에서 나쓰메 소세키 문학 홈페이지, 'http://www.soseki.co.kr'가 만들어져 2007년 2월 현재 정회원으로 가입한 사람이 2천 명을 넘고 있다.[9]

위와 같은 현상들을 살펴볼 때 한국에서 그의 작품이 폭발적인 인기를 얻고 있는 것은 아니지만 1990년대 이후 약 17년간 그의 문학이 집중적으로

9 2003년 6월 필자에 의해 만들어졌음. 일본 문학을 대표하는 나쓰메 소세키의 생애와 작품에 관심 있는 사람들과 공통된 테마를 갖고 교류하고 싶다는 소박한 소망이 소세키 홈페이지가 탄생된 계기가 되었음. 한국에서 독립된 형태로 처음 만들어진 〈나쓰메 소세키 문학 홈페이지〉는 나쓰메 소세키 관련 신간 서적 소개, 연구 논문 소개, 단행본 저서 소개, 공지사항, 국내외 관련사이트 소개, 게시판 등으로 구성되어 있음. 인터넷 통신망을 이용해 빠르고 손쉽게 소세키에 관한 정보를 얻을 수 있는 공간으로 인식되고 있으며, 회원들끼리 그의 문학을 화제로 질의, 토론이 가능하고 자유롭게 교류하며 자신의 글을 올릴 수 있음.

번역, 소개되었고, 그의 문학을 애호하는 한국인들에게 왕성하게 읽히고 있음을 알 수 있다. 그리고 그에 관한 전문 연구 서적도 꾸준하게 한두 권씩 발간되고 있다. 그 때문인지 최근에 학생과 젊은 층을 중심으로 나쓰메 소세키에 대한 인지도가 높아지고 있다.

특히 나쓰메 소세키 작품의 번역본을 읽은 독자들은, 현대인들이 느끼는 인간의 고뇌, 불안, 에고이즘, 꿈 등을 포함한 삶의 문제가 응축되어 표현되어 있기 때문인지 그의 작품에서 공감과 감동을 느끼고 있다. 때문에 인터넷을 통해 그의 문학을 좀더 깊이 있게 탐색해 보려고 시도하고 있다.

제2장

나쓰메 소세키의 생애

1. 어린 시절

1-1. 출생과 가정환경

나쓰메 소세키夏目漱石의 '나쓰메夏目'는 성姓이고, '소세키漱石'라는 이름은 필명筆名이다. 다시 말해 '소세키' 라는 것은 소설가로서의 이름인 것이고, 본명은 나쓰메 긴노스케夏目金之助이다. 본 저서에서는 혼동을 피하기 위해 특별히 설명할 때를 제외하고는 '나쓰메 소세키'라는 이름으로 통일하여 표기하겠다. 다만 이해를 빠르게 하기 위하여 '나쓰메 소세키'를 '소세키'로 간략하게 표기하는 경우도 있을 것이다.

나쓰메 소세키는 1867년(慶応3) 2월 9일(음력 1월 5일) 당시 에도江戸 우시고메牛込 바바시타요코초馬場下横町, 현재의 도쿄東京 신주쿠구新宿区 기쿠이초喜久井町 1번지에서 태어났다. 그의 부친은 당시 나누시名主(현재의 동장이나 이장에 해당됨)였던 나쓰메 고헤나오카쓰夏目小兵衛直克였고, 모친은 나쓰메 고헤나오카쓰의 후처後妻 치에千枝였다. 그는 5남 3녀 가운데 막내아들로 태어났다.

미신이 많았던 당시 음력으로 정월正月5일에 태어났다는 것은 별로 좋지 않게 여겨졌다. 때문에 점쟁이에게 점을 본 결과, 도둑이 되지 않게 하려면

나쓰메 소세키가 태어난 장소에 세워진 기념비.

나쓰메 소세키가 태어난 곳 근처에 있는 서한사誓閑寺라는 절의 범종. 그는 절에서 치는 종소리를 듣고는 슬픔과 울적함을 느끼며 성장했음.

이름에 금金 자를 넣는 것이 좋다고 해서, 부친이 나쓰메 소세키의 본명을 나쓰메 긴노스케夏目金之助로 지었다.[10]

나쓰메 소세키가 태어날 무렵의 일본은 1853년 페리 내항 이후 구미 열강과 접촉함에 따라 내외의 위기가 고조되어 존왕양이尊王攘夷 운동이 전개되고 있는 상황이었다. 이후 조슈長州와 사쓰마薩摩 양한이 막부를 타도하는 도막운동倒幕運動을 전개했다. 나쓰메 소세키가 태어난 해인 1867년에, 15대 장군将軍인 도쿠가와 요시노부徳川慶喜가 국가통치권을 천황이 지도하고 있는 조정에게 반환하는 대정봉환大政奉還이 실현되어 사실상 에도 막부江戸幕府 시대는 막을 내리고 새롭게 천황제 국가가 창출되었다. 이듬해인 1868년

10 新潮文庫 編, 《文豪ナビ夏目漱石》(新潮社, 2004), 126쪽 참조.

(明治元年) 7월에는 에도가 도쿄로 개칭되었고, 같은 해 8월 27일에는 메이지 천황明治天皇 즉위식이 거행되어, 새로운 메이지 시대(1868-1912)가 시작되었다.[11]

나쓰메 소세키가 태어나 살았던 메이지 시대는 일본이 긴 쇄국鎖国을 그만두고 외국에 문을 열어 서양문명을 받아들이기 시작한 시기이다. 서양을 따라잡아 추월하려고 일본의 국가와 국민이 적극적으로 서양 문명과 문화 섭취에 노력했던 시대이다.[12]

위와 같은 서양문화, 문명 섭취라는 새로운 시대의 물결은 차례차례로 옛것을 부수어 버리고 놀랄 정도의 속도로 일본을 바꾸어 나갔다. 그러나 메이지 시대는 진보와 발전의 시대였지만, 다른 한편으로는 옛 문화와 신문화가 혼재하는 불안정한 시대이기도 했다.

이렇듯 나쓰메 소세키는 메이지 유신이 한창일 때 태어나, 격동의 시대에 그 소용돌이의 중심이었던 도쿄에서 자랐다. 그가 도쿄에서 성장했다고 하는 것은 소세키 문학에 하나의 커다란 의미를 부여해도 좋을 것이다.

나쓰메 집안은 대대로 나누시로 근무하고 있었다. 소세키의 아버지인 나쓰메 고헤나오카쓰도 소세키가 태어날 당시 우시고메바바시타牛込馬場下라고 불렸던 현재의 와세다대학早稲田大学 근처인 요코마치横町, 에노키초榎町, 덴진초天神町, 나카자토초中里町, 나카자토무라마치中里村町 등 5개 마을의 나누시로서 마을 사람들로부터 존경받고 있었다.

당시 나누시는 오늘날의 동장洞長과 파출소장이 하는 일을 맡아 했으며

11 박경희 엮음, 《연표와 사진으로 보는 일본사》(일빛, 2001), 374-383쪽 참조.
12 三田村信行, 《夏目漱石》(偕成社, 1994), 9-11쪽 참조.

나쓰메 소세키의 부친 나쓰메 고헤나오카쓰(왼쪽)와 모친 나쓰메 치에.

도쿠가와德川 막부 선단의 역할을 담당했다. 그래서 평범한 마을 사람이라 해도 성씨性氏를 가지는 것과 칼을 꽂고 다니는 것이 허락되었다.

나누시 집안에는 일반 서민의 집과는 달리 반드시 대문이 세워져 있었다. 나쓰메 소세키가 태어났을 때도 그의 집은 예전 그대로의 큰집이었고, 마을 내에서 유일하게 대문이 달려 있었다. 거기에는 쓰쿠보突く棒(에도 시대에 죄인을 잡던 연장)와 사쓰마타刺服(긴 막대기 끝에 U자 모양의 쇠를 꽂은 무기)라는 범인을 잡을 때 쓰는 도구가 놓여 있어 유사시에는 마치부교쇼町奉行所(에도 시대의 행정관청) 아래서 경찰과 같은 일을 하기도 했다. 그 외에 도쿄 아오야마青山라는 곳에 논밭이 있어 거기서 거둬들이는 쌀만으로도 온 식구들이 먹기에 충분했다.

그러나 에도가 도쿄로 바뀔 무렵, 즉 일본의 근세 시대인 에도 시대에서 일본의 근대 시대의 시작인 메이지 시대로 바뀔 무렵에 나쓰메 집안의 생활도 점점 어려워져 갔다. 도쿠가와 막부가 무너짐에 따라 나누시 제도가 폐지되었다. 이제까지 나누시로서 마을 사람들로부터 받아 오던 돈을 받지 못하게 되자 가정 형편이 점점 어려워지기 시작했다.

나쓰메 소세키 어머니 치에의 친정집은 도쿄 요쓰야四谷의 오오반초大番町(현재의 신주쿠구 다이쿄초)에 있는 열쇠 가게鍵屋라는 이름을 가진 전당포 겸 대금업을 하는 집이었다. 치에는 그 집안의 가장인 후쿠다 쇼베에福田庄兵衛의 셋째 딸이었다. 치에는 10년 정도 무사 집안에서 고용살이를 한 후, 시타야下谷의 어느 전당포 집으로 시집갔지만 결혼은 실패로 끝났다.

친정으로 되돌아온 치에는 1854년(安政元年) 나쓰메 고헤나오카쓰의 후처가 되었다. 나쓰메 코헤나오카쓰의 본처였던 고토ことは는 치에가 시집오기 1년 전에 병사했다.

5남 3녀 가운데 막내로 나쓰메 소세키가 태어났을 때, 부친인 나쓰메 고헤나오카쓰의 나이를, 연구자에 따라 50세에서 54세로 조금씩 다르게 주장하고 있다. 하지만 부친이 50세가 넘어서 소세키를 낳은 것만은 틀림없다. 어머니 치에의 나이도 연구자에 따라 41세 혹은 42세라고 주장하고 있으나 42세라는 설이 유력하다. 그 당시 일본 사람의 평균 수명이 45세 전후였던 점을 고려해 보면, 그가 태어났을 때의 부친의 나이가 50세가 넘었다는 것은 당시로서는 굉장히 많은 나이였다는 것을 추측해 볼 수 있을 것이다.

나쓰메 소세키가 태어날 무렵 그의 형제자매로는 부친과 전처 사이에서 태어난 사와さわ와 후사ふさ라고 하는 두 명의 딸과 치에가 낳은 다이이치大一(후에 다이스케大助라고도 불렸음), 에이노스케栄之助(후에 나오노리直則라고도 불렀음), 와사부로和三郎(후에 나오카타直矩라고도 불렀음), 히사키치久吉 등의 네 명의 사내아이와 치카ちか라는 딸이 있었다.

그러나 나쓰메 소세키가 태어나기 전에 히사키치라는 형은 네 살 때, 치카ちか라는 누나는 두 살 때 죽었다. 때문에 그가 태어났을 때에는 사와와 후사라고 하는 두 명의 누나와 다이이치, 에이노스케, 와사부로 등 세 명의 형, 모두해서 다섯 명의 누나와 형이 있었다.[13]

나쓰메 소세키가 태어날 당시 그 시대의 사람들에게 있어서 나이가 들어 낳은 아이를 '수치스러운 아이'라고 불렀다. 어머니인 치에도 40세가 넘어 아이를 낳은 것을 창피하게 생각하였다. 어머니는 모유가 나오지 않았기 때문에 남의 젖을 얻어 먹인 적도 있었다. 나쓰메 소세키가 아기였을 때, 친어머니 치에의 따뜻한 품에서 모유를 먹으며 성장한 경험은 거의 없었던 것이다.[14]

부친도 생활이 점점 어려워지는데다가 두 명의 딸과 세 명의 사내아이가 있어 키울 아이도 많은데 나이가 들어 나쓰메 소세키가 태어난 것을 그다지 기뻐하지 않았다. 한마디로 나쓰메 소세키는 축복받으며 태어난 아이는 아니었다.

1-2. 수양아들

나쓰메 소세키의 부친이 나누시를 그만두고 난 뒤, 부모들은 두 딸들을

---

13 宮井一郎, 《詳伝夏目漱石ー上巻》(国書刊行会, 1992), 2-3쪽 참조.

14 井上百合子, 〈夏目家と塩原家ー生いたちについて〉, 《国文学解釈と教材の研究》(学灯社, 1978), 16-17쪽 참조.

시집보내야 했고, 네 명의 아들도 학교에 보내야 했다. 그런데 집안의 경제 상황이 갑자기 좋지 않게 돌아가자 부모들은 걱정이 되었다. 그 시기에 나쓰메 소세키가 태어났기 때문에 그는 집안에서 '쓸데없는 아이', '귀찮은 존재'로 취급되었다.

위와 같은 집안 형편으로 인해 나쓰메 소세키는 태어난 지 얼마 되지 않아 도쿄 한복판인 요쓰야四谷에 있는 고물상 집에 수양아들로 보내지게 되었다. 그 집은 불행하게도 가난한 집안으로 부부는 밤이 되면 갓난아기인 나쓰메 소세키를 고물상으로 데리고 가 바구니에 넣어 둔 채로 고물들과 함께 길가에 놓아두었다. 아무것도 모르는 그는 거리를 오가는 사람들을 보고 울기도 하고 웃기도 했다.

한때 나누시 집안의 아들이었던 나쓰메 소세키가 밤거리의 노점에서 고물류와 함께 진열된다는 사실은 참으로 불행한 일이 아닐 수 없었다. 어느 날 밤 이 가게 앞을 지나던, 당시 열다섯 살이었던 둘째 누나 후사는 남동생이 마치 버려진 아이처럼 길가의 고물상에 내팽개쳐진 것을 보고는 나쓰메 소세키를 품에 안고 집으로 데리고 돌아와 버렸다.

하지만 '낳아 주신 부모보다 길러 주신 부모'라는 말대로 자신을 길러 준 부모와 떨어진 나쓰메 소세키는 본가로 돌아온 날 쉬지 않고 계속 울어 댔다. 소세키가 밤새도록 울어 집안사람들이 잠을 이루지 못하자 후사는 아버지인 나쓰메 고헤나오카쓰로부터 '쓸데없는 짓 하지 마라'라고 심하게 야단을 맞았다.

당시 너무 어렸기 때문에 기억에 남아 있을 턱이 없는 이 어린 시절의 어두웠던 에피소드를, 나쓰메 소세키는 후에 〈유리문 안에서硝子戸の中〉라는 수필에서 다음과 같이 묘사했다.

> 나는 부모님의 만년에 태어난 말하자면 늦둥이이다. 나를 낳았을 때 어머니는 이런 나이로 임신을 해서 남세스럽다고 했다는 이야기가 지금도 이따금 입에 올려지고 있다.
>
> 단지 그 까닭만은 아니겠으나 우리 부모님은 내가 태어나자 나를 어느 집에 수양아들로 주어 버렸다. 그 집이 물론 내 기억에 남아 있을 리 없지만 어른이 된 후에 들어 보니, 아무래도 고물장사를 하며 근근이 살아가고 있던 가난한 부부네 집이었던 것 같다.
>
> 나는 그 고물가게의 잡동사니와 함께 작은 광주리 속에 뉘어져 매일 밤 요쓰야 야시장 노점에서 밤바람을 맞았다고 한다. 그것을 어느 날 밤 누나가 무슨 일인가로 그 앞을 지나가다가 발견하고서 가엾다고 여겨서 품에 싸안고 집으로 데리고 왔다는데, 나는 그날 밤 잠을 안 자고 밤새도록 울어대기만 해서 누나는 아버지에게 몹시 꾸중을 들었다고 한다.[15]

나쓰메 소세키가 도쿄 요쓰야에 있는 고물상 집에 수양아들로 보내져 있었던 기간은, 정확하지 않지만, 반년에서 1년 가까운 시간이었다. 이 기간에 그는 친어머니의 따뜻한 품안에서 모유를 먹지 못하며 성장했던 것이다.

1-3. 양자

나쓰메 소세키가 수양아들로 보내졌다가 생가로 돌아온 시기는 정확하지가 않지만 1868년(明治 元年), 만 나이로 한 살이 된 해의 11월경이었다. 그러나

15 夏目漱石, 《硝子戸の中》, 29(岩波書店, 1995), 82-83쪽.

나쓰메 소세키는 생가에 돌아오자마자 이번에는 시오바라 마사노스케塩原昌之助('시오바라 쇼노스케'라고도 불림)라는 사람의 집에 양자로 보내지게 되었다. 양자로 가자 그의 이름도 '나쓰메 긴노스케夏目金之助'에서 '시오바라 긴노스케'로 갑자기 바뀌었다.[16]

나쓰메 소세키가 태어난 곳 주변 고갯길을 '나쓰메자카夏目坂'로 이름을 지어, 그곳에 기념비를 세웠다(저자 촬영).

양아버지 시오바라 마사노스케는 원래 소년 시절에 나쓰메 집안의 서생書生(당시 시대에 남의 집의 가사를 돌보아 주고 기식하는 사람)이었는데 나쓰메 소세키 부친의 주선으로 야스やす라는 여성과 결혼하였다. 결혼하기 전에 야스가 나쓰메 집안에서 집안일을 도와주는 하녀로 일했다는 설이 있으나 확실하지 않다.

시오바라 마사노스케 부부는 안타깝게도 슬하에 자녀가 생기지 않았다. 당시 시오바라 마사노스케는 나이토신주쿠 키타마치内藤新宿北町(지금의 도쿄시 신주쿠 2초메)에 살면서 나누시로 근무하고 있었다. 이후 나누시를 그만두고 나서는 도쿄 아사쿠사浅草의 쓰와초諏訪町로 이사해서 그 마을의 고초戸長(메이지 시대 초기에 마을의 행정 사무를 맡아 보았던 관리)가 되었다.

슬하에 아이가 없었던 시오바라 마사노스케 부부는 양자로 들어온 나쓰

16 丸谷才一, 앞의 논문, 6-8쪽 참조.

메 소세키를 친자식처럼 귀여워해 주었다. 풍족한 살림은 아니었으나 나쓰메 소세키에게만은 원하는 것은 무엇이든 다 사 주었다.

시오바라 마사노스케가 나쓰메 소세키를 양자로 받아들인 것은 나쓰메 집안의 귀찮은 존재, 필요 없는 막내아들을 양자로 받아들여, 나쓰메 소세키 부친인 나쓰메 고헤나오카쓰에게 받은 은혜에 보답하고 자신의 가계를 잇기 위해서였다.

나쓰메 고헤나오카쓰가 막내아들인 나쓰메 소세키를 시오바라 마사노스케 집으로 양자로 보낸 중요한 이유는 가부장제하의 막내아들의 장래를 고려한 것이다. 50세면 인생의 황혼기라고 여겨지던 시대에 부친인 나쓰메 고헤나오카쓰는 이미 50세를 넘긴 나이였다. 그런데 시오바라 마사노스케는 약관 29세의 나이로 나누시 직에 있는데다가 상속받은 재산도 있어 나쓰메 소세키가 시오바라 마사노스케 집에 양자로 갈 경우, 그의 장래가 편안해질 것으로 생각했기 때문이다.[17]

시오바라 마사노스케 부부는 나쓰메 소세키에게 많은 기대를 걸고 있었다. 때문에 혹시 '그가 진짜 양친을 알게 되는 것은 아닐까?' 하는 문제로 항상 불안해 했다. 그러나 나쓰메 소세키는 양부모가 어쩌면 친부모가 아니라는 생각을 하기도 했다. 도쿄 아사쿠사의 집도 넓기만 할 뿐 어두컴컴하여 자기 집 같은 느낌은 들지 않았기 때문이다.

나쓰메 소세키가 더욱 싫어했던 것은 양부모가 무슨 일이 있으면 자기를 붙들고 '너의 아버지는 누구지?'라고 질문을 하는 것이었다. 나쓰메 소세키가 양아버지인 시오바라 마사노스케를 가리키면 이번에는 양어머니인 야

17 유상희, 앞의 책, 20-21쪽 참조.

스가 '그러면 너의 어머니는 누구지?'라고 물었다. 이 말을 들은 그는 가만히 입을 다문 채 양어머니 야스를 가리켰다. 그러면 양부모는 서로 얼굴을 마주 보고 굉장히 만족스러운 듯 웃었다. '너는 어디서 태어났니?', '누가 제일 좋니? 아버지? 어머니?' 양부모의 이런 질문들이 계속 반복될 때마다 나쓰메 소세키는 점점 불안해졌고 때로는 아무 말도 하지 않게 되었다.[18]

나쓰메 소세키는 위와 같은 양자 시절의 어두웠던 체험을 〈미치쿠사道草〉라는 자전적인 작품에 그대로 표현했다. 〈미치쿠사〉는 1915년(大正 4) 6월 3일부터 같은 해 9월 14일까지 102회에 걸쳐 도쿄, 오사카의 《아사히신문》에 연재된 장편소설이다. 이 작품은 나쓰메 소세키가 자신의 체험을 소재로 한 유일한 자전적 소설로 평가받고 있다.

〈미치쿠사〉의 주인공 겐조의 모델은 물론 나쓰메 소세키이다. 작품 속의 겐조는 어린 시절 시마다 집안에서 양부모와 함께 살았을 때, 양부모의 마음 깊은 곳에는 양아들 겐조에 대한 일종의 불안감이 존재했다고 아래와 같이 회고한다.

> 화로 앞에 앉는 차가운 늦가을 밤이면 그들은 곧잘 겐조에게 이런 질문을 했다.
>
> "네 아버지는 누구지?"
>
> 겐조는 손가락으로 시마다를 가리켰다.
>
> "그럼 네 어머니는?"
>
> 겐조는 또 오쓰네의 얼굴을 보고 그녀를 가리켰다.
>
> 그걸로 일단 안심하고 나면 이번에는 같은 걸 다른 식으로 물었다.

18 荒正人, 《評伝夏目漱石》(実業之日本社, 1970), 13-14쪽 참조.

어린 나쓰메 소세키(오른쪽)와 매형(중간), 둘째 형 나쓰메 에이노스케.

"자, 그럼 네 진짜 아버지와 어머니는?"

겐조는 싫지만 같은 말을 되풀이할 수밖에 없었다. 그러나 그게 웬일인지 그들을 기쁘게 했다. 그들은 얼굴을 마주 보며 웃었다.

어느 때는 거의 매일이다시피 셋이 둘러앉아 같은 문답을 주고받았던 적이 있었다. 〔…〕

"너 누가 제일 좋아? 아버지? 어머니?"

겐조는 그녀의 뜻을 헤아려 상대가 원하는 대답을 해야 한다는 게 싫어서 견딜 수 없었다. 그는 말없이 막대기처럼 서 있었다. 〔…〕

부부는 전력을 다해 겐조를 자신들의 전유물로 만들고자 노력했다. 또 사실상 겐조는 그들의 전유물임에 틀림없었다.[19]

나쓰메 소세키는 자신의 체험을 묘사한 자전적 소설 〈미치쿠사〉라는 작품을 통해, 어린 시절, 시마다 부부는 말끝마다 겐조에게 자신들의 은혜를 각인시키려고 했다고 표현했다. 또한 양부모의 애정 속에는 이상한 보상 심리가 도사리고 있었다고 회상했다.

이후 양아버지인 시오바라 마사노스케는 당시 도쿄 아사쿠사浅草에 살고 있는 28세의 과부 우스이 가쓰臼井勝를 알게 되었다. 가쓰라는 여성은

19 夏目漱石, 《道草》, 41(新潮社, 1995), 105-107쪽.

신관神官 집 딸로 태어나 성장한 이후 하타모토旗本 가문으로 출가하였으나 남편과 사별하였다. 남편과 사별한 가쓰는 외동딸 렌れん과 단둘이 살고 있었다. 시오바라 마사노스케는 가쓰의 재산을 늘려 주는 일을 의뢰받아 도와주는 관계로 자주 만나다가 친숙한 사이로 발전하게 되었다.

양어머니 야스는 남편인 시오바라 마사노스케와 미망인 가쓰의 사이가 부적절한 관계일 것으로 속단하고 남편에게 맹렬히 항의하여 가정불화가 일어났다. 이 무렵 시오바라 마사노스케 부부는 싸움을 며칠이나 계속했다. 그렇지 않아도 욕심이 많고 질투심이 강한 아내 야스에게 정나미가 떨어진 시오바라 마사노스케는 크게 화를 냈다. 그 결과 결별 이야기가 나왔고, 야스는 친정으로 돌아가 버렸다.[20]

나쓰메 소세키는 양부모 사이에 불화가 일어났던 1874년(明治 7) 4월 나쓰메 생가에 일시적으로 맡겨졌다. 나쓰메 소세키는 생가에 돌아온 것을 기뻐하였으나 생가에서는 소세키를 따뜻하게 맞아 주지 않았다.

이후 나쓰메 소세키의 부친인 나쓰메 고헤나오카쓰의 중재에도 불구하고 시오바라 마사노스케와 야스의 결합은 끝내 이루어지지 않았다. 1875년 4월 결국 양아버지 시오바라 마사노스케와 양어머니 야스는 정식 이혼이 성립되어 헤어지게 된다.[21]

때문에 나쓰메 소세키는 새 양어머니인 가쓰와 가쓰의 전남편 사이에서 태어난 렌이라는 딸이 살고 있는 시오바라 마사노스케 집으로 되돌아왔다. 나쓰메 소세키는 이제부터는 새로 들어온 가쓰를 어머니라 부르지 않

20 유상희, 앞의 책, 26-28쪽 참조.

21 三好行雄 編, 《夏目漱石事典》(学灯社, 1990), 10-13, 394쪽 참조.

으면 안 되었다. 전남편과의 사이에서 태어난 가쓰의 딸 렌은 나쓰메 소세키보다는 한 살 위이고 굉장히 귀여웠다.[22]

어머니의 사랑을 제대로 알지 못하는 나쓰메 소세키에게는 누가 어머니인가는 상관이 없었다. 그것보다는 언제부터인지, 북적거리고 재미있는 가정 쪽이 더 좋다고 생각했다. 지금까지 언제나 외톨이였던 자신에게 렌이라는 누나가 생겼다는 사실 하나만으로도 아주 기뻤던 것이다.

1-4. 모리 오가이와 아리시마 다케오의 어린 시절

당시 시대에 일본을 대표하는 작가들이 모두 나쓰메 소세키처럼 어려운 환경에서 축복받지 못하고 태어난 것은 아니다.

나쓰메 소세키와 함께 일본 근대의 후배 작가들에게 많은 영향을 미쳤고, 자연주의 작가들로부터 고답파高踏派·여유파余裕派라고 불렸던 모리 오가이森鴎外는 현재의 시마네 현島根懸 쓰와노津和野에서, 부친이 전의典医라고 하는 의사 집안의 맏아들로 태어났다.

모리 오가이는 경제적으로 안정된 집안의 장남으로 태어나 일곱 살 때부터 한학을 배웠고, 열 살 때에 도쿄로 상경하여 독일어를 배우러 다녔다. 그리고 열두 살 때에 도쿄제국대학 의학부에 입학한다.

나쓰메 소세키와 같은 시기에 반자연주의 입장에 서서 작품을 발표했던 시라카바하의 대표 작가 아리시마 다케오는 어린 시절 아버지가 당시 일본에서 커다란 무역항인 요코하마横浜의 세관장으로 근무하고 있었다. 때문에 다섯 살 때부터 미국인 가정에서 살며 영어와 서양풍의 생활을 몸에

22 荒正人, 〈漱石研究年表〉, 《漱石文学全集別巻》(集英社, 1982), 31-32쪽 참조.

익힐 수 있었다. 그리고 여섯 살 때에는 외국인 학교에 다니게 되었으며, 아홉 살 때에는 당시 귀족의 자녀만이 다닐 수 있었던 학습원学習院에 입학한다. 학습원 재학 시절 후에 다이쇼 천황이 된 황태자 하루노미야 요시히토明宮嘉仁의 학우로 선발되어 매주 토요일에 궁궐에 들어가는 혜택받은 환경에서 어린 시절을 보냈다.

나쓰메 소세키와 문학적인 경쟁 관계에 있었던 모리 오가이와 나쓰메 소세키가 죽고 난 다음 왕성하게 인도주의적인 작품을 발표했던 아리시마 다케오는 좋은 환경에서 태어나 남부럽지 않게 어린 시절을 보냈던 것이다.

1-5. 일본의 양자 문화

나쓰메 소세키가 어린 시절에 시오바라 마사노스케의 집에 양자로 보내진 것은 일본에서는 나쓰메 소세키에게만 예외적으로 주어졌던 특별한 일은 아니다.

일본의 양자 문화에 대하여 살펴보겠다.

메이지 유신을 전후한 시대에 일본에서는 경제적인 이유를 비롯하여 이런저런 사연들에 의해 자신의 아들을 친족 및 타인의 집에 양자로 보내는 경우가 빈번했다.

일본 양자 문화의 특징 가운데 하나는 혈연의 원리를 무시하는 경향이 있다는 것이다. 즉 전혀 혈연적 관계가 없는 사람도 양자로 받아들이고 있다.

한국에서 가계를 계승하는 양자養子는 반드시 부계父系의 친족이며 동성동본同姓同本인 사람을 원칙으로 하는 특징이 있기 때문에 양자로 갔다고 해서 성이 바뀌는 경우는 없다. 그러므로 외손外孫과 데릴사위는 한국 사회에서는 양자가 될 수 없는 것이다.

또한 한국에서 양자를 받아들일 때에는 반드시 자식 대의 사람이어야 한다. 그리고 자신과 같은 항렬의 사람은 양자로 삼지 않고 있다. 손자 대에 속하는 사람도 양자로 받아들이지 않는다. 한국에서의 양자는 혈연血縁, 세대世代, 성姓에 의한 규제가 있는 것이다.[23]

따라서 혈연의 원리와 세대의 원리를 모두 충족시켜 줄 수 있는 방법을 고려하여 자기 동생의 아들을 양자로 맞아들이는 경우가 많다. 그래서 장자長子가 아들이 없을 때에는 차자次子의 장남을 장자의 양자로 보내는 것이 한국에서의 일반적인 양자 관습이다. 그러나 독자独子가 아들 없이 죽어 버리는 경우에는 사촌의 아이, 또는 먼 친척들 중에서 양자를 찾는 경우도 있다.

이런 점을 살펴보면 일본의 양자 문화는 한국과 비교하여 유연성을 갖고 있으며 개방적이다.

그래서 일본의 기업 경영자들은 똑똑하지 못한 자식들에게 자신의 모든 것을 상속해 주면 바로 몰락할 것 같을 때, 기업과 가문을 살리기 위해 유능한 남자를 양자로 받아들이는 경우가 있다. 이때 양자는 자신의 부모로부터 물려받은 성姓을 버리고 양자 집안의 성으로 바꾼다. 그렇게 함으로써 자신은 물론 자식까지도 양자 집안의 자손이 되는 것이다.

한때 능력 있는 양자를 맞이하기 위해 가고시마 현鹿児島県과 사이타마 현埼玉県 같은 지방에서는 혈연적 관계가 없는 데도 불구하고 돈을 주고 양

23 福田アジオ 外5人 編, 《日本民俗大辞典》, 下(吉川弘文館, 2000), 771쪽 참조.

자를 맞이하는 것이 유행했던 적도 있다. 이처럼 일본인들은 양자를 받아들일 때 혈연적 가치보다도 집안이 영구히 번영할 수 있는 쪽에 더 큰 비중을 두었던 것이다.[24]

일본인들은 일단 양자로 가게 되면 흔쾌히 성을 바꾸고 양자 집안의 전통이나 가문의 풍습을 열심히 익혀 완전히 그 집안사람으로 동화되려고 노력한다.

메이지 유신을 전후해서 양자로 들어간 덕분에 성姓이 바뀌고 성공했던 대표적인 인물 두 사람을 소개해 보겠다.

메이지 유신 이후 메이지 정부의 중심적인 존재가 되어, 초대 총리대신(수상)을 지냈고, 청일전쟁 때에는 일본의 전권 대표가 되어 청나라와 시모노세키下関 조약을 체결했으며, 러일전쟁 후에는 초대 한국 통감이 되어 한일합방을 적극적으로 추진하다 안중근 의사에게 사살되었던 이토 히로부미伊藤博文의 원래의 성은 하야시林였다.

그러나 그의 아버지 하야시 주조林十蔵가 이토 집안으로 양자로 가게 되자 아들인 이토 히로부미의 성도 원래의 성인 '하야시林'에서 '이토伊藤'로 바뀌게 된 것이다.

도쿄제국대학의 영문과를 졸업하고 단편 작품인 〈코鼻〉를 발표하여 스승인 나쓰메 소세키로 부터 대단한 격찬을 받고 문단에 첫발을 내딛게 되었던 아쿠타가와 류노스케芥川龍之介의 원래의 성은 니이하라新原였다.

그러나 니이하라 토시조新原敏三의 장남으로 1892년에 도쿄의 교바시京橋에서 태어난 아쿠타가와 류노스케는 생후 약 9개월 만에 친어머니인 후쿠

24 노성환, 《젓가락 사이로 본 일본문화》(교보문고, 1997), 117-129쪽 참조.

フク가 불행하게도 정신 이상을 일으켜 발광하는 사건이 일어났다. 이후 어머니에 대한 기억은 그의 뇌리에서 떠날 줄을 몰랐으며, 그는 자신의 몸에 광인의 피가 흐르고 있기 때문에 언젠가는 자신도 발광할지 모른다는 두려움과 공포를 갖고 살았다.

친어머니의 발광으로 인해 아쿠타가와 류노스케는 부득이하게 생모의 곁을 떠나 어머니의 친정인 아쿠타가와 집안으로 양자로 가게 되었다. 따라서 그의 성도 니이하라新原에서 아쿠타가와芥川로 바뀌었던 것이다.

목장을 갖고 있던, 당시로서는 고급 직업에 속했던 우유 가게의 장남으로 태어난 아쿠타가와 류노스케가 태어나자마자 양자로 갈 수밖에 없었다는 사실에서 그의 '비극의 제일보第一歩'가 시작되었다고 주장하는 연구자도 있다. 그러나 양자로 간 아쿠타가와 집안은 예의 작법礼儀作法이 까다로운 반면 문인적인 가풍이 있었던 집안이었다. 그와 같은 가풍 속에서 어린 시절을 보낸 아쿠타가와 류노스케는 후에 일본 근대 단편소설의 대작가로 문단에 등장하게 되었던 것이다.

이토 히로부미와 아쿠타가와 류노스케는 양자로 입적했기 때문에 자신의 분야에서 크게 성공할 수 있었던 것이다. 만약 나쓰메 소세키가 양자로 간 집이 경제적으로 매우 부유한 집안이었고, 양부모가 교육을 많이 받아 지적인 사람이었으며, 양부모 사이가 화목했다면, 그는 편안한 환경에서 안락하게 성장했을 것이다.

1-6. 초등학교 시절

메이지 시대 초기에 일본에서는 초등학교가 생겨나기 시작했다. 나쓰메 소세키는 1874년(明治 7) 7세 때에 도쿄 아사쿠사浅草에 생긴 도다초등학교戸田小学校에 입학했다.

지금의 일본 초등학교와는 달리 상등上等과 하등下等으로 나뉘어져 있었고, 각각 8급에서 1급까지 있었다. 하나의 급級은 6개월 과정이었다. 나쓰메 소세키는 1874년 12월에 입학했기 때문에 남들보다 1년 뒤처졌으나 성적이 우수하여 다음 해에는 한 급수를 뛰어넘었다.

그때 도다초등학교에서 '사람에는 현명한 사람과 어리석은 사람이 있으며, 그것은 많이 배우고 배우지 않음에 달려 있으니, 현명한 사람은 세상에 널리 유익하게 쓰이고 어리석은 사람은 버려짐을 당할 것이다. 평범한 길로 가려면 어려서부터 잘 배워서 현명한 사람이 되어, 반드시 쓸모 있는 사람이 되게 하라'라는 내용이 담긴 《소학독본小学読本》이라는 책으로 공부를 했다.

어린 학생에게는 쉬운 문장이 아니지만 당시의 일본 초등학생들은 '열심히 공부하는 사람은 세상이 인정해 주지만, 공부하지 않는 사람은 쓸모없는 인간이 된다'라는 가르침을 적은 책으로 기초 교육을 받았던 것이다.

어릴 때부터 기댈 곳이 없다는 것에 불안을 느껴 왔던 나쓰메 소세키는, 열심히 배워서 현명한 사람이 된다면 세상에서 버림받지 않을 것이라고 생각했다. 학교에서 좋은 성적을 얻는 것은 부모나 가문을 위해서가 아니라 자신을 위해서라고 생각했다.

나쓰메 소세키의 성적이 좋은 것은 양아버지 시오바라 마사노스케와 새 양어머니 가쓰에게 있어서도 기쁜 일이었다. 왜냐하면 양자로 들여온 아이라도 호적상으로는 자신의 아이임에 틀림없었고 만약 장래 나쓰메 소세키가 훌륭한 사람이 되면 그만큼 자신들의 노년이 안락할 것으로 생각했기 때문이다. 자식에 대한 부모의 애정이라기보다는 됨됨이가 좋은 양자를 이용하려는 시오바라 마사노스케 부부의 교활한 타산이 배후에 깔려 있었던 셈이다.

나쓰메 소세키는 이치가야초등학교市谷小学校로 전학하여 1876년(明治 9) 하등소학下等小学 제삼급第三級을 수료했다. 1878년 5월에 이치가야초등학교에서 도쿄 간다神田의 사루가쿠초猿楽町에 있는 깅카학교錦華学校 초등小学 심상과尋常科 이급二級으로 전학하여, 같은 해 10월에 깅카학교 초등 심상과 이급 후기를 우수한 성적으로 졸업했다.

나쓰메 소세키는 도다초등학교, 이치가야초등학교, 깅카학교 초등 등 3개 초등학교를 다닌 것이다.[25]

1-7. 생가에 돌아옴

양아버지 시오바라 마사노스케가 본처인 야스와 이혼하고 새 양어머니 가쓰와 정식으로 결혼한 이후, 친부인 나쓰메 코헤나오카쓰와 양부인 시오바라 마사노스케 사이에 다툼이 발생했다. 1875년 4월 나쓰메 소세키가 여덟 살 때, 그는 시오바라 마사노스케 가문에 호적을 둔 채 우시고메牛込의 나쓰메 생가로 돌아오게 되었다(1876년에 생가로 돌아왔다는 설도 있음). 그는 길거리에서 파는 상품처럼 쓸모가 없어지면 양자로 보내지고, 필요하면 생가로 돌려보내지는 형편이었다.[26]

---

25 荒正人, 《評伝夏目漱石》(実業之日本社, 1970), 20-22쪽 참조.
26 三好行雄 編, 앞의 책, 394쪽 참조.

마치 귀찮은 존재처럼 이리저리 보내졌던 나쓰메 소세키에게는 이젠 될 대로 되라는 어떤 넉살이 생겨났다. 생가로 돌아온 그는 그 집이 자신이 태어난 집, 자신의 친부모님의 집이라고는 알아채지 못하고 친부모님을 '할아버지', '할머니'라고 불렀다.

나쓰메 소세키는 후에 이 당시의 추억을 〈유리문 안에서〉라는 수필에 아래와 같이 술회했다.

> 나는 내가 언제쯤 생가에 돌아왔는지 모른다. 그러나 곧 또 어느 집에 양자로 보내졌다. 그것은 분명 내가 네 살 되던 해였다고 생각한다. 나는 철이 드는 8, 9세 때까지 그 집에서 자랐는데, 얼마 안 있어 양가에 묘한 분란이 생겨 다시 집으로 돌아오는 처지가 되었다.
>
> 아사쿠사에서 우시고메로 옮겨 온 나는 내가 태어난 집으로 돌아왔다고는 깨닫지 못한 채 나의 부모를 그전처럼 조부모라고만 여기고 있었다. 그리고 여전히 그들을 할아버지, 할머니라고 부르며 추호도 의심하지 않았다. 부모님들도 갑자기 지금까지의 습관을 바꾸는 것이 어색했다고 생각했었는지 나에게 그렇게 불리면서도 모르는 척했다.[27]

생가에서 생활하던 중에 나쓰메 소세키는 시오바라 마사노스케가 자신의 양아버지라는 사실을 알게 되었다. 과거의 비밀을 알게 된 그는 자신이 이제까지 허위 속에서 살았던 것을 깨달았다. 아직 나이가 어렸던 나쓰메 소세키는 이제까지 양자 집안에서 자신이 살았던 것을 알고는 정신적으로 커다란 쇼크를 받았던 것이다. 또한 태어나서 지금까지 자신의 어두운 진

27 夏目漱石, 《硝子戸の中》, 29(岩波書店, 1995), 83-84쪽.

실을 의심하지 않고 살아온 것에 대한 분함과 거짓만을 가르쳐 온 어른들에게 원한 같은 것을 동시에 느끼게 되었다.

생가로 돌아온 나쓰메 소세키는 호적상으로는 아직 시오바라 마사노스케의 아들이었으며, 이름도 나쓰메 긴노스케夏目金之助가 아니라 시오바라 긴노스케塩原金之助였다. 나쓰메 소세키는 모처럼 친부모님과 같이 살게 되었지만 호적상으로는 아직 시오바라 마사노스케의 아들이었기 때문에 언제 다시 시오바라 마사노스케의 집으로 되돌아갈지 모르는 생존의 불안이 존재했다.

시오바라 마사노스케 집에서는 빨리 나쓰메 소세키를 돌려 달라고 애를 태우며 재촉했다. 아버지는 그런 시오바라 마사노스케에게 화를 내고, 절대 나쓰메 소세키를 돌려보내지 않겠다고 말했다. 나쓰메 소세키를·두고 본가와 양자 집안의 싸움은 오랜 시간 동안 계속되었다.

나쓰메 소세키가 나쓰메 집안으로 정식으로 복적하게 된 것은 생가로 돌아온 뒤 13년이 지난 1888년(明治 21) 스물한 살 때였다.[28]

---

28 三好行雄 編, 앞의 책, 395쪽 참조.

2. 중·고등학교 시절

2-1. 도쿄부립제일중학교 시절

1878년(明治 11) 10월에 깅카학교를 우수한 성적으로 졸업한 나쓰메 소세키는 1879년(明治 12) 3월에 도쿄 간다神田에 있는 도쿄부립제일중학교東京府立第一中学校(현재의 히비야고교) 정칙과正則科에 입학했다. 이때 동급생으로 후에 제일고등학교의 교장이 되어 생애의 친구가 되었던 가노 고키치狩野亨吉와 사귀게 되었다.

그 당시 중학교라고 하면 도쿄에서 이 학교가 유일했다. 게다가 이 도쿄부립제일중학교는 정칙正則과 변칙変則으로 나뉘어져 있어, 정칙과에서는 영어를 제외한 모든 과목을 가르쳤지만 변칙과에서는 영어밖에 가르치지 않았다.

나쓰메 소세키는 영어를 알지 못하면 보다 넓은 세상으로 나가지 못할 것이라고 생각하면서도 영어를 좋아하지 않았다. 한문이나 중국의 논어 쪽이 학문으로서 상당히 중요한 것으로 생각했다.

2-2. 어머니 치에의 죽음

자신이 태어난 집으로 돌아와서 친어머니와 함께 살 수 있다는 것은 나쓰메 소세키에게 있어서 무엇보다 기쁜 일이었다. 친어머니는 할머니처럼 나이가 많았지만 지금까지의 어떤 어머니보다 좋은 어머니라고 나쓰메 소세키는 생각했다. 자기를 귀여워해 주지 않는 무서운 아버지가 계셨지만 그것을 감싸 주는 어머니의 존재가 그의 마음을 포근하게 했다.

만약 나쓰메 소세키가 어린 시절에 이런 친어머니의 따뜻한 사랑을 경험하지 못하고 성장했다면 인간의 다정함이나 배려가 있는 소설을 쓰는 작가는 될 수 없었을 것이다. 어둡고 그늘진 곳에 생존하는 말라비틀어진 풀과 같은 일생이 되었을지도 모른다.

그런데 1881년(明治 14) 나쓰메 소세키가 도쿄부립제일중학교에 재학 중인 14세 때에 친어머니인 치에가 작고했다. 나쓰메 소세키는 1875년 4월부터 1881년 1월 친어머니 치에가 죽을 때까지 햇수로 약 6년간 생모 슬하에서 자랐던 것이다. 간신히 생가에 돌아와 살 수 있게 되었는데 자신을 가장 사랑해 주었던 친어머니가 작고한 것이다. 어머니의 죽음은 나쓰메 소세키에게 매우 불행한 일이었고 정신적으로 큰 충격이었다.[29]

나쓰메 소세키는 이제껏 잊으려 했던 자신의 운명을 새삼스럽게 다시 생각하게 되었다. 친어머니의 죽음은 그에게 다시 불안한 생각을 가지게 했다. 나쓰메 소세키와 친어머니는 나이 차이가 많이 나고 부모를 멀리하기 시작하는 소년기에 6년밖에 함께 살지 않았기 때문에 깊은 정情은 없었다. 하지만 생가에 돌아왔을 때 친어머니를 할머니로 알고 있었던 그는

29 위의 책, 394쪽 참조.

친어머니의 죽음을 누구보다 가슴 아파했다.

2-3. 이송학사 시절

나쓰메 소세키는 친어머니가 작고하자마자 1881년 도쿄부립제일중학교를 그만두고, 한학漢学을 전문으로 가르치는 사립 한학교漢学校 이송학사二松学舎로 전학했다. 왜 갑자기 이송학사로 전학을 했는지 그 이유는 확실하지가 않다.

당시 시대에 한학이라고 하는 것은《맹자孟子》,《사기史記》,《논어論語》등 중국의 고전을 연구하는 학문이었다. 나쓰메 소세키는 어려서부터 한시와 한문을 좋아하고 있었다. 그는 출세를 위해 재미없는 영어를 공부하는 것보다는 자신이 흥미를 느끼고 있는 한학 공부를 통해 삶의 보람을 찾으려고 했던 것으로 여겨진다.

그러나 한학을 전문으로 가르치는 이송학사는 나쓰메 소세키가 예상한 것과는 정반대로 옛날의 데라코야寺子屋(에도 시대의 서당)와 똑같았다. 책걸상조차도 없어 앉아서 강의를 들었다. 학생들 질도 나빴고, 연로한 선생들은 학생들에게 바보 취급당하였으며, 그중에는 학생에게 괴롭힘을 당해 학교를 그만두는 선생까지 있었다.

이때쯤 나쓰메 소세키는 '대학에 들어가서 뭔가를 공부해 보자!'라고 결심한다. 때문에 이송학사를 불과 1년 정도 다니다가 그만두고 말았다. 그러나 이송학사에서 약 1년 남짓 중국의 시문 등을 배워 익혔던 경험은 훗날 종횡무진으로 발휘되는 그의 한문 실력의 토대가 된 것임에 틀림없다. 또한 그가 신학문을 가르치는 학교에 가지 않고 한학을 가르치는 이송학사에 들어간 것은 훗날 문학자로 대성하는 초석이 되었다.

2-4. 도쿄대학예비문 시절

당시 대학에 가기 위해서는 우선 도쿄대학예비문東京大学予備門(후에 제일고등학교로 개칭됨, 현재의 도쿄대학 교양학부)에 입학하지 않으면 안 되었다. 이 시험 준비를 위해 1883년 9월 나쓰메 소세키는 도쿄 간다스루가다이神田駿河台에 위치한 사립학교 성립학사成立学舎에 입학했다. 이제까지 영어를 싫어했던 나쓰메 소세키가 영어 공부를 하려고 하자 집안사람들은 모두 놀랐다.

친어머니가 작고한 뒤 나쓰메 소세키에게 있어서 생가는 어딘가 서먹서먹하고 냉랭한 공기가 흐르는 집안이었다. 그런데다 큰형이 그에게 필요 이상으로 기대를 걸었기 때문에 언제나 어깨에 무거운 짐을 지고 있는 듯한 기분이었다. '과감하게 본가에서 나가 공부하자!'라고 결심한 나쓰메 소세키는 성립학사에 들어가자마자 곧 고이시카와小石川의 신푸쿠지新福寺라는 절의 2층에서 하숙을 하였다. 태어나서 처음으로 해 보는 혼자만의 생활이었지만 불편함보다는 자유스러운 몸이 되었다는 기쁨이 훨씬 더 컸다. 지방에서 올라온 수험생들과 친구도 될 수 있었다.

그중에서도 오카야마 현岡山県에서 올라온 하시모토 사고로橋本左五郎(후에 동북제국대학의 교수가 됨), 가고시마 현鹿児島懸에서 올라온 사토 토모쿠마佐藤友態(후에 여순의 경시 총장이 됨), 나카무라 제코中村是公(후에 남만주철도 총재가 됨) 등과 아주 사이가 좋은 친구가 되었다. 그 외 동급생으로는 나카가와 고주로中川小十郎(후에 입명관대학 설립자가 됨), 니토베 이나조新渡戸稲造(후에 교육자가 됨) 등과도 친하게 지냈다.

도쿄 말밖에 모르던 나쓰메 소세키에게 지방에서 올라온 친구들이 사용하는 사투리가 신기하고 재미있었다. 도쿄대학예비문에 입학하기 위해 서로 지지 않으려고 공부했기 때문에 나쓰메 소세키도 열심히 공부했다. 그 덕분에 싫어했던 영어 문장도 줄줄 읽을 수 있게 되었다.

1884년(明治 17) 9월에 나쓰메 소세키는 도쿄 간다 히토쓰바시一ツ橋에 있던 도쿄대학예비문 예과予科에 우수한 성적으로 합격했다. 도쿄대학예비문이라는 학교는 당시 유일한 대학이었던 도쿄제국대학(현재의 도쿄대학) 진학을 전제로 만들어진 교육기관으로 오늘날의 학제로 말한다면 대학의 부속고등학교에 가까운 학교였다.[30]

나쓰메 소세키가 도쿄대학예비문에서 알게 된 동급생으로는 하가 야이치芳賀矢一(후에 국문학자로 도쿄제국대학 교수가 됨), 미나카타 구마구즈南方熊楠(후에 민속학자가 됨), 마사키 나오히코正木直彦(후에 도쿄미술학교교장이 됨), 미즈노 렌타로水野錬太郎(후에 문부대신이 됨), 마사오카 시키正岡子規(후에 일본 근대를 대표하는 하이쿠 작가가 됨), 야마다 다케타로山田武太郎(후에 야마다 비묘라는 소설가가 됨) 등이 있었다.[31]

2-5. 낙제

나쓰메 소세키는 도쿄대학예비문에 입학한 뒤 사루가쿠초猿楽町의 쓰에토미야末富屋라는 하숙집으로 이사를 했다. 그 하숙집에는 동급생이 많이 하

30 丸谷才一, 앞의 논문, 11쪽 참조.

31 巌谷大四,《夏目漱石》(株式会社あかね書房, 1990), 21쪽 참조.

숙하고 있었다. 수험 준비에서 해방되어 누구나 할 것 없이 노는 것밖에 생각하고 있지 않았다.

나쓰메 소세키는 성립학사 재학 시절에 알게 된 친구 나카무라 제코, 나카가와 고주로 등을 중심으로 '십인회十人会'를 만들었다. 그는 친구들과 수영, 보드 타기, 승마, 야구, 기계체조 등 스포츠를 즐기면서 공부를 게을리하기 시작했다. 모두 하나같이 지독한 장난꾸러기로서 공부를 경멸하는 것이 자기의 천직이기라도 되는 것처럼 생각했다.

공부를 하면 금세 점수 벌레라고 친구들로부터 경멸당했기 때문에 나쓰메 소세키도 놀지 않을 수가 없었다. 예습 같은 것은 거의 하지 않았다. 일단 성적이 나오면 혼자 보기 두려운 마음에 친구들 모두를 끌어내어 함께 성적을 확인했다. 누구라도 공부하는 것보다는 노는 것이 즐거울 것이다. 노는 것에 취미를 붙인 결과 처음에는 수재였던 하가 야이치와 견줄 정도로 성적이 우수했던 나쓰메 소세키도 점점 성적이 떨어져 결국에는

1886년 19세 때, 제일고등중학교 재학 시절의 나쓰메 소세키(앞줄 왼쪽 두 번째)와 그의 친구들.

낙제하기 일보 직전에 이르렀다.

시험이 끝나면 그날 밤부터 방의 책상을 치우고 거기서 모두 팔씨름을 하거나 신체 단련을 한답시고 정신없이 쇠고기를 먹고는 보트를 타고 노를 저으며 놀았다. 학교에 가면 신발 소리를 크게 낸다든지, 교실에서는 선생님에게 못된 장난을 했다.

비록 불량 학생들이 하는 짓을 했지만 당시 도쿄대학예비문에 들어갈 수 있는 학생은 일류의 수재들뿐이었다. 나쓰메 소세키가 입학했을 때는 도쿄대학예비문에서 4년, 대학에서 4년, 합해서 8년간 공부해야 했다.

1886년(明治 19)에 도쿄대학은 도쿄제국대학東京帝国大学으로 명칭을 바꾸었다. 공과대학 예과의 학생들과 합쳐져서 도쿄대학예비문은 새롭게 제일고등중학교가 되었다.

1886년 7월 나쓰메 소세키는 수업이나 공부를 뒷전으로 미루고 놀기만 한데다 복막염을 앓았기 때문에 진급시험을 칠 수 없었다. 나쓰메 소세키는 크게 충격을 받았지만 이것을 계기로 그때까지의 생활을 반성하고 구태여 추가 시험을 치르지 않고 스스로의 의지로 결국 낙제를 했다.[32]

나쓰메 코헤나오카쓰는 낙제를 한 아들에게 '쓸데없는 학비를 1년이나 더 내게 할 생각이냐?'라고 야단을 쳤다.

나쓰메 소세키는 낙제 경험을 통해 학교와 가정에서 신용을 잃었음을 피부로 느끼고서는 열심히 공부할 것을 맹세했다. 이후 점수 벌레로 불렸고 친구들로부터 바보 취급당하는 것이 아무렇지도 않았다. 제구실을 할 사내가 아이 같은 장난에 빠져 있다는 것 역시 바보 같은 짓이라고 느꼈다.

---

32 三田村信行, 앞의 책, 32-33쪽 참조.

낙제한 이후에는 가장 싫어하던 수학을 가장 잘할 정도로 공부했고, 열심히 공부한 덕택에 그는 졸업할 때까지 수석을 놓치지 않았다. 낙제 사건은 나쓰메 소세키의 일생에 하나의 큰 자극을 주었고 커다란 전환점이 된 것이다.

낙제 사건 이후 아버지로부터 학비를 받는다는 것은 정말로 미안하고도 괴로운 일이었다. '아버지에게 언제까지나 폐만 끼칠 순 없다'고 생각한 나쓰메 소세키는 집에서 학비를 받지 않겠다고 결심했다. 단단히 결심을 한 그는 당시 혼조本所에 있었던 강동의숙江東義塾(고토기주쿠)이라는 사설학원私塾의 교사가 되었다. 지금으로 말하자면 대학생의 학원 아르바이트인 셈이다.

월급은 당시의 돈으로 5엔이었다. 그러나 이 5엔으로는 자취 생활이 힘들었기 때문에 싸게 생활할 수 있는 강동의숙의 기숙사로 거처를 옮겼다. 2층의 아주 작은 방(일본식 방 크기로 2조)으로 북쪽에 작은 창문 하나가 있을 뿐이었다. 현재 도쿄에서 2조 방은 찾아볼 수가 없다. 3조 방도 찾기가 쉽지 않으며 작은 방이라고 해도 보통이 4.5조이다. 나쓰메 소세키는 한 사람이 살기에도 좁은 이 방에 역시 낙제한 동급생 나카무라 제코와 함께 살았다.

나쓰메 소세키는 당시 월급 5엔을 받아 자취 생활을 하면서 도쿄대학예비문에 다녔다. 식비로 월 2엔을 쓰고, 도쿄대학예비문 수업료로 월 25전錢을 썼으며, 나머지는 간식비와 용돈으로 사용했다. 강동의숙에서 오후에 2시간 정도 가르쳤기 때문에 크게 힘들지는 않았다.[33]

그는 도쿄대학예비문 수업이 끝나면 강동의숙의 아르바이트 선생이

33 荒正人, 앞의 책, 24-25쪽 참조.

되어 학생들을 가르치는 생활을 반복했다. 쓰에토미야라는 하숙집에서 놀면서 지내던 생활과는 전혀 다른 힘든 고학 생활이었다.

나쓰메 소세키는 낙제 경험을 통해 어려움을 좋은 방향으로 극복하는 과정을 배워 익혔다. 또한 같이 낙제했던 동급생 나카무라 제코와 혼자 잠자기에도 빠듯한 방에서 둘이서 살았던 것이 인연이 되어 우정이 돈독해졌다. 후에 나카무라 제코는 남만주철도주식회사의 총재가 되어 학창 시절 룸메이트였던 나쓰메 소세키를 만주와 조선(한국)으로 초청하게 되었다. 나쓰메 소세키가 한국의 신의주, 평양, 개성, 서울(남산, 비원, 용산, 세검정), 인천, 부산에 올 수 있었던 것도 그가 낙제했던 경험과 관계가 있는 것이다.

2-6. 학생 시절에 낙제한 문학자들

메이지 시대부터 일본의 고등학교와 대학에서는 학생 지도 방법 가운데 '낙제 제도'를 효과적으로 사용하고 있다. 어느 정도 학문적으로 수준이 되는 학생만 졸업을 시키고 있다. 그러므로 나쓰메 소세키 같은 수재도 제대로 공부를 하지 않으면 낙제할 수밖에 없었던 것이다. 낙제를 당해도 학생들이 반발하지 않고 수긍하는 것은 교사와 교수의 성적 관리가 엄격하기 때문일 것이다.

학생 시절에 낙제했기 때문에 훌륭한 문학자로 성공했던 두 사람을 소개해 보겠다.

첫 번째, 메이지 · 다이쇼 · 쇼와 시대의 문학자로서 일본 근대문학과 근대연극의 발전에 힘썼던 쓰보우치 쇼요坪内逍遥이다. 그는 도쿄제국대학

3학년 때인 1881년에 외국인 교수 시험에 낙제했다. 그는 이 낙제한 1년 동안의 기간에 외국의 문학서적을 탐독하고 영국의 신간 평론 잡지를 참고하여 논문을 정리해 두었다.

쓰보우치 쇼요는 도쿄제국대학을 졸업하고 친구의 도움으로 와세다대학早稲田大学에 교수로 근무하게 되었다. 그는 와세다대학 교수가 된 이후 낙제한 기간에 정리해 두었던 논문을 발표했다. 이때 그가 발표했던 논문이 당시 새로운 문학이론이었던 〈소설신수小説神髄〉이다. 이 〈소설신수〉는 일본 최초의 근대적인 소설론이다. 이 논문은 오늘날 한국의 국문학 관계 대학원에서도 연구의 대상이 되고 있다.

즉, 쓰보우치 쇼요는 낙제했던 기간에 열심히 노력한 덕택에 이후 훌륭한 논문과 근대 연극 발전에 기여한 공로로 국내외에서 인정을 받게 되었던 것이다. 그의 업적을 기념해서 1928년 와세다대학 구내에 '쓰보우치 박사 기념 연극박물관'이 세워졌다.

두 번째, 다이쇼 · 쇼와 시대의 소설가로 '시라카바파'의 대표적 작가인 시가 나오야志賀直哉이다. 그는 중학교 시절 스포츠에 열중한 나머지 학업에 관심을 기울이지 않아 도쿄 학습원学習院 중등과 재학 중에 두 번이나 낙제를 했다. 그러나 이 두 번의 낙제 덕택에 후에 《시라카바白樺》라는 문학잡지를 함께 창간했던 무샤노코지 사네아쓰武者小路実篤와 기노시타 리겐木下利玄 등과 동급생이 되었다.

두 번의 낙제가 후에 일본 근대 대표적인 문학자로 성장한 무샤노코지 사네아쓰와 인생의 가장 다정한 친구가 되는 계기가 되었으며 이렇게 사귄 새로운 문학 친구들과의 교류를 통해, 그것이 계기가 되어 소설가로 진출하여 〈암야행로暗夜行路〉·〈기노사키에서〉 등 일본 근대를 대표하는 주옥같은 작품을 발표했던 것이다.

학교에서 낙제를 당한다 해도 가장 중요한 것은 그것을 극복해 나가는 과정일 것이다. 어떤 이유가 있다고 하더라도 실패를 자연스러운 것으로 받아들이고 포기하지 않는 마음, 다시 꼭 해내고야 말겠다는 꿋꿋이 노력하는 정신이 필요하다. 나쓰메 소세키는 학생 시절에 낙제라는 위기를 아주 현명하게 잘 극복한 것이다.

2-7. 형들의 죽음과 폐결핵

나쓰메 소세키가 생가로 돌아오고 난 후인 1887년(明治 20) 3월 21일, 평소 그가 현명하게 되길 기원하고 나쓰메 집안의 누구보다도 나쓰메 소세키를 훌륭한 사람으로 인정해 주었던 당시 육군국陸軍局에 근무하고 있던 큰형인 다이이치가 31세라는 젊은 나이에 폐결핵으로 사망했다.

나쓰메 소세키가 큰형 다이이치가 위독하다는 소식을 듣고 우시고메牛込의 집으로 급히 달려갔을 때에 큰형은 거의 죽어 가고 있었다. 몸만 튼튼했다면 큰형은 나누시 집안의 장남으로서 가장 적격인 인물이었다. 다이이치는 나쓰메 소세키 쪽을 보고는 희미하게 웃는 듯한 표정을 지었다. 일생을 결혼도 하지 않고 이 날이 올 것을 이미 알았다는 듯, 이 세상에 아무런 미련도 없는 듯한 표정이었다.

그는 자신을 대신해서 나쓰메 소세키가 집안을 지켜 나가길 바랐다. 나쓰메 소세키 말고도 남동생들이 더 있었지만 다이이치는 나쓰메 소세키 이외에는 생각하지 않았다.

다이이치의 장례식은 나쓰메 집안의 호주에 어울리게 훌륭하게 치러졌다. 아버지도 집안의 후계자인 장남을 잃고는 굉장한 충격과 슬픔을 느꼈다. 그런데 큰형 다이이치가 죽고 난 3개월 후인 6월 21일에 차남인 에이노스케도 장남과 같은 병인 폐결핵으로 죽었다.

다이이치는 죽기 전에 나쓰메 소세키가 자신의 집안을 이어 나가게 해 달라는 유언을 남겼다. 그러나 나쓰메 소세키는 그것을 거절했다. 다른 형들을 제쳐 두고 막내아들인 자신이 호주가 된다는 것은 당치도 않은 일이라고 생각했다. 게다가 그는 호적상으로는 아직 시오바라 집안의 사람이었고, 법적으로도 셋째 아들인 와사부로가 나쓰메 집안의 상속자로 되어 있었던 것이다. 결국 나쓰메 집안은 와사부로가 이어 나가게 되었다.

나쓰메 집안에서 폐결핵에 의한 병사의 연속은 가정 내의 폐결핵 감염에 대한 두려움을 안겨 주었다.

2-8. 나쓰메 소세키와 폐결핵

폐결핵의 역사는 인류의 역사와 비슷할 정도로 오래되었다고 일컬어지고 있다. 오늘날 폐결핵은 불치병이 아니라고 잊혀져 가고 있지만 1800년경 영국의 수도 런던에서 폐결핵에 의한 사망률은 인구 10만 명 대비 무려 1천 명에 달했다.

19세기에는 결핵의 발병 원인을 이해하지 못했고 의사의 처방도 별반 효험이 없어 오랜 기간 동안 인간의 삶을 도둑질해 가는 교활하고 무자비한 병으로 인식되었다. 때문에 스탕달의 〈아르망스〉를 보면 주인공 어머니가 '결핵'이라는 단어를 입 밖에 내지 않으려고 하는 장면이 나온다. 당시 시대에 실제로 결핵 환자들은 대부분 병명을 밝히지 않았을 뿐만 아니라 자신들이 죽을 때조차도 자녀들에게 병명을 밝히지 않았다.[34]

일본에서도 에도 시대 말기와 메이지 유신 초기의 격동기에 식산흥업, 부국강병의 정책에 의해 산업화, 도시화가 추진되었다. 그런데 이때에 폐결핵 환자 수가 갑자기 증가했다. 메이지 시대 이후 폐결핵은 국민병, 사회병이라고 일컬어질 정도로 만연하여 매일 폐결핵으로 기침을 하며 쇠약해져 죽어 가는 사람이 일본사회에 넘쳐났다. 이 시기에 폐결핵은 문학자나 예술가가 잘 걸리는 특이한 병으로 인식되었다.[35]

나쓰메 소세키 작품 〈몽십야〉가 도쿄, 오사카《아사히신문》에 연재되었던 1908년(明治 41)에 조사된 폐결핵 사망자 수는 98,871명으로 인구 대비 10만 명당 206.1명 꼴이었다.[36]

인간을 죽음으로 몰고 가는 불치병이었던 폐결핵의 증상에 대해 알아보겠다.

폐결핵은 초기에는 특별한 증상이 없는 경우가 대부분이다. 폐결핵은 병이 진행됨에 따라 일반적으로 맥이 없고 식은땀이 나며 입맛이 떨어지고, 미열, 기침, 가래, 피가래 등의 증세가 나타난다. 전신 증상으로는 피로감 · 발열 · 체중 감소 등이 나타난다. 병이 더 진행되면 전신 쇠약 · 호흡곤란 등이 생기며 숨이 가쁘고 병든 쪽 가슴이 아프기도 하다.[37]

그러나 실제로 특별한 증상이 나타나지 않는 환자도 많이 있으며 체중

---

34 수전 손택, 《은유로서의 질병》, 이재원 옮김(도서출판 이후, 2002), 16-18쪽 참조.
35 福田真人, 《結核の文化史》(名古屋大学出版会, 1995), 2-3쪽 참조.
36 위의 책, 49-50쪽 참조.
37 下中弘編, 《世界大百科事典》, 22(平凡社, 1988), 325쪽 참조.

감소와 미열 증상만을 호소하는 환자도 상당하다.[38]

나쓰메 소세키와 폐결핵과의 관계에 대하여 아래와 같이 셋으로 나누어 점검해 보겠다.

첫째, 나쓰메 소세키는 1887년 3월에 큰형인 다이이치가 31세의 나이에 폐결핵으로 사망했고, 이후 같은 해 6월 둘째형 에이노스케가 29세의 나이에 폐결핵으로 연이어 사망하는 것을 직접 목격했다. 두 명의 형이 폐결핵으로 사망하자 나쓰메 집안에서는 가정 내의 폐결핵 감염의 두려움 때문에 걱정을 했다.

둘째, 도쿄대학예비문 예과에 다닐 무렵 나쓰메 소세키의 친구 가운데는 마사오카 시키正岡子規가 있었다. 하지만 나쓰메 소세키가 모처럼 문학 친구를 얻어 기뻐하는데도 불구하고 마사오카 시키는 자신도 모르는 사이에 폐결핵이 걸려 있었다. 그들의 교제는 지속되었지만 마사오키 시키는 폐결핵의 고통을 이기지 못하고 1902년 35세라는 젊은 나이에 이승과의 인연을 끊었다. 나쓰메 소세키는 마사오키 시키가 폐결핵에 의해 죽자 큰 충격을 받았다.

셋째, 나쓰메 소세키 서간에 나타난 폐결핵과 관련 부분을 점검해 보겠다. 1889년(明治 22) 5월 13일 월요일에 마사오카 시키에게 우송한 나쓰메 소세키의 서간을 살펴보면 '일반적으로 객혈에서 폐로肺労(폐결핵의 구칭) 또는 결핵結核과 같은 심한 병(劇症)으로 변하지 않는다고 보기 어렵다'라는 문장이 보인다. 나쓰메 소세키는 이 편지에서 '폐로'와 '결핵'을 구별하여

---

38 홍영표, 〈상증상과 병력〉, 《결핵》, 제4판(대한결핵협회 · 대한결핵 및 호흡기학회, 1993), 72쪽 참조.

사용하였다.[39]

당시에 폐결핵은 에도 시대부터 사용된 폐로와 메이지 시대 이후에 사용된 결핵 두 가지가 있었다. 그러나 당시 일반인들은 폐로와 결핵을 다른 의미로 받아들였던 것이다. 나쓰메 소세키가 폐로와 결핵의 뜻과 병의 상태 등에 대하여 정확히 알고 있었던 것을 위의 서간문을 통해 잘 알 수 있다.

위와 같이 폐결핵으로 두 형과 친구의 죽음을 가까이에서 지켜보았기 때문에 그의 폐결핵에 관한 상세한 지식은 그의 소설 속에 어떠한 형태로든 영향을 미쳤다고 생각된다.

2-9. 나쓰메 성姓으로 복적

두 아들을 폐결핵으로 잃어버린 부친 나쓰메 코헤나오카쓰는 눈에 띄게 늙어 버렸다.

아버지는 믿음직하지 못한 와사부로에 비해서 혼자 자취 생활을 하면서 좋은 성적을 유지하고 있는 나쓰메 소세키가 점점 눈에 들어오기 시작했다. 장남 다이이치가 생전에 말했던 것처럼 나쓰메 소세키는 나쓰메 집안에서 가장 머리가 좋고 됨됨이가 좋은 아들로 성장해 갔다.

당시 시대에 폐결핵이란 결핵균에 의해서 전염되는 전염병인 것을 사람들은 알고 있었다. 나쓰메 소세키의 부친은 오랜 기간 형들과 함께 산 셋째 아들 와사부로도 결핵균에 전염될 가능성이 있다고 추측했다.

이미 70세가 넘은 부친은 만약 와사부로가 결핵균의 감염되는 등 신상에 무슨 일이 생긴다면 집에서 오랜 기간 떨어져 살았던 나쓰메 소세키를 집

39 夏目漱石, 《漱石全集》, 第14巻書簡集(岩波書店, 1966), 5쪽 참조.

안의 상속자로 만들려고 했다. 또한 나쓰메 소세키는 학문에의 관심이 높고 대학 진학을 생각하는 적극성이 있는 아들이었으므로 그의 나쓰메 집안으로의 복적復籍에 관한 이야기가 이때쯤 나오기 시작했다.

부친은 학비를 대줄 테니 학원 아르바이트를 그만두고 집에서 학교에 다니라고 나쓰메 소세키에게 권유했다. 나쓰메 소세키는 아버지의 요구에 응해서 강동의숙의 교사 아르바이트를 그만두고, 우시고메의 생가에서 학교에 다니기로 했다.

이런 나쓰메 소세키의 행동을 보고, 부친인 나쓰메 코헤나오카쓰는 하루라도 빨리 막내아들 나쓰메 소세키를 나쓰메 집안의 사람으로 복적시키려고 했다. 1888년(明治 21) 1월 28일에 마침내 나쓰메 소세키는 그의 나이 21세 때에 나쓰메 가문의 사람으로 복적되었다.

그때까지 자신의 집에서 살았어도 나쓰메 소세키의 정식 이름은 시오바라 긴노스케였던 것이다. 그가 복적될 당시 나쓰메 소세키는 양아버지 시오바라 마사노스케에게 협박당한 적도 있어, '이번에 저는 귀 집안의 인연을 끊게 되었습니다. 그리하여 양육료로 일금 240엔을 친아버지로부터 받은 뒤, 저의 본성으로 되돌아갑니다. 그러므로 서로 몰인정하게 되지 않게 하려고 생각합니다'라는 내용의 증서를 양아버지에게 보냈다.[40]

나쓰메夏目와 시오바라塩原라고 하는 두 집안, 친아버지인 나쓰메 코헤나오카쓰와 양아버지인 시오바라 마사노스케라고 하는 두 아버지 사이에서 나쓰메 소세키는 상품처럼 가격이 매겨져 매매되었던 것이다. 그리고 일금 240엔이라는 돈을 시오바라 마사노스케 집에 지급하고 나쓰메 긴노스

40 荒正人, 〈漱石研究年表〉, 《漱石文学全集別巻》(集英社, 1982), 65쪽 참조.

케라는 자신의 정식 이름을 되찾은 것이다.

나쓰메 소세키의 자전적인 소설로 인정받고 있는 작품 〈미치쿠사〉에도 위와 비슷한 내용이 묘사되어 있다.

양아버지인 시마다는 대리인을 보내 돈을 요구했으나 겐조는 시마다의 요구를 계속 거절했다. 시마다는 겐조가 어린 시절 생가로 복적할 당시 써 준 증서와 돈을 바꾸자는 조건을 내걸었다. 결국 누나의 남편인 히다와 형이 시마다와 타협을 해서 시마다에게 100엔을 주고 증서 두 장을 받아왔다. 한 장의 증서에는 틀림없이 시마다가 100엔을 받았다는 것과 향후 일체의 관계를 끊겠다는 문구가 적혀 있다. 그 증서에는 시마다의 도장도 분명히 찍혀 있었다. 또 한 장의 증서는 겐조가 어린 시절 생가로 복적할 당시 써 준 증서였다. 그 증서에는 '저는 금일 귀가貴家와 인연을 끊음에 있어, 친부로부터 양육비를 지급하옵되, 금후 상호 불성실 몰인정함이 없도록 명념하옵니다'라고 쓰여 있었다.[41]

친아버지가 일금 240엔이라는 돈을 시오바라 마사노스케에게 지급하고 나쓰메 소세키를 복적시킨 직접적인 이유는 부자지간의 애정에 의한 것이라기보다는 어디까지나 자신의 노후老後를 대비하고 나쓰메 집안을 존속시키기 위해서였다.

시오바라 마사노스케는 나쓰메 코헤나오카쓰로부터 청천벽력 같은 나쓰메 소세키의 복적 제의를 듣고는 처음에 몹시 당황하였다. 그러나 시오바라 마사노스케는 나쓰메 코헤나오카쓰의 복적 제의를 단호히 거절할 수 없는 처지였다. 왜냐하면 시오바라 마사노스케는 열 살부터 5년간이나

41 夏目漱石, 《道草》, 102(新潮社, 1995), 267쪽 참조.

나쓰메 집안에서 양육되었을 뿐만 아니라, 그동안 결혼이나 취직 등으로 나쓰메 코헤나오카쓰의 도움을 많이 받아온 터였다. 더욱이 이미 70세를 넘긴 고령에다 장남과 차남을 차례로 잃고 망연자실해 있는 나쓰메 코헤나오카쓰의 처지를 동정하지 않을 수 없었기 때문이다.[42]

하지만 태어나자마자 수양아들과 양자로 보내져 친부모의 포근한 품에 안기지 못했던 나쓰메 소세키의 고독과 불안, 허전함 등은 훗날 나쓰메 소세키 문학에 감출 수 없는 그림자를 남겼다. 행복했다고 말할 수 없는 어린 시절의 경험과 추억은 나쓰메 소세키를 타인의 애정에 민감한 인간으로 길러 냈다.

나쓰메 소세키는 위와 같은 생전의 경험을 후에 〈나는 고양이로소이다〉를 시작으로 〈명암明暗〉에 이르기까지 작품을 통해 그려냈다.

〈도련님〉 속에 등장하는 '기요清'라는 하녀는 타인의 애정에 민감한 순수한 사랑을 구하려고 하는 나쓰메 소세키가 만들어 낸 전형적인 인물이다. 기요는 주인공 봇짱의 친척도 아니고, 돈도 지위도 없고, 신교육도 받지 못한 하녀에 불과하다. 그러나 봇짱에 대한 사랑은 바보스러울 만치 맹목적이며 그 저변에 어떤 계산도 깔려 있지 않다. 그저 일편단심으로 주인집 아들 봇짱만을 사랑하는 기요의 태도는 일본적인 문화를 배경으로 하고 있기는 하지만 그 인물은 나쓰메 소세키 자신의 어린 시절의 경험 등을 바탕으로 창조해 낸 인물 가운데 하나일 것이다.

〈도련님〉은 통쾌함과 유쾌함이 혼재되어 있는 유머소설이지만 그 웃음 뒤에는 나쓰메 소세키가 진실한 사랑을 구하려고 몸부림쳤던 흔적이 여기

42 유상희, 앞의 책, 39-40쪽 참조.

저기에 쓸쓸하게 묘사되어 있다. 어쨌든 나쓰메 생가로 복적했던 체험은 그의 작품 창작에 큰 영향을 미쳤다고 할 수 있다.

2-10. 문학 지망 사연

그 당시 나쓰메 소세키가 다니고 있었던 도쿄대학예비문은 제일고등중학교로 개칭되어, 예과 3년과 본과 2년으로 나뉘어졌다. 예과 3학년이 된 나쓰메 소세키는 본과로 올라가서 무엇을 전공으로 공부할 것인가를 결정해야 했다.

나쓰메 집안으로 복적한 나쓰메 소세키는 집안에서 더 이상 성가신 존재가 아니었다. 집안의 중심이 되었고 아버지도 그에게 많은 기대를 했다. 죽은 큰형 다이이치가 말한 대로 문학을 공부해서 소설가가 되는 것보다도 집안을 위해, 사회를 위해, 아니 새로운 시대를 위해 필요한 사람이 되는 것이 보다 유익하다고 생각했다.

그래서 그는 건축과를 선택하기로 했다. 건축은 새로운 시대의 상징이었다. 서양에 지지 않는 일본이 되게 하기 위해서도 이제부터는 훌륭한 건물을 짓지 않으면 안 되었다. 또한 건축이란 것은 세상에 없어서는 안 되는 것임에 틀림없고, 동시에 훌륭한 예술이라고 생각했다.

그러나 건축가가 되려고 하는 나쓰메 소세키의 생각을 바꾸게 하고, 그를 문학의 길로 권유한 사람은 동급생이었던 요네야마 야쓰사부로米山保三郎였다. 요네야마 야쓰사부로는 철학자를 목표로 하여 언제나 우주가 어떻고, 공간이 어떻고, 현실적으로 눈에 보이지 않는 말만 많이 했기 때문에 친구들로부터 괴짜 취급받았다.

요네야마 야쓰사부로는 나쓰메 소세키에게 건축가가 되려고 하는 생각이 틀렸다고 딱 잘라 말했다. 그는 나쓰메 소세키가 아무리 노력을 한다 해도 런던 세인트폴 대성당과 같은 명 건축물을 후세에 남기는 것은 어렵다고 말했다.

요네야마 야쓰사부로는 문학은 생명이 있는 학문이라고 말하며 건축보다는 문학을 전공해서 수백 년, 아니 수천 년 동안 많은 사람들에게 읽혀질 걸작을 남길 것을 그에게 권유했다. 요네야마 야쓰사부로의 충고를 받아들여 나쓰메 소세키는 건축가가 되려고 하는 생각을 단념하고 방향을 바꾸어 문학을 전공하기로 마음먹었다. 친구의 적극적인 권유에 감동을 받아 나쓰메 소세키는 이후 문과에 진학하여 영문학을 전공하게 되었던 것이다.[43]

2-11. 나쓰메 소세키와 마사오카 시키

나쓰메 소세키에게 커다란 영향을 준 평생 잊지 못할 또 한 명의 친구는 마사오카 시키正岡子規(본명은 마사오카 쓰네노리正岡常規, 1867-1902)였다.

마사오카 시키의 생애에 관하여 간략하게 정리해 보겠다.

마사오카 시키는 시코쿠四国의 마쓰야마松山에서 1867년 음력 9월 17일에 태어났다. 그의 부친인 마사오카 쓰네나오正岡常尚는 마쓰야마 번松山蕃의 신분이 낮은 무사였으나 마사오카 시키가 여섯 살 때에 세상을 떠났다. 모친인 야에八重의 손에서 자라난 그는 마쓰야마중학교松山中学校 시절에 정치가를 꿈꾸었다. 그는 자유 민권운동의 영향을 받아 연설회를 개최하기

43 長尾剛, 《漱石ゴシップ》(ネスコ, 1993), 227쪽 참조.

도 했다. 어린 시절 스에히로학교末光学校에 다닐 무렵부터 한학을 배운 덕택에 마쓰야마중학교에 입학해서는 소설에 흥미를 느껴 다키자와 바킨滝沢馬琴 등의 소설을 많이 읽었다.

1883년 도쿄로 상경하여 교리쓰학교共立学校 등에서 공부했지만 이듬해인 1884년 도쿄대학예비문에 입학했다. 마사오카 시키는 처음에는 정치가가 되려고 했지만 철학자로 바뀌었다가 나중에는 문학을 좋아하게 되었다.

마사오카 시키가 하이쿠俳句를 시작하게 된 것은 1887년(明治 20), 구한슈旧蕃主(옛날 번의 영주)가 경영하고 있던 도키와카이常盤会 기숙사의 청년들과 함께 하이쿠를 지으면서부터였다. 시키子規라고 호를 칭하게 된 것은 1889년에 폐가 나빠져 피를 토했을 때부터의 일로 '피를 토하듯 우는 호토토기스'에서 땄다고 전해진다.

다음해 도쿄제국대학 '국문과'에 들어간 마사오카 시키는 소설가가 되고자 결심했지만 기존 작가에게 인정받지 못해 단념해 버렸다. 그러나 이때부터 가와히가시 헤키고토河東碧梧桐로부터 하이쿠의 가르침을 받았다. 1892년 도쿄제국대학 국문과를 중도에 자퇴하고 일본신문사日本新聞社에 입사했다. 이 신문에 일본의 하이쿠 등을 실어 하이쿠 혁신의 불을 붙였다.

마사오카 시키는 1894년 청일전쟁의 종군기자로서 중국 대륙으로 건너갔으나 폐결핵에 걸려 귀국하는 배 안에서 피를 토하고 병상에 눕는 몸이 되었다. 이 시기에 도쿄의 도쿄대학예비문 시절의 친구였던 나쓰메 소세키가 도쿄제국대학 영문과를 졸업하고 마쓰야마중학교松山中学校의 영어교사로 부임해 와 있었다. 이때 나쓰메 소세키는 마사오카 시키를 자신의 하숙집으로 불러 약 2개월간 같이 지냈다.

이 기간에 마사오카 시키는 하이쿠를 짓는 모임인 '송풍회松風会'를 열었고 친구 나쓰메 소세키를 하이쿠 연구 모임에 끌어들여 그에게 하이쿠를 가르쳤다. 나쓰메 소세키는 이후 수년 동안 하이쿠에 전념했다.

마사오카 시키는 폐결핵 진단이 났음에도 불구하고 신문지상에 하이쿠를 발표했다. 그리고 문하생을 지도하면서 많은 하이쿠를 지었다. 1897년에는 야나기하라 쿄쿠토柳原極堂가 《호토토기스ホトトギス》를 창간했고 마사오카 시키는 그것을 이어받아 새로운 하이쿠를 발전시키는 기반으로 삼았다.

《만엽집万葉集》을 높게 평가하는 사생단가론写生短歌論을 펼친 가풍歌風(단가의 가풍)은 그의 제자인 이토 사치오伊藤左千夫, 나가쓰카 타카시長塚節, 시마키 아카히코島木赤彦, 사이토 모키치斎藤茂吉 등에게 이어졌다.

마사오카 시키는 화가画家가 그림을 그리듯이 자연의 모습을 있는 그대로 소박하게 나타내고 자신의 기분을 솔직하게 표현하는 사생문写生文을 주창했다. 폐결핵의 고통을 수필과 사생写生으로 달래 나가던 그는 1902년 35세라는 젊은 나이에 이승과의 인연을 끊었다.

마사오카 시키는 메이지 시대의 대표적인 하이진俳人(하이쿠를 짓는 사람)이자 가인歌人(시인)으로 생애를 통해 하이쿠俳句와 단가短歌를 훌륭한 문학으로 끌어올리는 데에 힘써 오늘날까지 일본 근대문학을 대표하는 가인으로 평가받고 있다.

처음에는 마사오카 시키와 나쓰메 소세키 두 사람 사이에 그다지 교제는 없었다. 그러나 두 사람과 모두 친했던 요네야마 야쓰사부로를 통해 두 사람의 우정이 연결되어 이후 사이가 좋아졌다. 이후 두 사람은 둘도 없는 문학을 즐기는 친구 사이가 되면서 서로의 고통을 털어 놓고 서로 의지하며 지내는 사이로 발전했다.

나쓰메 소세키의 본명은 나쓰메 긴노스케였지만 나쓰메 소세키가 '소세키漱石'라고 하는 아호雅号[44]를 처음으로 사용하게 된 것도 마사오카 시키 때문이다. 괴짜라든지 완고한 사람을 의미하는 '소세키'라는 단어는 원래 중국의 고사故事에서 기인한 것이었다. 본래 '소세키'라는 단어는 마사오카 시키가 자기가 사용하려고 했던 많은 아호 가운데 하나였다. 나쓰메 소세키는 마사오카 시키로부터 '소세키'라는 이름을 물려받아 긴노스케 대신 소세키를 사용하게 된 것이다. 이후 나쓰메 소세키는 자신이 쓴 책에 전부 소세키라는 필명筆名[45]으로 사인을 했다.[46]

나쓰메 소세키와 마사오카 시키 두 사람의 우정은 마사오카 시키가 죽는 순간까지 이어졌다.

---

44 문인 등이 본이름 외에 따로 지어 부르는 이름. 또는 예술가의 호, 필명, 별명 등을 말함.

45 작가가 작품을 발표할 때 쓰는 본명 이외의 이름.

46 三田村信行, 앞의 책, 41-44쪽 참조.

3. 도쿄제국대학 시절

3-1. 도쿄제국대학 입학

1890년(明治 23) 7월 나쓰메 소세키는 제일고등중학교 본과本科를 졸업하고 같은 해 9월에, 요네야마 야쓰사부로와 약속한대로, 문학을 공부하기 위해 도쿄제국대학 영문과에 진학을 했다.

영문과에 입학한 나쓰메 소세키는 문부성文部省(한국의 교육부에 해당됨)의 학비 대여 장학생이 되었다. 이는 졸업을 하면 갚는다는 조건으로 일본 문부성이 수업료를 빌려 주는 학생을 말한다. 당시 성적이 아주 좋은 학생에게만 학비 대여 장학생 자격이 있었다. 그가 학비 대여 장학생을 지원한 것은 나이가 많은 아버지에게 더 이상 학비 지원을 부탁하는 것이 힘들었기 때문이다.

3-2. 〈호조키〉 영어 번역

대학 재학시절 나쓰메 소세키의 학문에 대한 정열은 대단하였다. 필사적으로 공부에 몰두한 결과 그의 대학 성적은 뛰어나게 우수했다.

도쿄제국대학에서 영문학을 가르치고 있는 외국인 교수 딕슨으로부터 영어 실력을 인정받아, 딕슨 교수의 의뢰로 일본 가마쿠라 시대鎌倉時代에 가모노 초메이鴨長明가 쓴 수필인 〈호조키方丈記〉를 영어로 번역했다.[47]

〈호조키〉는 1212년 가모노 초메이가 쓴 수필집으로 작품에는 전염병과 대지진 등 여러 가지 천재지변이 묘사되어 있다. 작자 자신의 불행했던 인생 등도 기술되어 있다. 격조 높은 명문이 많이 들어 있는 이 작품은 일본의 중세 시대 은둔자 문학의 대표작으로 인정받고 있다.

〈호조키〉의 서문에는 '흐르는 강물과 물거품'에 관한 아래와 같은 유명한 글이 있다.

> 강물은 끊임없이 계속 흘러가지만 그 강에서 흐르고 있는 물은 시시각각으로 바뀌어 흘러 이젠 옛 물이 아니다. 흘러가다가 멈추고 있는 곳의 수면에 떠오른 물거품은 사라지는가 하면 다시 떠올라서 하나의 물거품이 그 모습 그대로 오래 머물러 있는 적이 없다. 세상 사람들과 그들의 거처 또한 이와 마찬가지다.[48]

〈호조키〉는 일본의 중세 시대 수필이며 시詩처럼 쓰여진 문장이므로 한국인이 한국어로 번역하는 것도 아주 어려운 일이다. 그런데 나쓰메 소세키가 대학 재학생 시절에 〈호조키〉를 영어로 번역한 것이다. 그의 영어 실력이 얼마나 우수했는가를 짐작해 볼 수 있다.

1893년(明治 26) 7월 나쓰메 소세키는 26세에 도쿄제국대학 문과대학 영문과를 우수한 성적으로 졸업했다.

---

47 丸谷才一, 앞의 논문, 13쪽 참조.
48 가모노 초메이, 《호조키》, 조기호 옮김(제이앤씨, 2004), 25쪽 참조.

1891년 24세 때, 도쿄제국대학 영문과 재학 시절의 나쓰메 소세키(가운데)와 친구 나카무라 제코(오른쪽).

1892년 25세 때, 도쿄제국대학 영문과 재학 시절의 나쓰메 소세키(왼쪽)와 친구 요네야마 야스사부로.

4. 징병 기피

4-1. 메이지 시대의 징병제

메이지 시대에 일본에서는 현재의 한국과 마찬가지로 징병제徵兵制가 실시되고 있었다. 일본의 남자는 만 20세가 되면 징병검사를 받아 3년간 군대에 입대하지 않으면 안 되었다. 그렇지만 대학생은 26세까지 입대를 연기할 수 있었다.

현재 한국에서 대학과 대학원에 재학하는 학생들에게 군 입대 연기 혜택을 주는 것과 같은 제도가 메이지 시대 일본에서 실시되고 있었던 것이다. 나쓰메 소세키는 입대 연기 제도를 이용하여 도쿄제국대학을 졸업할 때인 1893년(明治 26) 26세까지 군대에 입대하지 않고 있었다.[49]

나쓰메 소세키가 22세 때인 1889년 1월 22일 일본 정부는 징병령을 개정하여 호주의 징병 유예 등을 폐지하고 국민 개병제를 실현하고 있었다. 같은 해 2월에는 대일본제국헌법이 제정되면서 일본은 군국주의의 기틀을 체계적으로 확립해 나갔다.[50]

---

49 三田村信行, 앞의 책, 50-53쪽 참조.

50 박경희, 《연표와 사진으로 보는 일본사》(일빛, 2001), 402-404쪽 참조.

나쓰메 소세키가 도쿄제국대학을 졸업할 때인 1893년은 청일전쟁이 일어나기 바로 직전의 해였다. 이 시대에는 조선(한국)을 아시아 진출의 발판으로 생각하여 무력에 의해 강압적으로 지배하려고 하는 일본과 한국에 대해 종주권을 주장하는 청국(중국)의 대립으로 인해 임오군란과 갑신정변이 일어났던 때이다. 일본과 중국의 대립의 심화는 결국 일본이 1894년 7월 한국을 해방한다는 구실로 청국군(중국군)을 공격하는 사태로까지 번졌다. 같은 해 8월에는 일본이 청국에 선전포고를 하여 청일전쟁이 일어났다.

청일전쟁은 발발 8개월 만인 1895년 4월 일본의 승리로 끝나고 청국과 강화조약을 체결하였다. 그러나 청일전쟁은 근대 일본이 첫 번째 대외전쟁으로 동원 병력 24만여 명, 1만 3천여 명의 희생자와 전비 2억 엔이라는 대가를 치르고 승리할 수 있었던 전쟁이다.[51]

당시 나쓰메 소세키는 징병제와 1889년 1월 일본정부가 징병령을 개정하여 호주의 징병 유예 등을 폐지하고 국민 개병제를 실시하고 있었던 것을 인지하고 있었을 것이다. 하지만 그는 대학생 입대 연기 기한이 마감되기 1년 전인 1892년 25세 나이에 징병을 기피할 수 있는 조치를 취한다.

4-2. 징병 기피와 불안

나쓰메 소세키는 1892년(明治 25) 4월 5일(화)에 부친인 나쓰메 코헤나오카쓰와 형의 주선으로 나쓰메 집안에서 분가分家하여, 홋카이도北海道 시리베시노구니後志国 이와나이군岩内郡 후키아게초吹上町 17번지에 살고 있었던 당

51 위의 책, 406-409쪽 참조.

시 미쓰이물산三井物産 상인인 아사오카 진자부로浅岡仁三郎 집으로 호적을 옮겼다.[52]

1892년 25세 때, 도쿄제국대학 영문과 3학년 재학 시절의 나쓰메 소세키.

도쿄 한복판에서 태어나 25세가 되기까지 도쿄에서만 살아왔던 나쓰메 소세키가 군대 입대를 대학생이란 신분으로 연기하던 중에 본가에서 분가하여 호적을 홋카이도로 옮기고 갑자기 홋카이도 평민平民이 된 것이다.[53]

도쿄제국대학에 다니고 있으며 누구보다도 날카로운 감성을 지니고 있었던 엘리트 대학생 나쓰메 소세키가 한 번도 가 본 적이 없는 홋카이도로 갑자기 호적을 옮긴다는 것은 상식적으로 이해가 안 되는 일이다. 부친과 형을 비롯한 가족 모두가 합심合心하여 나쓰메 소세키가 군대에 가는 것을 기피하기 위해 조치를 취했던 것이다.

당시 홋카이도에는 인구가 매우 적었기 때문에 일본의 징병령에는 호적이 홋카이도인 평민은 징병이 면제된다고 하는 예외 규정이 있었다. 메이지 정부는 홋카이도 개간을 목적으로 홋카이도 주민에게 병역면제 특혜를 주었다. 때문에 나쓰메 소세키는 호적상 홋가이도 평민으로서 군에 입대를 하지 않아도 괜찮았던 것이다.

52 宮井一郎, 《詳伝夏目漱石－上巻》(国書刊行会, 1992), 174쪽 참조.
53 三好行雄 編, 앞의 책, 395쪽 참조.

나쓰메 소세키가 졸업했고, 교수로 근무했던 도쿄제국대학 정문 아카몬赤門.

즉, 나쓰메 소세키는 의도적으로 징병을 기피했던 것이다. 당시 시대에 나쓰메 소세키뿐만 아니라 가문이 좋은 집안의 아들들은 이와 같은 수법을 이용하여 징병을 면제받은 경우가 종종 있었다.

나쓰메 소세키는 병역 문제가 일단락되자 1892년 5월부터 오오니시 하지메大西祝의 추천으로 도쿄전문학교東京専門学校(현재의 와세다대학)에 강사로 출강하게 된다.

나쓰메 소세키가 도쿄시 우시고메구牛込区 와세다미나미초早稲田南町 7번지로 호적을 되돌려 놓은 것은 작품 〈마음〉이 《아사히신문》에 연재되고 있던 그의 나이 47세 때인 1914년(大正 3) 6월 1일이었다.[54]

누구보다도 날카로운 감성을 소유하고 있었던 나쓰메 소세키가 홋카이도로 자신의 호적을 옮겼다가 22년이 지난 1914년에 도쿄로 호적을 되돌려 놓은 것을 스스로 몰랐다는 것은 믿기 어렵다. 대부분의 일본 남자가 국방

54 宮井一郎, 《詳伝夏目漱石－下巻》(国書刊行会, 1992), 508쪽 참조.

의 의무를 다하기 위해 만 20세가 되면 3년간 군대에 입대하여 군 복무를 하고 있었던 시기에 나쓰메 소세키는 편법을 동원하여 군 입대를 기피했던 것이다.

나쓰메 소세키는 현재 세계적인 문호로 일본에서는 도덕적 인격자로 평가받고 있고 국민 작가로 불리고 있다. 그가 남긴 〈마음〉은 일본 근대문학의 최대 정전正典으로 평가받고 있다. 하지만 나쓰메 소세키가 의도적으로 징병을 기피했던 행동은 그의 화려한 명성과는 어울리지가 않는다.

이 시기 1만 3천여 명이나 되는 나쓰메 소세키 동년배 일본 젊은이들이 청일전쟁에 동원되어 피를 흘리며 죽어 가고 있었다. 이후 전쟁 승리로 열광하는 일본 국민들을 가까이에서 지켜보면서 나쓰메 소세키는 징병 기피 실상 탄로에 대한 남모르는 마음의 불안을 가슴에 안고 살 수밖에 없었을 것이다. 그는 아시아의 다른 나라를 무력에 의해 지배하려고 하는 메이지 정부의 제국주의적 정책을 드러내 놓고 반대하지도 않으면서, 개인

나쓰메 소세키가 다녔던 도쿄제국대학 교내 풍경(저자 촬영).

적으로는 그런 메이지 정부의 정책으로부터 빠져나가려고 했던 것이다.

병영 생활과 전쟁 경험을 한 번도 해 본 적이 없는 나쓰메 소세키는 그의 나이 27세(1894년) 때에 일어났던 청일전쟁과 37세(1904년) 때에 일어났던 러일전쟁의 참상慘状과 실상実状을 작품을 통해 명확하게 조형해 내기가 대단히 어려웠을 것이다.

또한 징병 기피 경력 때문에 작가의 입장에서 청일전쟁과 러일전쟁을 공개적으로 반대하는 목소리를 내거나 제국주의를 내세우며 한국과 중국 등 아시아 대륙의 타민족을 무력의 힘에 의해 강압적으로 지배하려고 했던 당시 일본 정치가들의 침략 정책을 강력하게 비판하기에는 한계가 있었을 것이다.

5. 도쿄고등사범학교 교사 시절

1893년 7월 나쓰메 소세키는 26세에 도쿄제국대학 문과대학 영문과를 졸업함과 동시에 바로 대학원에 진학했다.

대학을 졸업한 뒤 친구와 같이 도쿄 근교에 있는 관광지 닛코日光를 여행한 뒤에 나쓰메 소세키는 취업 자리를 찾기 시작했다. 도쿄제국대학을 우수한 성적으로 졸업한 사람이라 해도 교사로 취업하는 것이 쉬운 일은 아니었다. 그 이유는 당시 일본에 학교가 생기기 시작하는 시기였고, 학교의 숫자가 매우 적었기 때문에 그만큼 교사로 취업할 자리가 드물었기 때문이다.

아는 사람의 소개로 학습원의 교사 자리를 소개받았다. 그 당시 학습원은 황족과 귀족의 자제들이 다니는 학교였기 때문에 양복을 입고 교단에 서지 않으면 안 되었다. 나쓰메 소세키는 양복까지 준비하고 있었지만 갑자기 다른 사람으로 결정되었다고 하는 통보를 받아 당황하지 않을 수 없었다.

나쓰메 소세키는 대학까지 나와서 빈둥빈둥 놀고만 있을 수 없었다. 여기저기 부탁을 해 보는 사이에, 제일고등학교와 도쿄고등사범학교의 두

1893년 26세 때, 도쿄제국대학 영문과 졸업 후 대학원 재학 시절 나쓰메 소세키(왼쪽에서 세 번째)와 친구들.

곳에 취직자리가 나왔다. 나쓰메 소세키는 마음속으로 제일고등학교에 취직되기를 바랐지만 아쉽게도 1893년 10월 도쿄고등사범학교東京高等師範学校(후에 동경교육대학東京教育大学이 됨. 현재의 쓰쿠바대학筑波大学)의 영어 교사로 결정되었다.

태어나서 처음으로 도쿄고등사범학교의 영어 교사로 취직을 하여 연 450엔이라는 급료를 받았지만 도쿄제국대학 재학 시절에 받은 학비 대여금을 갚고, 아버지에게 생활비를 보내드리고 나면 나쓰메 소세키의 수중에는 돈이 얼마 남지 않았다. 그러므로 도쿄전문학교東京専門学校 강사 자리도 그만두지 않고 계속 출강했다. 두 학교에 출강하는 관계로 마음의 여유가 없는 바쁜 생활이 이어졌다.[55]

당시 도쿄고등사범학교의 학풍은 엄격하고 근무하기에 어려운 점이 있었다. 교사는 언제나 학생의 모범이 되지 않으면 안되기 때문에 마음 편할 날이 없었다. 그런데다 자신은 교육자가 되기 위해 대학에 간 것이 아니라는 생각에 우울해지는 날이 많았다. 영문학을 공부한다고 해도 '일

55 宮井一郎, 《詳伝夏目漱石－上巻》(国書刊行会, 1992), 190-214쪽 참조.

본 사람인 자신이 얼마나 깊이 이해를 할 수 있을 것인가?'에 대해 회의를 품기도 했다.

6. 마쓰시마 여행과 엔가쿠지 참선

6-1. 마쓰시마 여행

1894년(明治 27) 8월 나쓰메 소세키는 자신이 완전히 노이로제에 빠져서 이대로 가만히 있다가는 미쳐 버릴 것만 같았다. 하루빨리 이 망상으로부터 벗어나기 위해서 도호쿠 지방 세다이仙台 근교에 있는 마쓰시마松島를 여행했다.

마쓰시마는 일본의 3대 절경 가운데 하나로 일컬어지고 있는 곳이다. 마쓰시마에는 호수같이 잔잔한 바다에 그림 같은 섬 260개가 점점이 떠 있다. 소나무로 뒤덮인 크고 작은 섬들은 저마다의 아름다운 자태를 뽐내고 있다. 때문에 옛날부터 문인들의 작품에 가끔 마쓰시마가 등장하고 있다.

마쓰오 바쇼松尾芭蕉(1644-1694)는 일본 에도 시대 초기의 작가지만 현재도 일본 하이쿠 작가 사이에서는 신처럼 존경받고 있다. 마쓰오 바쇼가 마쓰시마 지방에 도착하여 오시마雄島 섬을 둘러보고 해안으로 돌아와서 숙소를 잡았는데 숙소는 창문이 바다 쪽으로 난 2층집이었다. 시인 마쓰오 바쇼는 마쓰시마의 아름다운 경치에 압도되어 한 수도 읊지 못하고 눈을 붙였으나 잠이 오지 않았다. 마쓰오 바쇼가 마쓰시마의 절경을 보고 반해

나쓰메 소세키가 1894년에 여행했었던 일본의 3대 절경 가운데 하나인 마쓰시마 해안에 있는 고다이도五大堂(저자 촬영).

'마쓰시마여, 아 마쓰시마여, 마쓰시마여松島や ああ松島や 松島や' 단 세 마디를 하이쿠로 표현했다는 설이 있다.

마쓰시마를 여행한 나쓰메 소세키는 마쓰시마 해안가에 있는 즈이간지瑞巖寺라는 절에서 참선을 하려고 했으나 생각대로 잘 되지 않아 단념했다. 나쓰메 소세키가 참선을 하려고 했던 도호쿠 지방의 명찰인 즈이간지는 828년에 지카쿠慈覚 대사에 의해 만들어졌다. 그 후 17세기 다테 마사무네伊達政宗가 심혈을 기울여 황폐한 가람을 재건하여 지금의 즈이간지가 완성되었다. 본당은 서원 양식으로 단층인 본채의 거대한 기와지붕이 장관이다. 정면에 나 있는 참배로를 따라 들어가면 정원이 펼쳐져 있으며 참배로 오른쪽에는 옛날에 수행의 장소로 사용되었던 많은 동굴이 있다. 현재 즈이간지의 건물 및 장식, 그림, 조각 등은 모두 일본의 국보 내지 중요문화재로 지정되어 있다.

6-2. 엔가쿠지 참선

1894년(明治 27) 12월 대학의 기숙사에서 나와 스가 토라오菅虎雄라는 친구 집에서 생활하기도 했으나 나쓰메 소세키의 마음속 아픔은 조금도 해결되지 않았다. 그와 같은 와중에 스가 토라오의 소개로 도쿄 근교 관광지에 있는 가마쿠라鎌倉 엔가쿠지円覚寺의 관장管長인 샤쿠 소엔釈宗演이라는 사람을 찾아가 좌선座禅 체험을 하게 된다.

나쓰메 소세키가 좌선을 했던 엔가쿠지는 중국 경산의 만수사를 모방하여 세운 절이다. 1282년 가마쿠라 8대 막부의 집권자이던 호조 도키무네가 여몽麗蒙 연합군의 침입으로 죽은 병사들의 넋을 위로하기 위해 지은 사찰이다. 선종가람 배치 양식을 따른 사찰이며, 사찰 기공식 때 땅에서 원각경円覚経이 나왔다고 해서 엔가쿠지라 불리고 있다. 대부분 건물은 화재와 지진으로 소실되어 부처의 치아가 소장되어 있는 사리전, 범종(국보로 지정됨)을 제외하고는 재건한 것이다. 엔가쿠지는 좌선으로 유명한 절로서 삼나무 숲에 둘러싸여 있지만 한국 사람이 보기에는 절이라기보다는 커다란 사당 같은 이미지를 풍기는 곳이다.

나쓰메 소세키가 가마쿠라에 있는 엔가쿠지에 갔을 때 관장이었던 샤쿠 소엔釈宗演은 당시 35세의 젊은 나이였지만 훌륭한 스님으로 널리 알려진 사람이었다. 그러나 당시 나쓰메 소세키의 고민은 종교 따위로 구제될 수 없을 정도로 깊고 무거웠다. 1894년 말부터 다음 해 1월에 걸쳐서 참선을 했으나 아무 소득도 없이 그는 도쿄로 되돌아왔다.

이때의 좌선 체험은 나쓰메 소세키의 작품 〈문門〉이라는 소설에 잘 나타나 있으며 작품 〈몽십야〉 "제이야第二夜"에도 영향을 미쳤다.

엔카쿠지의 정문. 이 절 문은 작품 〈문〉의 소재가 되었음(저자 촬영).

엔카쿠지의 작은 문(저자 촬영).

7. 마쓰야마중학교 교사 시절

7-1. 마쓰야마중학교 교사 부임 과정

1895년(明治 28) 초에 나쓰메 소세키가 신경쇠약이 악화되어 정신적으로 불안해하고 괴로워하는 모습을 보고는 친구 스가 토라오가 '잠시 동안만이라도 도쿄를 벗어나서 지방에서 지내 보는 것이 어떻겠나?'라고 권유했다. 마침 시코쿠四国 에히메 현愛媛県 진조중학교尋常中学校(마쓰야마중학교松山中学校, 현재의 마쓰야마히가시고등학교松山東高校)에서 영어 선생님 한 명을 찾고 있는 중이었다.

마쓰야마중학교에서는 원래 좋은 외국인 영어 교사를 소개해 달라고 스가 토라오에게 부탁했지만 적임자를 찾지 못해 나쓰메 소세키를 추천하게 된 것이다. 마쓰야마중학교에서는 교사로 채용하려고 하는 사람이 도쿄제국대학 출신인데다 도쿄고등사범학교의 현직 교사였기 때문에 고액의 급료를 제시했다. 만약 나쓰메 소세키가 온다면 월급을 교장보다도 더 많이 준다는 조건이었다. 당시 마쓰야마중학교 교장의 월급이 60엔이었지만 나쓰메 소세키에게는 80엔을 주겠다는 조건을 제시했던 것이다.[56]

---

56 荒正人, 《評伝夏目漱石》(実業之日本社, 1970), 30-31쪽 참조.

마쓰야마중학교 교장 선생님의 월급보다 더 많은 월급을 주면서 파격적으로 나쓰메 소세키를 채용하려고 했던 것은 도쿄제국대학 출신인데다 도쿄전문학교와 도쿄고등사범학교 강사 경력을 인정해 주었기 때문이다. 또한 변변치 못한 외국인 영어 교사를 채용할 바에야 일본인 가운데 정통으로 영어를 배운 사람을 채용하고자 하는 마쓰야마중학교 교장 선생의 의사가 반영된 면도 있다.

나쓰메 소세키가 도쿄고등사범학교 교사를 그만두고, 도쿄에서 아주 멀리 떨어진 시코쿠의 마쓰야마중학교에 교사로 간다는 것을 알고 친구들이 찾아왔다. '도쿄고등사범학교의 당당한 선생님이 어째서 시골 중학의 선생이 되려고 하는 것이냐?'라고 말했다. 그중에서도 나쓰메 소세키에게 문학의 길을 가도록 권유했던 요네야마 야쓰사부로米山保三郎는 '그런 시골에 가서 문학 공부가 되겠어?'라고 나쓰메 소세키가 마쓰야마로 가는 것을 화를 내며 막았다.

그러나 도쿄를 떠나 혼자서 조용하게 살고 싶다는 나쓰메 소세키의 결심은 변하지 않았다. 1895년(明治 28) 4월 28세 때에 그는 도쿄전문학교와 도쿄고등사범학교의 교직을 그만두고 혼자서 마쓰야마로 떠났다.

7-2. 마쓰야마중학교 교사 생활

일본열도 가운데 시코쿠는 혼슈本州와의 사이에 물결이 잔잔한 바다 세토나이카이瀬戸内海를 끼고 있는 섬이다. 시코쿠는 소용돌이치는 조류와 열대어가 떼지어 헤엄치는 해상공원, 아름다운 해안선, 그리고 오래된 전통과 역사를 지닌 명소와 유적지가 많은 고장이다.

시코쿠는 바다라는 이미지가 강한 지역이지만 변화가 풍부한 지형이 빚어 놓은 산의 매력도 빼놓을 수 없다. 시코쿠의 북쪽 지역은 강우량이 적고 온화하고 남쪽은 습기가 많고 태풍이 잦은 편이다.

시코쿠라는 이름은 이 지역이 원래 가가와香川 · 도쿠시마德島 · 고치高知 · 에히메愛媛 등의 네 지역으로 나뉘어 있었기 때문에 붙여진 이름이다. 혼슈와는 떨어진 섬이라는 특성 때문에 발전이 늦어지기도 했지만 1988년 세토오하시瀨戶大橋 다리가 개통되면서 이제 시코쿠는 섬이 아닌 육지 혼슈와 연결된 곳으로 인식되고 있다.

시코쿠의 마쓰야마에는 일본에서 가장 오래된 역사를 가진 도고온천과 마쓰야마 성 등이 옛 모습 그대로 남아 있다. 마쓰야마는 시코쿠를 대표하는 중심 도시이지만 고전과 현대가 공존하는 듯한 도시로, 분주하고 소란스러운 분위기는 찾아볼 수 없다. 도심에서 벗어나면 메이지 시대의 어느 무렵에서 시간이 멈추어 버린 듯한 고즈넉한 정취를 간직하고 있다.

당시 마쓰야마중학교는 마쓰야마 성을 바라보는 마을의 중심지에 있었다. 그러나 지금 그 자리에는 일본전전공사日本電電公社 시코쿠전기통신국四国電気通信局이 세워져 있다. 또한 그 주위에는 시청, 재판소 등의 관공서 건물들이 들어서 있다. 나쓰메 소세키가 마쓰야마중학교에 근무하던 시절의 옛 모습은 전혀 남아 있지 않지만 시코쿠전기통신국 길가에는 '소세키 연고가 있는 마쓰야마중학교 유적'이라고 표시된 돌로 만들어진 비가 세워져 있다.

나쓰메 소세키가 마쓰야마중학교에 부임할 당시 마쓰야마중학교에서 걸어서 5분 정도 떨어진 곳에 야마시로야山城屋라는 여관이 있었다.

태평양전쟁 때에 불타 버렸지만 지금도 '기도야きどや'라는 간판을 달고 여관을 계속 운영하고 있다.

시코쿠 마쓰야마 시내 중심가 산 정상에 있는 마쓰야마 성松山城(저자 촬영).

나쓰메 소세키는 처음에 이 여관에 머물렀으나 곧 여관을 나와 마쓰야마성의 산 중턱에 있는 아이쇼테이愛松亭라고 하는 하숙집으로 옮겼다. 마쓰야마의 마을을 한눈에 내려다볼 수 있는 상당히 전망 좋은 곳에 하숙을 하게 된 것이다.

하숙집 주인은 골동품 가게를 하고 있었다. 다른 사람과 이야기를 하고 남 돌봐 주기를 좋아하는 남자로 나쓰메 소세키와 만나기만 하면 골동품 이야기를 했다. 이때의 골동품 가게 주인과의 추억을 나쓰메 소세키는 작품 〈도련님〉에 상세히 묘사했다.

학교에 가도 마쓰야마의 시내를 거닐어도 모든 사람들이 나쓰메 소세키를 신기하게 쳐다보았기 때문에 그는 느긋하게 마음 놓고 휴식을 취할 수가 없었다. 더욱이 그의 월급이 교장 선생님 월급보다 많았기 때문에 도쿄에서 온 고액 연봉 선생에 대해 주민들은 큰 관심을 가졌다. 마쓰야마 사람들은 나쓰메 소세키를 '80엔 선생님'이라고 불렀다.[57]

나쓰메 소세키가 마을에서 메밀국수(소바)를 사서 먹어도 경단을 사서

57 長尾剛, 앞의 책, 231-232쪽 참조.

먹어도 그것을 주의 깊게 지켜보는 학생들이 있었다. 학생들이 나쓰메 소세키에 대하여 지나칠 정도로 관심을 나타내었던 것은 그를 골탕 먹이려는 이유에서가 아니라 훌륭한 선생님에 대한 존경하는 마음의 표현이었다. 학생들과 마쓰야마 주민들은 당시 도쿄제국대학 출신의 도쿄고등사범학교 현직에 있는 선생이 시코쿠 마쓰야마의 이런 시골에 교사로 온 것을 믿을 수가 없었기 때문이다.

7-3. 작품 〈도련님〉과 마쓰야마

나쓰메 소세키는 1895년에 1년 남짓 영어 교사로 근무했던 마쓰야마중학교 시절의 체험을 살려 〈도련님〉이라는 소설을 발표했다. 그러나 작자의 마쓰야마 실제 경험으로 보기에는 맞지 않는 부분도 있다.

〈도련님〉이 발표되었던 시대의 일본은 1904년부터 1905년 사이에 한국과 만주에 대한 지배권을 둘러싸고 벌어졌던 러일전쟁이 막 끝나 정치적으로도 문학적으로도 중대한 전환기에 있었다. 사회적으로는 새로운 금융자본주의가 싹트기 시작했고 일본 근대소설이 성립되고 있던 시기였다.

주인공 '봇짱'의 외곬의 정의감은 유머를 불러일으키는 면도 있으나 힘 있는 인간에 대한 투쟁에서, 힘 없는 인간이 질 수밖에 없는 인간의 한계를 독자에게 보여 주는 것 같아 씁쓸한 맛을 느낄 수 있다. 하지만 복잡한 인간 세상에서 술수를 쓰지 않고 오직 정직함 · 단순함 · 패기만으로 금력과 권력에 대항하여 싸워 나가는 '봇짱'의 용기에 독자는 찬사를 보낼 것이다.

'봇짱'의 지나칠 정도로 단순한 성격과, 사회 경험이 전무한 상태에서 주위에 자신을 돌보아 줄 사람이 아무도 없는 지방의 섬나라에 있는 중학교 교사로 부임하여 무리 없이 원만하게 생존하는 데는 여러 면에서 한계가 있었을 것이다.

그러나 그의 심사숙고하지 않는 즉흥적인 행동을 읽으며 그저 마냥 웃어 넘겨 버릴 수가 없다. 급속히 근대화되어 가는 사회 구조 속에서 상실하기 쉬운 인간의 선량함과 순수한 마음 등이 봇짱의 행동에 배어 있기 때문이다. 초고층 아파트에 살면서 시멘트 빌딩 속을 고향으로 생각하며 사는 현대인은 봇짱의 행동을 통해 인간의 정직함과 순수함을 배워야 할 것이다. 하지만 봇짱의 앞뒤 가리지 않고 밀어붙이는 행동이 반드시 모두 옳다고는 볼 수 없다.

7-4. 도고온천과 나쓰메 소세키

마쓰야마에는 유명한 도고온천道後温泉이 있는데, 당시 마쓰야마 성 아래에서 기차로 10분, 걸어서 30분 거리에 있었다. 나쓰메 소세키는 작품 〈도련님〉에서 마쓰야마에 도쿄와 견줄 만한 곳은 온천밖에 없다고 표현했다. 〈도련님〉에 나오는 마쓰야마의 온천은 도고온천을 의미하는 것이다.

마쓰야마시 북동쪽에 위치하고 있는 도고

나쓰메 소세키가 시코쿠四國 마쓰야마중학교松山中學校 교사로 근무하던 시절에 자주 이용했던 도고온천 본관(저자 촬영).

온천은 3천 년의 역사를 자랑하는 일본에서 가장 오래된 온천이다. 도고온천의 본관本館은 한 군데뿐이다. 그러나 전차를 타고 도고역道後駅에 내려 역을 중심으로 모여 있는 온천은 약 100여 군데나 있다.

마쓰야마역에서 전차를 타고 도고역에서 내려 상점가를 지나가다가 주위에 도고온천이라고 근사하게 쓰여 있는 곳이 있어 이곳이 〈도련님〉에 나오는 온천이구나 하고 생각하여 들어가 직원에게 〈도련님〉과의 관련성에 대하여 물어보았다. 직원은 〈도련님〉에 나오는 온천은 이곳이 아니라 도고온천 본관 건물이라고 알려 주었다.

도고온천 본관은 1894년에 세워진 독특한 형상을 한 일본식 목조 3층 기와 건물이다. 이 온천의 욕조는 화강암으로 만들어져 있으며 온천물은 유황이 들어 있는 알칼리성으로 신경통 · 류머티즘 · 미용에 효과가 있다고 전해지고 있다. 옛날 백로가 다리를 다쳤는데 이곳에서 치료를 했다고 하여 3층 목조건물 탕에는 백로 모양의 장식물이 있다.

또한 도고온천 본관 3층 맨 꼭대기 층에 있는 진로각振鷺閣 지붕 위에도 이 온천에서 다리의 상처를 치유했다는 전설의 백로가 장식되어 있다. 밤에 보면 황금색의 백로가 바로 날아갈 것 같은 모습이다. 도고온천의 본관은 온천 이외에 특별히 다른 시설은 없다. 그리고 탕의 온도가 높아 땀이 비 오듯 쏟아져 실제로 오랜 시간 목욕하기도 어렵다.

도고온천 본관은 그가 마쓰야마중학교로 부임하기 한 해 전인 1894년에 세워졌다. 이 도고온천 본관이 마음에 든 나쓰메 소세키는 학교에서 돌아오면 매일같이 빨간 수건을 늘어뜨리고 온천에 갔다. 나쓰메 소세키가 이용했었던 도고온천 본관은 지금도 남아 있어 마쓰야마의 관광명소가 되었다. 최근에는 한국 관광객도 이 온천을 많이 이용하고 있다.

당시 도고온천 본관은 새로 지어진 멋진 온천이었기 때문에 작품 〈도련님〉에는 아래와 같이 묘사되어 있다.

> 다른 곳은 무얼 보아도 도쿄의 발뒤꿈치에도 못 따르나, 이 온천만은 훌륭한 것이다. 모처럼 온 것이니 날마다 들어가리라는 생각에서 저녁 먹기 전에 운동 삼아 떠났다. 그런데 갈 때에는 반드시 커다란 타월을 늘어뜨리고 갔다. 〔…〕
>
> 온천은 3층 신축 건물로 상등탕은 유카타를 빌려 주고 등을 밀어 주는 데 8전이면 된다. 게다가 여자가 쟁반에다 차까지 따라 준다. 나는 언제나 상등탕에 들어갔다. 그랬더니 40엔짜리 월급쟁이가 매일 상등탕에 들어가는 것은 사치라고 지껄이기 시작했다. 쓸데없는 간섭이다. 그뿐만이 아니다. 욕탕은 화강암으로 깔려 있다. 15조 방만 한 넓이로 막혀 있다. 대개는 13-14명씩 들어가 있으나 때로는 아무도 없을 때도 있다. 깊이는 일어서서 젖가슴까지 닿을 정도로 운동을 위해서 탕 속을 헤엄치는 것은 여간 유쾌한 일이 아니다.[58]

〈도련님〉에는 온천 이름이 그 당시 마쓰야마에 있었던 도고온천 본관이라고 나오지는 않는다. 하지만 '다른 곳은 무얼 보아도 도쿄의 발뒤꿈치에도 못 따르나, 이 온천만은 훌륭한 것이다', '온천은 3층 신축 건물로 상등탕은 유카타를 빌려 주고', '욕탕은 화강암으로 깔려 있다' 등을 고려해 보면 〈도련님〉 속에 나오는 온천은 현재 도고온천 본관을 소재로 해서 그려졌음에 틀림없다.

특히 온천이 '3층 신축 건물'이라고 묘사된 부분과 '상등탕은 유카타를

---

58 夏目漱石, 《坊っちゃん》, 三(新潮社, 1986), 29-30쪽 참조.

빌려 주고'라는 내용과 관련 있는 곳은 도고온천 본관뿐이다. 실제로 현재도 도고온천은 3층 건물이고 2층에서는 목욕 후 '유카타'(목욕 후 입는 일본식 홑옷)를 빌려 주고 있으며 오차(일본식 차)를 마실 수 있는 넓은 방이 있다.

이와 같은 도고온천과 작품 〈도련님〉과의 인연 때문이지 도고온천 본관 3층 앞면 왼쪽 모퉁이 쪽에 다다미방이 하나 있는데 이 방을 '도련님(봇짱) 방'으로 꾸며 놓았다. 방안에는 나쓰메 소세키의 동상과 버튼을 누르면 〈도련님〉에 대한 설명이 방송에서 나오는 오디오 장치도 설치되어 있다. 또한 〈도련님〉에 나오는 주인공의 사진과 이름 등이 적힌 액자가 벽에 걸려 있다. 나쓰메 소세키와 부인인 나쓰메 교코의 사진도 액자 속에 넣어져 벽에 걸려 있다.

도고온천 본관 내에는 유신덴又新殿이라는 곳이 있다. 1899년에 건물 2층에 일본 황실 전용 옥좌玉座 형태의 거실과 욕실, 욕조를 만들었는데 이곳의 이름이 유신덴이다. 맹장지 및 방 내부 분위기가 금빛 색깔로 되어 있으나 화려하지 않고 소박하다. 욕조는 별도의 방에 마련되어 있으며 작은 화장실(양식 화장실이 아닌 변소용 구조임)도 딸려 있다. 일본 황실 전용의 목욕 욕실이었던 유신뎅은 약간의 돈만 내면 누구나 구경할 수 있게 개방되어 있다.

도고온천 본관에서 도보로 5분 거리의 언덕 위에는 도고공원이 있다. 정상 부근에 돌담이 남아 있으며 전망대에서 바라보는 마쓰야마 시가지의 전망은 매우 아름다웠다. 도고온천 본관 주변에는 근대적인 호텔 · 여관 등이 60곳 이상 들어서 있다. 새로 들어선 호텔과 여관 등이 일본적인 상점가와 어울려 전통 있는 온천 도시의 분위기를 풍기고 있다. 도고온천에서 언덕길로 된 산 쪽으로 약 5분 정도 걸어가면 비스듬한 언덕에 옛날 일본식 스타일의 유곽이 있는 거리가 나온다.

〈도련님〉에는 온천 주위에 숙박 시설과 공원, 유곽이 있다고 나온다. 도고온천 본관 주변의 숙박 시설과 도고온천, 유곽 등을 고려해 보면 나쓰메 소세키가 도고온천 본관 주변 환경을 작품에 상세하게 묘사한 것이 틀림없다.

7-5. 하숙집 구다부쓰안

종군기자로서 중국 대륙으로 건너갔던 나쓰메 소세키의 친구 마사오카 시키는 결핵에 걸려 귀국하게 된다. 일본으로 되돌아오게 된 마사오카 시키는 배 안에서 몇 번이나 각혈을 반복했다. 배가 고베神戸에 도착했을 때에는 걷는 것조차 힘들게 되어 그대로 들것에 실려 고베병원으로 실려 갔다.

마사오카 시키는 3개월 정도 고베병원에서 치료를 받고 퇴원해서 스마須磨 보양소로 옮겨졌다. 그곳에서 1개월 정도 지낸 뒤 마쓰야마로 돌아

나쓰메 소세키가 마쓰야마중학교 교사로 근무하던 시절에 하숙을 했던 구다부쓰안을 산 속에 복원한 건물(저자 촬영).

왔다.

당시 나쓰메 소세키가 하숙하고 있었던 곳은, 마쓰야마중학교에서 아주 가까운 니방초二番町의 우에노上野라고 하는 곳으로, 마을의 집들과는 떨어진 곳에 있었다. 나쓰메 소세키는 마사오카 시키가 오기 전, 약 1개월 전에 이곳으로 이사했다. 2층은 6조(다다미 여섯 장이 깔린 방)와 3조 방이 있고, 아래층은 6조와 4조 반의 방이 있었다. 비교적 넓은 집이었다. 이 집을 마쓰야마 사람들은 '구다부쓰안愚陀仏庵'으로 부르고 있다.

나쓰메 소세키는 그때까지 구다부쓰안 집의 아래층을 사용하고 있었다. 그러나 나쓰메 소세키는 자신이 하숙하고 있던 '구다부쓰안' 집에서 병상에 누워 있는 마사오카 시키를 불러 함께 살기로 했다. 아래층 방을 마사오카에게 양보하고 자신은 2층으로 거처를 옮겼다.

나쓰메 소세키와 마사오카 시키 두 사람은 약 50일간 '구다부쓰안'에서 함께 살았다. 마사오카 시키는 '구다부쓰안'에서 하이쿠를 짓는 모임인 '송풍회松風会'를 열었고, 친구 나쓰메 소세키를 하이쿠 연구 모임에 끌어들여 그에게 하이쿠를 가르쳤다.

마사오카 시키가 죽고 난 뒤 마쓰야마시松山市는 마사오카 시키를 마쓰야마가 탄생시킨 일본 근대 하이쿠의 아버지 같은 인물로 인정하여 '시키기념박물관子規記念博物館'을 도고온천 본관 부근에 세웠다. 1981년 4월 2일 마쓰야마시에서 개관한 시키기념박물관은 마쓰야마시의 심벌로 여겨지고 있으며 근대 하이쿠의 모든 것을 한 장소에 모은 하이쿠의 전당이다. 일본 국내뿐만 아니라 외국에서도 이 박물관을 보러 많은 사람들이 방문하고 있다.

당시에 실제로 구다부쓰안이 있었던 장소는 NTT 서일본西日本 에히메지점愛媛支店 등에서 가까운 거리에 있는 마쓰야마 시내 한복판에 있었다. 하지만 이 구다부쓰안은 태평양전쟁 중인 1945년 7월에 소실燒失되었고, 그 장소에는 현재 일본식 건물이 들어서 일본 분위기가 물씬 풍기는 고급 튀김집이 영업을 하고 있다.

마쓰야마 사람들은 구다부쓰안이 소실된 것을 안타깝게 여겨 1982년 9월 현청의 뒤쪽 나지막한 산 속에 원형 그대로 복원시켜 놓았다. 2층으로 된 건물로 아래층에는 오차를 끓여서 방문객에게 팔고 있었다. 산 속 수풀로 뒤덮인 곳에 있는 구다부쓰안의 분위기는 환상적이다.

7-6. 마쓰야마 시민들의 나쓰메 소세키 사랑

마쓰야마에 있는 시키기념박물관, 시키도子規堂, 도고온천 내의 3층에 있는 봇짱 방, 봇짱 시계탑, 나쓰메 여관, 구다부쓰안 등은 나쓰메 소세키와 관련 있는 곳이다.

나쓰메 소세키는 작품 속에서 마쓰야마를 호의적으로 묘사하지 않았다. 〈도련님〉 속의 하숙집 영감을 아주 예의 없는 사람으로 묘사한다든가, 중학교 교사들을 책략과 아첨으로 살아가는 부정적인 인간으로 묘사했다. 마쓰야마의 학생들도 선생을 골탕 먹이는 말썽꾸러기로 표현한 대목이 많다.

한국 같으면 '자기 고향과 고향 사람들을 나쁘게 묘사한 작가를 그 고장 사람들이 단체로 강하게 비판했거나 책 불매 운동을 벌이지 않았을까?' 생각된다. 하지만 마쓰야마 사람들을 그런 데에 구애받지 않고 나쓰메

〈도련님〉에 나오는 경단을 기념하여, '봇짱 경단'을 만들어 팔고 있는 마쓰야마 시내의 경단 가게 간판(저자 촬영).

소세키 작품 속에 자신들의 고향이 묘사된 것을 오히려 기쁘게 생각하고 있었다.

도고온천 옆에 있는 도고맥주집에는 메뉴에 '소세키 맥주', '마돈나(봇짱에 나오는 여자 주인공 이름) 맥주', '봇짱 맥주' 등이 있었다. 또한 시장의 상점에는 '봇짱 경단' 등을 팔고 있었다. 도고온천 역 앞에는 '봇짱 시계탑' 등이 제작되어 사람들이 약속하여 만나고 기다릴 때 유용한 장소로 이용되고 있다. 매일 오전 8시부터 오후 9시까지 한 시간마다 시계가 종을 울리면 그때 봇짱 주인공의 인형이 시계 안에서 나타나 많은 사람들의 시선을 끌고 있다.

마쓰야마 사람들은 자기 고향, 고장 사람들을 좋지 않게 평한 나쓰메 소세키의 작품도 포용하여 사랑하고, 한걸음 더 나가 그것을 명예롭게 생각하여 관광 상품화시키고 있는 것이다. 마쓰야마는 옛날부터 내려오는 문화 유산인 마쓰야마 성, 도고온천을 기반으로 해서 거기에 마사오카 시키와 나쓰메 소세키라는 예술가를 접목시켜 발전해 가는 문화도시이다.

8. 제오고등학교 교사 시절

8-1. 제오고등학교 교사 부임 과정

마쓰야마중학교에 나쓰메 소세키를 소개해 준 스가 토라오는 당시 규슈九州 구마모토熊本의 제오고등학교第五高等学校의 교수로 있었다. 스가 토라오는 이번에는 구마모토의 제오고등학교로 직장을 옮길 것을 권유했다.

구마모토는 규슈의 중심부에 위치하고 있으며 육지와 바다를 통해 규슈의 여러 현県과 접할 수 있는 교통의 요지에 있다. 동쪽으로는 벳푸別府, 서쪽으로는 운젠雲仙과 나가사키長崎, 북쪽으로는 후쿠오카福岡, 남쪽으로는 가고시마鹿児島로 이어지는 지점에 위치하고 있다.

위와 같은 지리적인 위치 때문에 구마모토는 옛날부터 규슈의 중심적인 도시로 발달해 왔다. 구마모토의 현재 인구는 약 63만 명 정도이며 규슈에서 후쿠오카, 기타규슈北九州 다음 세 번째로 큰 도시이다. 구마모토 시내에는 구마모토 성熊本城과 스이젠지 조주엔水前寺成趣園 정원 등이 있어 역사, 문화 관광자원이 풍부한 편이다. 외곽에는, 구마모토 현을 대표하는 곳으로, 지금도 분화구로부터 연기를 내뿜고 있는 국립공원 아소阿蘇가 자리잡고 있다.

일본에서 성이 있는 도시는 역사상 중요한 역할을 해 왔던 지방이었다. 구마모토에는 오사카 성, 나고야 성과 함께 일본 3대 명성名城의 하나로 일컬어지고 있는 구마모토 성이 도시 가운데에 우뚝 솟아 있어 옛날 구마모토의 번영을 상징하고 있다.

구마모토 성은 도요토미 히데요시가 일으킨 임진왜란, 정유재란 때 우리나라 침공을 진두지휘했던 가토 기요마사加藤清正(1562-1611) 장수가 한반도 침략을 통해 얻은 축성술 지식을 바탕으로 1601년부터 1607년까지 7년간에 걸쳐 쌓은 성이다.

나쓰메 소세키는 '도쿄에서 마쓰야마보다도 훨씬 먼 규슈의 구마모토로 갈 것인가?'에 대하여 생각한 끝에, 결국 구마모토의 제오고등학교 교수로 가기로 마음먹었다. 1896년 4월 29세 때에 나쓰메 소세키는 마쓰야마중학교를 사직하고, 규슈 구마모토의 제오고등학교(현재의 구마모토대학) 교수(공식 명칭은 강사)로 취임한다.

1986년 9월 나쓰메 소세키는 강사에서 교수로 승진하여 정7위正七位 고등관高等菅 육등六等이라는 지위를 수여받았으며 월급은 100엔이었다. 현재의 일본돈 100엔은 편도 지하철 요금도 안 되는 금액이다. 하지만 당시 중학교 교사가 받았던 월급이 24엔 정도이고, 경찰관의 월급이 16엔 정도였던 것을 고려해 보면 나쓰메 소세키가 셀러리맨으로서는 고액의 월급을 받았던 것이다.

당시 국립학교였던 제오고등학교 교수는 국가의 공무원이었으므로 나쓰메 소세키도 이제 일본을 위해 필요한 사람이 된 것이다.

8-2. 나쓰메 소세키와 구마모토

구마모토의 제오고등학교 교수로 임명된 나쓰메 소세키는 1896년 4월 30일에 구마모토역에 도착했다. 그는 구마모토에 있는 동안 제오고등학교의 교감 대리까지 오르게 된다.

하지만 1900년 5월에 갑자기 문부성으로부터 '영어 연구를 위해 만 2년간 영국으로 유학을 명한다'라는 사령장을 받게 되어 문부성 제1회 관비 유학생으로 유학을 떠나게 된다.

그러므로 나쓰메 소세키는 1896년 4월부터 런던으로 유학을 떠나는 1900년 7월까지 약 4년 3개월 동안 구마모토에 살았다. 그는 약 4년 3개월간의 구마모토 체험을 통해 얻은 경험을 이후 발표된 〈풀베개〉 등의 작품에 묘사했다.

나쓰메 소세키가 약 4년간 근무했던 제오고등학교는 현재 국립 구마모토대학으로 변해 있다. 구마모토대학 캠퍼스 면적은 작은 편이었으나 100년이 넘는 역사 때문인지 교내에 들어서 있는 건물과 나무들을 통해 전통을 느낄 수 있다.

나쓰메 소세키가 약 100년 전에 근무했던 제오고등학교의 붉은 색을 띤 벽돌과 시멘트로 만들어진 정문, 붉은 벽돌로 만들어진 본관 건물은 현재의 구마모토대학에 그대로 남아 있다. 이 본관 건물의 중후한 분위기를 보면서 당시 건축 기술자들의 설계, 시공 능력의 우수함을 알아차릴 수 있다. 나쓰메 소세키가 근무했을 당시 존재했던 구마모토대학의 본관 건물은 오고기념관五高記念館으로 바뀌어 현재 일반인에게 공개되고 있다. 구마모토대학의 본관 건물이 완성된 시기는 한국이 역사적으로 근대화를

제오고등학교(현재의 구마모토대학) 본관(저자 촬영).

위해 몸부림을 치기 시작했던 1889년이었다. 건물 안의 일부 교실에는 100년 전 당시의 교단과 책상이 그대로 놓여 있다.

구마모토대학 교내에는 나쓰메 소세키 동상이 세워져 있다. 검은 빛깔의 이 동상은 큰 규모는 아니지만 나무 아래에 앉아서 왼손을 앞으로 내밀고 무엇인가를 생각하는 모습이다. 나쓰메 소세키 동상은 구마모토대학 캠퍼스가 그렇게 큰 편이 아니었고 커다란 나무 아래에 위치해 있었기 때문에 쉽게 찾을 수 있었다. 나쓰메 소세키 동상 옆에는 그가 지은 하이쿠가 돌에 새겨져 있다.

나쓰메 소세키는 구마모토에 체재했던 4년 3개월 동안에 여섯 번이나 이사를 했다. 그가 구마모토에 와서 살았던 다섯 번째 주택은 현재 소세키 자료관漱石資料館으로 일반인에게 공개되고 있다. 입관료는 무료이며 정원에 세워진 나무들이 키가 커서 밖에서는 지붕이 안 보일 정도이다.

대지 434평에 건물 평수가 64평인 일본식 목조 건물로 지어진 이 집은 꽤 큰 정원이 딸려 있었다. 정원에는 수령이 100년 이상 되는 단풍나무 등 정원수가 심어져 있어 산책하기에도 좋았다. 건물 안에는 나쓰메 소세키가 사용했던 큰 방의 서재가 있다. 다다미방으로 되어 있는 이 서재에는

나쓰메 소세키가 제오고등학교에 근무했던 것을 기념하여 구마모토대학 교내에 세워진 나쓰메 소세키 동상(저자 촬영).

그가 사용했던 탁자와 그가 쓴 한시 등이 놓여 있다. 다른 방에는 나쓰메 소세키의 초판본 책과 그에 관계된 저서 등이 전시되어 있다.

구마모토에는 이 밖에도 작품 〈풀베개〉와 〈이백십일二百十日〉의 소재가 되었던 지역이다. 또한 교육자이자 일본 민화연구가였던 고이즈미 야쿠모小泉八雲가 살았던 주택 등 나쓰메 소세키 문학과 관련된 곳이 여러 군데 있다.

9. 결혼

9-1. 맞선

1895년 나쓰메 소세키가 시코쿠 마쓰야마에 중학교 교사로 재직 중이던 시절에 도쿄에 있는 형 와사부로和三郎로부터 편지와 함께 여자의 사진이 우송되어 왔다.

형 와사부로는 나쓰메 소세키에게 사진 속의 여자를 신부로 맞아들일 것을 권유했다. 머리를 높게 틀어 올려 묶은 여자는 고상하고 여유가 있게 보였으며 이목구비가 야무지게 생긴 얼굴이었다. 언젠가는 누군가와 결혼해야 된다고 생각했던 나쓰메 소세키는 이 정도의 여자라면 그리 나쁜 편은 아니라고 생각했다.

나쓰메 소세키는 마쓰야마중학교가 겨울방학에 들어간 1895년 12월에 맞선을 보기 위해 도쿄로 갔다. 맞선의 상대는 사진 속의 여자 '나카네 쿄코中根鏡子'였으며 그때 정확히 18세였다.

나카네 쿄코의 아버지인 나카네 주이치中根重一는 원래 니이가타新潟 병원의 부원장이었으나, 그 뒤 관직에 들어가 당시 귀족원 서기관장貴族院書記官長이라는 직무를 맡고 있었다. 도쿄 도라노몽虎の門에 있던 관사官舎에 살고

있었고 장녀인 나카네 쿄코 외에도 5명의 자녀가 있었다.[59]

나카네 쿄코와 나쓰메 소세키의 중매 사진.

맞선을 본 결과, 나카네 교코는 실물 사진과는 그다지 차이는 없었다. 치아가 고르지 않은 것이 신경 쓰였으나 특별한 결점이 발견되지도 않았다. 나쓰메 소세키는 나카네 교코가 고르지 않은 치아를 숨기려고 하지 않고 편안히 대해 주었던 것이 마음에 들었다. 나카네 교코의 솔직함과 쾌활함에 그는 매료되었다.

그다지 크게 내세울 만한 집안에서 태어나지 못한 나쓰메 소세키에게 있어서 장인 될 사람이 귀족원 서기관장이란 지위에 있다는 것은 그 집안의 인맥을 고려하면 결혼의 조건으로서는 보통 이상이었다. 나쓰메 소세키 집안에서도 나카네 집안에 특별히 이렇다 할 결점도 없었기 때문에 결혼을 승낙했다.

그런데 나쓰메 소세키가 나카네 교코에게 큰 애정을 느끼지 못한 상태에서 결혼을 결심한 것은 이후, 부부 사이의 애정 결핍, 이해의 부족 등으로 인한 충돌이 발생하는 원인이 되었다. 특히 나카네 쿄코는 나쓰메 소세키가 평소에 선호하던 갸름한 얼굴도, 후리후리한 키도 아니며, 눈 주변의

59 荒正人, 앞의 책, 34-38쪽 참조.

모습이 그의 작품 속에 나오는 이상적인 모습과는 차이가 있는 여성이었다.

위와 같은 점을 고려해 보면 나쓰메 소세키는 당시 장인이 될 나카네 주이치가 귀족원 서기관장으로 권세와 재력을 갖고 있는 것을 의식하여 나카네 교코와 정략결혼했을 가능성도 있다. 당시 귀족원 서기관장의 관사에는 서생 3명, 하녀 3명, 인력거꾼 1명 등 총 7명의 고용인이 있었다.[60]

나카네 교코의 집안 쪽에서도 중학교 교사라는 직업이 퍽 마음에 드는 것은 아니었다. 하지만 성미가 까다로울 것 같은 면은 있어도, 예의 바르고 도쿄제국대학 영문과 출신으로 장래가 촉망되는 인물로 보였으며, 우선 성실해 보이는 나쓰메 소세키가 마음에 들어 딸을 시집보내기로 결정했다.

9-2. 나카네 교코와의 결혼

나카네 교코와의 맞선을 보고 마쓰야마로 되돌아 온 나쓰메 소세키는 1896년 4월에 마쓰야마중학교를 사직하고 규슈 구마모토의 제오고등학교의 교수로 직장을 옮겼다.

나쓰메 소세키는 도쿄에 있는 나카네 교코에게 '만약 구마모토熊本에 오는 것이 싫다면 결혼은 그만둬도 좋아요'라고 편지를 써서 우송했다. 하지만 나쓰메 소세키가 마음에 든 나카네 집에서는 '구마모토라도 상관없으니 빨리 결혼식을 올리고 싶다'라고 소식을 보내 왔다.

1896년 29세의 나쓰메 소세키는 구마모토 시내의 고우린지마치光琳寺町라는 곳에 한 채의 집을 세내어 살았다. 같은 해 6월 10일에 그 집으로 나카네 교코를 맞아들여 결혼식을 올렸다. 구마모토의 새로운 집에서 '나카네 교

60 유상희, 앞의 책, 98-99쪽 참조.

코'라는 도쿄 출신 아내까지 맞이했으나 그는 그다지 감격하지 않았다.

일본은 결혼을 하면 아내의 성이 남편 성으로 바뀌는 경우가 대부분이다. 나카네 교코도 결혼한 이후에는 남편 성을 따랐다.

나쓰메 소세키의 기분은 좋을 때와 나쁠 때가 극단적으로 달랐다. 아내 나쓰메 교코가 모처럼 만든 요리라도 싫어하는 음식이 하나라도 있으면 입에 대려고도 하지 않았다. 게다가 이제껏 고급 관리의 집안에서 자유스럽게 20년을 자라 온 아내는 풍요롭고 화려한 것을 좋아해 부부와 하녀 한 명밖에 없는 소박한 신혼생활을 견디지 못해 가끔 히스테리를 일으켰다.

어쨌든 시집오기 전까지 곱고 귀엽게만 자란 나쓰메 교코는 아무도 모르는 타향에서 혼자서는 쇼핑조차 제대로 못했다. 가계家計의 살림살이조차 나쓰메 소세키가 직접 신경 쓰지 않으면 안 되게 되었다. 또한 나쓰메 교코

1898년, 구마모토에 살고 있을 때, 자택에서 나쓰메 소세키(왼쪽에서 두 번째), 교코 부인(왼쪽에서 세 번째), 서생書生, 하녀가 함께 찍은 사진.

의 늦잠으로 나쓰메 소세키는 아침도 못 먹고 출근하는 날도 있었다.

일반적으로 나쓰메 소세키 부부 사이에 불화가 심했다고 전해지고 있지만 나쓰메 소세키가 런던에 유학을 떠나기 전의 수년간은 나쓰메 교코의 히스테리로 괴로워하면서도 신혼다운 애정에 젖어 있었던 나날이 많았다.

그러나 결혼할 당시 나쓰메 소세키는 29세였고 아내 나쓰메 교코는 그보다 열 살이나 어렸다. 이 부부의 열 살이라는 연령 차이는 이후 두 사람 사이의 불화를 가져온 하나의 원인이 되었다. 또한 나쓰메 교코가 문학적 소양이 거의 없었고, 미신에 구애되어 점치기를 좋아해서 나쓰메 소세키의 신경을 거슬렀다.

10. 친구와 아버지의 죽음

10-1. 요네야마 야스사부로의 죽음

1897년(明治 30) 5월 나쓰메 소세키의 인생 상담자 역할을 했던 친구 요네야마 야쓰사부로가 갑자기 장티푸스에 걸려 죽었다.

요네야마 야쓰사부로는 건축가가 되려고 했던 나쓰메 소세키에게 문학의 길을 권유한 친구였다. 나쓰메 소세키는 요네야마 야쓰사부로의 갑작스러운 죽음을 믿을 수 없었다. 마사오카 시키, 요네야마 야쓰사부로와 함께 마음껏 서로 이야기했던 학생시절이 그리워졌다.

10-2. 아버지의 죽음

1897년 6월 29일에는 아버지 나쓰메 코헤나오카쓰의 사망 소식이 나쓰메 소세키에게 전해졌다. 나쓰메 소세키는 곧장 아내 나쓰메 교코를 데리고 도쿄로 올라갔다.

아버지의 귀여움을 받아 본 기억은 없지만 친한 친구의 죽음에 이어 자신과 피를 나눈 아버지까지 세상을 뜨자 나쓰메 소세키는 불행이 점점 자신을 위협해 오는 듯한 불안에 휩싸였다.

11. 나쓰메 교코의 유산과 투신자살 미수 사건

11-1. 나쓰메 교코의 유산

나쓰메 소세키는 나쓰메 교코와 결혼한 후 만 1년 만에 친아버지가 사망하자 아내 나쓰메 교코를 데리고 고향인 도쿄로 상경했다. 하지만 오늘날과 같이 교통편이 발달되어 있지 않은 때에 규슈 구마모토에서 도쿄까지는 당일에 갈 수 없는 먼 거리였다.

장거리 여행이 원인이 되어 나쓰메 교코는 결혼하여 처음으로 임신한 아기를 유산하였다. 유산한 이후 건강이 나빠진 나쓰메 교코는 친정 집에서 빌린 가마쿠라에 있는 별장에서 요양을 했다.[61]

11-2. 나쓰메 교코의 투신자살 미수 사건

아기를 유산하자 나쓰메 교코는 정신적으로 크게 쇼크를 받았고, 정신 상태가 불안정해져 자주 히스테리를 일으켰다. 1898년 6월 말 또는 7월 초순경 이른 아침에 나쓰메 교코는 구마모토 현의 자택 가까이를 흐르는 수량水量이 많은 시라카와白川의 이가네부치井川淵 하천에 뛰어들어 투신자살을

61 宮井一郎, 《詳伝夏目漱石―上巻》(国書刊行会, 1992), 292-294쪽 참조.

기도했다.[62]

나쓰메 교코가 장마로 수위가 높아진 하천 탁류 속에 뛰어들어 오르락내리락하는 것을 때마침 주위에 있었던 어부 마쓰모토 나오가즈松本直一가 발견하여 다행히 목숨을 건질 수 있었다.[63]

1898년 31세 때, 구마모토의 제오고등학교 교수로 재직했던 시절의 나쓰메 소세키.

나쓰메 교코는 자신이 투신자살을 기도한 이유에 대해서도 《소세키의 추억漱石の思い出》이라는 저서를 통해서도 일절 밝히지 않았다. 아마 여러 가지 이유 가운데서도 가장 큰 원인은 아기를 유산한 이후의 스트레스와 히스테리 때문이었을 것이다.[64]

나쓰메 교코의 시라카와 이가네부치 하천 투신자살 미수 사건은 다행히도 구마모토 출신인 아사히 에이키浅井栄熈가 당시 구마모토 지방 신문인 《규슈니치니치신문九州日日新聞》(현재의 熊本日日新聞)의 사회면에 기사가 실리는 것을 막아 크게 스캔들이 되거나 문제화되지는 않았다. 당시 이 사건이 신문에 실렸다면 제오고등학교 교수로 있는 나쓰메 소세키의 명예가 크게 손상되었을 것이다. 그러나 신문에만 실리지 않았다뿐이지 제오고

62 三好行雄 編, 앞의 책, 396쪽 참조.
63 原武哲, 《喪章を着けた千円札の漱石－伝記と考証》(笠間書院, 2003), 160쪽 참조.
64 宮井一郎, 《詳伝夏目漱石－上巻》(国書刊行会, 1992), 316쪽 참조.

1899년 32세 때, 제오고등학교 졸업 기념사진. 세 번째 줄에서 오른쪽 두 번째 사람이 나쓰메 소세키.

등학교 교수인 나쓰메 소세키의 부인이 하천에 투신하여 자살하려고 했다는 이야기는 구마모토 주민들에게 퍼져나갔다.[65]

이 사건으로 인해 나쓰메 소세키는 나쓰메 교코와의 결혼 생활에 최초로 결정적인 위기를 맞게 되었다. 이 무렵 나쓰메 교코는 자주 발작을 일으켰으며 히스테리가 아주 심했다. 때문에 나쓰메 소세키는 아주 곤혹스러웠으며 심적인 불안을 느꼈던 것이다.[66]

자살 미수 사건 이후 나쓰메 교코는 한때 음식은 물론 물까지 마시지 않았다. 이후 시간이 지남에 따라 마음의 안정을 되찾아 갔다. 나쓰메 교코의 유산과 히스테리에 의한 투신자살 미수 사건, 발작 등은 남편인 나쓰메 소세키의 정신 세계에 곤혹과 불안, 충격을 안겨 주었다. 나쓰메 소세키가 신경쇠약에 걸린 이유 가운데 하나는 처妻인 나쓰메 교코의 히스테리와

65 原武哲, 앞의 책, 162-163쪽 참조.

66 宮井一郎, 《詳伝夏目漱石ー上巻》(国書刊行会, 1992), 316-317쪽 참조.

제오고등학교 졸업 기념사진. 두 번째 줄 오른쪽에서 두 번째가 나쓰메 소세키. 촬영 연도는 미상.

부부간의 불화도 한몫 했을 것이다.[67]

11-3. 나쓰메 교코의 출산

자살 사건 미수 이후 점차 마음의 안정을 찾은 나쓰메 교코는 1899년 5월 말 구마모토에서 장녀 후데코筆子를 낳았다. 나쓰메 소세키도 결혼 후 3년 만에 첫딸을 얻게 되어 대단히 기뻐했다. 나쓰메 소세키는 아내인 나쓰메 교코의 글씨가 예쁘지 않았기 때문에 조금이라도 글씨를 예쁘게 쓰라는 의미로 이름 속에 '필筆' 자를 넣어 첫딸의 이름을 '후데코筆子'라고 지었다.

이후 나쓰메 쿄코는 1901년에 차녀 쓰네코恒子를, 1903년에는 셋째 딸인 에이코栄子를, 1905년에는 넷째 딸인 아이코愛子를 낳았다.

67 川村邦光, 〈身体/病気—神経衰弱とは何だったか〉, 90-92쪽 참조.

나쓰메 소세키는 자전적인 작품인 〈미치쿠사〉의 주인공 겐조를 통해, 계속해서 딸만 낳는 아내에 대해 마음속으로 아래와 같이 힐난한다.

> 이윽고 새벽이 밝았다. 갓난아기의 울음소리가 집안의 차가운 공기를 흔들었다.
>
> "순산이에요. 축하합니다."
>
> "아들이오, 딸이오?"
>
> "딸…."
>
> 산파가 좀 안됐다는 듯 도중에 말을 끊었다.
>
> "또 딸이야?"
>
> 겐조도 다소 실망하는 빛이었다. 첫 번째도 딸, 두 번째도 딸, 지금 막 태어난 아이 역시 딸, 모두 세 딸의 아버지가 된 그는 그렇게 같은 것만 낳아서 어떻게 할 셈이냐고 마음속으로 아내를 은근히 힐난했다.[68]

나쓰메 소세키는 아내가 딸을 낳는 것과 자기의 책임 문제는 전혀 고려하지 않는다.

결국 나쓰메 소세키가 그렇게 바라던 아들이 태어난다. 나쓰메 소세키가 1907년 아시히신문사에 전속 작가로 입사하던 해에 장남인 준이치純一가 태어났다. 1908년에는 차남인 신로쿠伸六가, 1910년에는 다섯째 딸인 히나코ひな子가 태어났다. 나쓰메 교코는 나쓰메 소세키와 결혼하여 2남 5녀를 낳았던 것이다. 자녀 수가 일곱 명이라고 하는 것은 당시 시대에도 결코 적은 것이 아니었다.

---

68 夏目漱石, 《道草》, 81(新潮社, 1995), 209쪽.

아이가 태어나면서 가정생활에 안정을 찾아가자 나쓰메 소세키는 학교에서 평판도 좋아졌다. 이후 일본 사회에도 알려져 제오고등학교 교수로서 사람들로부터 존경을 받기 시작했다. 나쓰메 소세키는 규슈의 상징이자 구마모토의 얼굴로 불리는 화산 아소阿蘇산을 오르기도 하며 마음의 안정을 찾아갔다. 또한 이때 친한 동료들과 경치가 좋은 오아마온천小天温泉을 여행하기도 했다. 오아마온천 여행은 작품 〈풀베개〉의 소재가 되었다.

12. 영국 유학

12-1. 영국 유학 명령

나쓰메 소세키는 제오고등학교의 교감 대리가 되었으나 교직 생활 따위는 그만두고 가능하다면 문학자의 생활을 하고 싶었다. 하지만 그의 희망과는 반대로 학자로서의 지위는 점점 더 높아져 갔다.

게다가 이제까지 나쓰메 소세키의 동료였으며 자신의 직장을 두 번이나 주선해 주었던 스가 토라오는 제일고등학교의 교수가 되었다. 기쿠치 겐지로菊池謙二郎 등은 아직 30대 안팎이었지만 벌써 센다이仙台의 제이고등학교 교장으로 영전해 갔다. 그리고 이제까지 제오고등학교의 교감이었던 가노 고키치狩野亨吉까지 제일고등학교 교장이 되었다. 나쓰메 소세키도 계속 교직에 근무한다면 언젠가는 그런 지위에 오를 수 있을 터였다.

나쓰메 소세키는 1900년(明治 33) 5월에 갑자기 문부성으로부터 제오고등학교 현직에 있는 채로 '영어 연구를 위해 만 2년간 영국으로 유학을 명한다'라는 사령장을 받았다. 그는 일본 문부성 제1회 관비 유학생으로 영어 연구를 위해 유학을 명령받은 것이었다.

1900년은 정확히 19세기의 마지막을 의미하는 해인 동시에 20세기가 시작되는 해였다. 세계에서 가장 빠르게 산업혁명과 산업 자본주의, 그리고 세계에 수많은 식민지를 지배하고 산업의 발달에 의해서 물질적으로 풍요로운 사회가 실현되고 있었던 영국 런던에 나쓰메 소세키는 유학을 가게 된 것이다.

그러나 도쿄제국대학 문과대학 영문과를 우수한 성적으로 졸업한 영어 선생이지만 '영어를 공부해서 어느 정도 유능한 일본인이 될 수 있을까?'에 항상 의문을 품어 온 나쓰메 소세키였기 때문에 영국 유학 명령이 그다지 내키지 않았다.

메이지 시대 청년들에게 있어 국가의 미래를 개척하기 위한 관비 유학은 정신적으로 중압감을 받는 일이었다. 특히 당시 일본에서 유럽으로 유학을 가기 위해서는 선박으로 적도를 지나는 편도 2개월가량이 걸리는 목숨을 건 여행을 해야만 했다.

1900년 33세 때, 영국 유학을 위해 제오고등학교를 떠나기 직전에 제자들과 함께 찍은 사진. 앞줄 왼쪽이 나쓰메 소세키.

하지만 위와 같은 것을 이유로 들어 일본 문부성의 관비 유학 명령을 거절할 수 없었다. 나쓰메 소세키는 정식으

로 사령장을 받자 영국 유학에 대비해서 열심히 공부했다.[69]

12-2. 영국 유학 생활과 금전

나쓰메 소세키는 1900년(明治33) 9월 8일 독일 배 프로이센호를 타고 요코하마의 항구를 출발하여 영국 런던으로 향했다.

프로이센호는 도중에 이곳저곳의 항구에 들렀고 10월 19일 요코하마를 떠난 뒤 정확히 41일째가 되는 날, 이탈리아의 제노바항에 입항했다. 나쓰메 소세키는 다음 날 파리행 기차에 몸을 실었다. 10월 21일 파리에 도착한 그는 거기서 열리고 있었던 만국박람회万国博覧会를 구경하고 나서 10월 28일 도버 해협을 건너 런던으로 갔다.

1900년 10월 28일 런던에 도착한 나쓰메 소세키는 10월 30일(화)에 고국에 있는 아내 나쓰메 쿄코에게 아래와 같은 내용의 편지를 보냈다.

> 서양에서는 돈이 생각 이상으로 필요합니다. 유학비로 어떻게 할 것인가가 문제입니다. 거리에 나가 보면 대개의 사람은 모두 일본의 조쿠닌칸勅任官(옛날에 천황의 명령으로 임명되던 관리) 정도의 옷차림을 하고 걷고 있습니다. 유학생이 멋을 내는 것은 당연한 일입니다. 이것이 이 런던에서는 일반적인 일입니다.[70]

런던에 도착해서 나쓰메 소세키가 느꼈던 불안의 시작은 일본보다 생활비가 많이 드는 데에 따른 걱정과 함께 관비 유학비를 받아 그 금액의 범위

---

69 新潮文庫 編, 앞의 책, 132-133쪽 참조.

70 夏目金之助, 《漱石全集》, 第二十二卷(岩波書店, 1996), 196-197쪽 참조.

안에서 어렵게 공부해야 하는 것이었다. 또한 일본과 영국의 문화 풍토 차이에서 오는 갈등도 있었다.

1901년 1월 22일 나쓰메 교코에게 보낸 편지에는 '산후의 경과가 좋고, 몸이 좋아졌으면, 의치義歯를 하세요. 돈이 없으면 아버님에게 빌리세요. 귀국하고 나서 갚아 드리겠습니다'라고 보냈다. 이틀 뒤인 1월 24일 편지에는 '아이의 이름만이라도 재산가답게 짓는다면, 나쓰메 토무夏目富가 좋을 것이다. 다만 아버지가 긴노스케金之助인데도 이 정도로 가난하게 살기 때문에 들어맞지 않을 것임에 틀림없습니다'라고 적었다.

당시 일본 사람의 평균 수명이 45세 전후였던 점을 고려하면 나쓰메 소세키가 유학을 간 나이가 33세였으므로 그는 중년의 나이에 처와 아이를 일본에 두고 영국에 유학을 갔던 것이다. 중년의 나이에 고국에 있는 아내에게 돈에 대한 푸념을 글로 적어 보낸 것은 당시 소세키가 처한 궁핍한 생활의 모습을 적나라하게 드러낸 것이다.

아무튼 나쓰메 소세키가 영국 유학을 했을 당시 그가 일본에 있는 아내인 나쓰메 교코와 친구들에게 보낸 편지를 읽어 보면 금전의 부족에 관련된 내용이 놀랄 만큼 빈번히 나온다.

위와 같은 그의 서간문을 검토해 보면 당시에 일본 국가에서 유학비로 주었던 연 1,800엔의 유학비(매월 150엔)로는 영국 유학 생활이 곤란했던 것 같다. 만약 일본 정부에서 주는 월 150엔의 유학비를 서적 등을 사지 않고, 전부 의식주를 위해 썼다면 아무리 물가가 높은 런던이라 하더라도 안정적이고 편안하게 생활할 수 있었을 것이다.

하지만 나쓰메 소세키는 어렵게 서양에 유학을 온 것이므로 생활비를 절약해서 자신에게 도움이 되는 전문서적을 한 권이라도 더 사서 귀국하려고 노력했다. 그가 영국 유학 생활을 통하여 구입한 책은 400-500권에 이르고, 서적대는 1,000엔에서 1,200엔 정도 소비했다. 때문에 그는 생활비를 절약하기 위해 궁리에 궁리를 거듭했던 것이다.

12-3. 개인 교습

나쓰메 소세키가 런던에 가서 맨 처음 머물렀던 곳은 런던대학 가까이에 있는 일본 사람이 살기에 적당한 하숙집이었다. 하지만 런던대학에 입학하기로 마음먹은 것은 아니었고, 차분히 유학할 대학을 찾기 시작했다. 케임브리지대학, 옥스퍼드대학, 에든버러대학, 런던대학 등 당시 영국의 유명한 대학을 알아보기 시작했다.

케임브리지대학은 유학 비용이 너무 비싸서 월 150엔의 유학비로는 이 대학에 입학해 다니는 것이 힘들었다. 에든버러대학은 아주 풍경이 좋은 곳에 위치해 있었지만 영국의 북쪽 끝이라서 영어 발음이 좋지 않았다. 일부러 영국의 동북 지방 사투리를 공부하러 가는 것은 어떨까 하는 생각을 해 보았으나, 여러 가지로 생각한 끝에 런던대학에 다니기로 마음먹었다.

런던대학의 강의는 그다지 재미있는 것이 아니어서 기차삯을 들여 시간 낭비하는 듯한 느낌이 들었다. 당시 런던대학에는 현대 영문학 강좌는 없었고 오직 중세 영문학 강좌만 개설되어 있었기 때문에 그는 큰 좌절감을 맛보았다. 런던대학의 중세문학 권위자였던 케아 교수에게 강의를 듣기도 했다. 하지만 위와 같은 유학 생활을 하면서 2년간이나 런던에 체재한다는 것은 견디기 힘든 일이었다. 자신이 기대했던 것과 달라 공부에 흥미를 느낄 수 없었기 때문이다.

때문에 대학에 다니면서 강의를 듣는 것보다는 영문학을 잘 아는 사람에게 개인 교습을 받는 것이 훨씬 도움이 될 것이라고 판단했다. 그래서 찾아낸 사람이 크레이그W. Craig라는 연구자로서 이 사람은 아일랜드 출신 박사로 셰익스피어 연구자였다. 크레이그는 원래는 대학 교수였으나 교수직을 그만두고 베카라는 마을 어귀의 4층에서 하녀와 둘이서 살고 있는 괴짜 같은 학자였다.

나쓰메 소세키는 이 크레이그에게 1년 가까이 여러 가지 지식을 배웠다. 크레이그 밑에서 그는 문학, 역사, 철학, 심리학, 미술 등 넓은 분야에 걸쳐 많은 책을 닥치는 대로 읽었다. 이제까지 이름만 알고 있었지 읽지 못한 책을 이때 많이 읽었던 것이다. 일본의 우수한 학자가 영국에 관비 유학을 와서 명문대학에 다니지 않고 전직 대학 교수였던 크레이그에게 개인적으로 학문을 배운다는 것은 나쓰메 소세키다운 행동이었다.

영국 유학 후반기에는 크레이그 교수에게 배우러 다니는 것도 중단하고 하숙방에 틀어박혀 '문학이란 어떤 것인가?'에 대하여 혼자 공부했다. 오늘날 일본에서는 정신적인 문제와 사회생활에 대한 스트레스 등의 이유로 학교에 가지 않고 하루 종일 방구석에 틀어박혀 지내는 '히키코모리引き籠もり'가 사회문제가 되고 있다. 나쓰메 소세키는 영국 유학 후반기에 오늘날 일본에서 말하는 히키코모리(은둔형 외톨이)와 비슷한 생활을 했던 것이다.

12-4. 불안과 신경쇠약

나쓰메 소세키는 영국 유학 시절에 신경쇠약에 걸린 적도 있었고, 그가 쓴 작품 속에는 불안이라는 단어가 자주 등장한다.

〈그 후それから〉의 주인공 다이스케는 부친인 나가이 토쿠가 권하는 혼담을 거절한다. 이후 본가로부터 매월 받고 있는 생활비 원조가 단절된다. 이때 다이스케의 뇌리에는 '불안'으로 가득 찬 회오리바람이 몰아치게 된다.[71]

〈마음〉의 주인공 선생도 친구 K가 자살한 뒤 시즈와 결혼했지만, 결혼생활은 생각했던 것만큼 행복하지 않다. K의 죽음 이후 1년이 지났지만 마음은 항상 불안했다. 선생은 그 불안을 떨쳐 버리기 위해 책만 파고들었지만 불안과 고독감에서 벗어날 길이 없었다.[72]

〈몽십야〉의 "제삼야"는 부친이 여섯 살 난 장님 아들을 업고 밤길을 걸어가면서 이야기가 시작된다. 아들을 등에 업고 해오라기 그림자가 어둠 속에 비치는 밤길을 걷고 있는 부친의 모습을 통해 이 작품은 처음부터 독자에게 알 수 없는 불안감을 전하고 있다.

작품 〈그 후〉와 〈마음〉, 〈몽십야〉뿐만 아니라 〈문〉, 〈행인〉, 〈미치쿠사〉, 〈명암〉 등의 작품에도 주인공들의 불안과 관계된 내용이 묘사되었다.

리키 이매뉴얼은 불안이란 조마조마함, 두근거림, 불쾌한 감각, 희미하지만 연속적인 불편함이라고 정의를 내렸다. 불안은 문자 그대로 정신적으로 편안하지 않은 상태를 말한다.[73] 불안은 그 대상의 유무와 정도에 따

71 夏目漱石, 《それから》, 16(岩波書店, 1986), 257쪽 참조.
72 夏目漱石, 〈先生과 遺書〉, 52-55, 《こころ》, 下(岩波書店, 1983), 269-279쪽 참조.
73 리키 이매뉴얼, 《불안》, 김복태 옮김(이제이북스, 2003), 10-11쪽 참조.

라 여러 가지로 표현된다. 구체적인 대상이 있는 것은 걱정 혹은 공포라고 표현되지만 불안은 구체적인 대상을 가지지 않는다.[74]

불안은 신경쇠약의 원인이 된다. 20세기 이후 과학이 급격하게 발달하고 생활이 풍요롭고 편리해지는 것에 비례해서 이상하게도 사람들은 상실감과 몰락감을 맛보게 되었고, 인간이 느끼는 불안은 점점 강도가 높아지고 있다.[75]

최근에는 한국인들에게도 불안이 큰 문제로 대두되고 있다. 2006년 3월 대한불안장애학회에서는 서울 및 5대 광역시에 거주하는 20-69세 성인 남녀 1천 명을 대상으로 '한국인의 불안 리서치 조사'를 실시했다. 그 결과 전체 응답자의 25퍼센트(250명)가 '불안한 상태에 있다'고 응답했다.

불안 증상 중에서는 '자주 소화가 안 되고 뱃속이 불편하다'가 49퍼센트로 가장 많았고, '어지러움을 느낀다'가 44퍼센트, '가끔씩 심장이 두근거리고 빨리 뛴다'가 41퍼센트 등이었다. 최근 한국 사회 전반의 급격한 정보화와 경쟁력 강화 시책 등으로 인해 우리나라 네 사람 중 한 명은 마음의 불안을 느끼며 살고 있다.[76]

불안과 불가분의 관계가 있는 신경쇠약은 대개 근심, 걱정, 불안, 슬픔, 한탄, 깊은 생각 등의 심리적 영향으로 인해 생기는 병이다. 신경쇠약은 1880년 미국인 의사 조지 비어드Geoge Beard에 의해 기술된 질환으로 당초에는 심신의 과로로 인한 신경계의 피로에서 비롯된 장애라고 생각되어 자극

---

74 민혜숙, 《한국문학 속에 내재된 서사의 불안》(예림기획, 2003), 24-25쪽 참조.
75 찰스 테일러, 《불안한 현대 사회》, 송영배 옮김(이학사, 2003), 154-158쪽 참조.
76 《조선일보》, 2006년 05월 12일자, "한국인 4명중 1명 '불안한 상태에 있다'" 신문 내용 참조.

성 쇠약이라고 불렸다.[77]

신경쇠약은 정신적인 과로가 그 원인으로 지목되는데 여기에는 흥분, 고민, 실망, 욕구불만, 불평, 우울, 불안, 증오심, 적개심, 갈등 등이 포함된다. 즉, 정신적인 고민과 우울, 불안 등이 신경쇠약에 걸리는 원인을 제공하는 것이다. 특히 불안과 신경쇠약, 히스테리는 유사성이 있다. 신경쇠약에 걸리면 초조, 불안하고 두려운 것이 많아지는 특징이 있어, 대부분의 사람들이 정신적으로 불안을 느끼게 되는 것이다.[78]

12-5. 유학 시절의 불안과 신경쇠약

영국으로 유학간 나쓰메 소세키는 연구를 위한 독서와 노트 작성에 몰두하기 시작했다. 그러나 그는 영국 사람 전체가 자신을 바보 취급하고 있는 것 같았으며 누군가가 자신을 감시하고, 추적하고, 험담을 하고 있는 기분까지 들었다.

실제로 영국 사람들이 그렇게 생각했는지 안 했는지는 의문이지만 나쓰메 소세키는 영국에 유학한 2년을 불쾌하게 생각했다. 그는 자신이 영국 신사들이라는 이리떼 속에 낀 한 마리의 삽살개처럼 느꼈다.[79] 그렇지만 그가 영국 유학을 하며 알아차렸던 것은 한 사람 한 사람 서로 몸을 의지하고 있지만 서로가 고독하고 그사이에 어떤 유대도 발견할 수 없는 쓸쓸하고 고독한 문명 시대가 도래하고 있다는 것이었다.

---

77 동서문화 편, 《PASCAL세계대백과사전》(동서문화, 1997), 9370쪽 참조.

78 장 라플랑슈 · 장 베르트랑 퐁탈리스, 《정신분석사전》, 임진수 옮김(열린책들, 2005), 178-219쪽 참조.

79 夏目金之助, 《漱石全集》, 第二十二巻(岩波書店, 1996), 196-197쪽 참조.

나쓰메 소세키가 영국 유학 중에 마음의 불안을 느껴 신경쇠약에 걸렸던 가장 큰 이유는 부족한 유학비뿐만이 아니었다. 신체적인 열등감도 하나의 원인이 되었다. 나쓰메 소세키의 신장은 159센티미터 정도였으나 당시 영국 남자의 평균 신장은 170센티미터 정도였다. 때문에 자신보다 키가 큰 영국 남자들 속에 있으면 그는 왠지 자신이 움츠러드는 것 같은 압박감을 받았다. 더욱이 그는 당시 일본 성인의 평균 체격보다 더 왜소했기 때문에 그의 열등감은 심했다. 이와 같은 신체적 열등감은 그의 정신에 심한 영향을 미쳤다.[80]

나쓰메 소세키의 연구에 대한 몰두, 그중에도 영문학 연구로서 〈문학론〉 집필에 과도하게 집중한 결과도 그가 신경쇠약에 걸리는 데 영향을 미쳤다. 또한 소화기관의 쇠약에 의한 소화불량, 운동 부족,[81] 유학생으로서 언어 장벽에 의한 영문학 연구의 한계를 느낀 점 등도 그의 정신에 불안과 긴장 상태를 가져오게 하여 신경이 쇠약해지는 원인을 제공했다.[82]

위와 같은 자료를 분석해 보면 나쓰메 소세키는 영국 유학 기간에 '부족한 유학비', '신체적인 열등감', '영문학 연구로서 〈문학론〉 집필에 대한 몰두', '소화기관의 쇠약에 의한 소화불량', '운동 부족', '유학생으로서 언어 장벽으로 인한 영문학 연구의 한계를 느낀 점' 등이 복합적으로 원인이 되어 정신적으로 불안이 가중되어 신경쇠약에 걸렸던 것이다.

하지만 나쓰메 소세키의 신경쇠약 증상은 아주 심각한 상태는 아니었

---

80 유상희, 앞의 책, 59-67쪽 참조.

81 出口保夫, 〈漱石の'病気'とサイクリング〉, 《文芸春秋》, 2004年12月臨時増刊号—夏目漱石と明治日本〔(株)文芸春秋, 2004.12〕, 102쪽 참조.

82 유상희, 앞의 책, 74-81쪽 참조.

다. 일시적으로는 절망적인 상태에 빠지기도 했지만 바로 회복되는 경우도 있었다.[83] 그는 운동 등 기분전환을 통해 불안한 상태로부터 벗어나려고 노력했다. 그 방법으로서 자전거를 구입하여 시간을 내서 런던에서 자전거 타며 내면의 불안한 마음을 털어 버리려고 했다.[84]

당시 런던에서는 자전거 타기가 새로운 스포츠로서 일반 시민들 사이에 유행하고 있었다. 그 당시 나쓰메 소세키는 자전거 타기가 아주 능숙해져서 하숙집에서 2킬로미터 정도 떨어진 유명한 바타시공원과 런던 교외의 컨트리사이드까지 나간 적이 있다. 위와 같은 자전거 타기 덕분에 나쓰메 소세키의 불안한 심신 상태가 많이 회복되어 갔다.[85]

나쓰메 소세키가 1902년(明治 35) 9월 12일에 일본에 있는 아내 나쓰메 쿄코에게 보낸 편지 중에도 '요즈음 신경쇠약으로 기분이 좋지 않다'라고 하는 내용을 읽어 보면 그 자신도 자신의 신경쇠약을 자각하고 있었던 것이 틀림없다.[86] 그는 문부성으로부터 명령받은 유학 중의 연구보고서도 제출하지 않은 채, 하숙방에 틀어박혀 공부만 하다가 비관하여 홀로 눈물을 쏟은 적도 있었다.[87]

위와 같은 나쓰메 소세키의 유학생활을 알게 된 누군가가 '나쓰메 소세키는 영국 유학 생활에 익숙해지지 못해 노이로제에 걸려 정신이 이상해졌다, 발광했다'라는 소문을 문부성에 알렸다. 그 때문에 문부성은 만 2년의

---

83 出口保夫, 《ロンドンの夏目漱石》(河出書房新社, 1983) 244쪽 참조.
84 滝沢克已, 《夏目漱石》(清水書房, 1946), 60-61쪽 참조.
85 出口保夫, 앞의 논문, 102-103쪽 참조.
86 夏目金之助, 《漱石全集》, 第二十二巻(岩波書店, 1996), 263쪽 참조.
87 出口保夫, 앞의 책, 241쪽 참조.

유학 기간이 아직 남았음에도 불구하고 당시 일본 문부성 장학생으로 독일에 유학 중이었던 후지시로 사다스케藤代禎輔에게 전보를 쳐서 '나쓰메의 정신에 이상 있음. 보호해서 귀국시킬 것'이라는 명령을 내린다.[88]

나쓰메 소세키는 귀국 바로 직전에 친한 친구 마사오카 시키의 사망 통지를 받았다. 1902년(明治 35) 9월 19일 마사오카 시키는 나쓰메 소세키의 귀국을 보지도 못하고 36세에 생애를 마친 것이다. 그는 친한 친구의 죽음과 유학 생활의 괴로운 심정을 가슴에 묻고 1902년 12월 5일 런던을 떠나 다음 해인 1903년(明治 36) 1월 고베항에 도착해 도쿄로 돌아왔다.

유학 생활 중에 외국인과 만나 마음을 허물고 이야기할 수 있을 정도로 친해진다는 것은 쉬운 일이 아니지만 나쓰메 소세키의 영국 유학의 최대 불행은 서로의 마음을 이해하고 교류할 수 있는 영국인 친구가 없었다는 것이다.

나쓰메 소세키는 2년간의 영국 유학 생활을 통해 불안과 신경쇠약으로 마음의 고통을 받았지만 유학 체험이 그의 인생과 문학에 지대한 영향을 끼쳤다는 것은 부정할 수 없는 사실이다. 당시 서양 문명의 정점을 이루고 있던 런던 한복판에서 나쓰메 소세키는 인간을 고립시키고 불안하게 만드는 문명의 정체를 느끼게 되었던 것이다. 그의 문학의 저변에 깔려 있는 날카로운 문명비평은 당시 서양 흉내 내기에 급급한 일본 근대의 실상을 지적하고 있는 것이다.

나쓰메 소세키는 한번 마음에 상처를 받으면 쉽사리 치유되지 않는 성격의 소유자였다. 때문에 그가 영국에서 받은 충격과 고통은 그의 문학에

88 紅野敏郎, 〈註解〉, 《漱石全集》, 第二十二巻(岩波書店, 1996), 684쪽 참조.

어떤 형태로든 나타나 있을 것이다. 그의 작품은 과거에 받은 정신적인 상흔傷痕을 주제로 전개되는 경우가 많다. 따라서 나쓰메 소세키 문학 세계를 정확하게 파악하기 위해서는 그가 영국 유학 중에 체험한 여러 가지 경험과 그에 관련된 의식을 면밀하게 분석해 볼 필요가 있을 것이다. 그의 영국 유학 시절 경험과 작품 탄생의 배경을 면밀하게 분석하여 나쓰메 소세키 연구 분야에서 크게 인정받는 연구자도 있다.[89]

영국 유학 시절에 나쓰메 소세키가 느낀 불안과 고독, 신경쇠약은 그 자신에게는 매우 불행한 일이었으나 그의 문학 작품 창작의 토대가 되었고 원동력이 된 것은 틀림없다. 런던의 안정된 주거 환경에서 학교와 도서관을 오가며 집중적으로 공부하는 유학 생활과는 거리가 멀었지만 그의 독특한 연구 방식은 당시 세계 상품 판매장이었던 런던의 초라한 하숙집에서 획득된 것이다.

89 유상희, 앞의 책, 58-59쪽 참조.

13. 도쿄제국대학 영문과 교수 시절

13-1. 센다기 이사

나쓰메 소세키는 1903년 1월 영국 유학을 마치고 귀국했지만 마음은 편안하지가 않았다. 그 이유는 런던에 비해 현저히 낙후된 도쿄에서 여전히 겉치레 문명개화가 이루어지고 있는 현실을 보았기 때문이었다.

개인적으로는 부귀영화를 누리던 처가가 완전히 몰락했고, 도쿄에 있는 처자의 생활은 생각했던 것보다 훨씬 궁핍한 생활을 하고 있었다. 그는 먹고살기 위해서라도 취직을 하지 않으면 안 되었다. 당장 가족의 생계가 걱정이 되었던 것이다.

나쓰메 소세키는 우선 규슈의 구마모토로는 돌아갈 생각이 없었기 때문에 제오고등학교의 교수직을 사직했다. 구마모토의 제오고등학교에서는 1903년 3월 31일자로 의원 면직 형식으로 그의 사직을 수리하였다. 그는 퇴직금 300엔을 받아 빚을 갚고 이사 비용으로 사용하였다.

1903년(明治 36) 4월 나쓰메 소세키는 도쿄제국대학에서 영문학을 가르치고 있었던 그리스 태생의 영국인 교수 고이즈미 야쿠모小泉八雲(라프카디오 헌Lafcadio Hean)의 후임으로 연 800엔을 받는 조건으로 영문과 교수(공식 명칭은 강사)가 되어 일주일에 6시간 강의를 했다. 그는 아사 로이드 및 우에다 빈上田敏과 함께 도쿄제국대학 문과대학 전임강사(한국식 호칭은 교수)로 임명되었다. 하지만 우에다 빈은 그보다 무려 7년이나 연하였다.

나쓰메 소세키는 도쿄에 있는 제일고등학교에서도 전임강사로 발령받았다. 제오고등학교에서 전출한 것이 아니라 퇴직을 하고 신규로 임용되었기 때문에 보수도 제오고등학교에서 받았던 1,200엔보다 훨씬 적은 연봉 700엔을 받는 조건으로 매주 20시간씩 영어를 가르쳤다.

그런데 영국에 유학을 떠나기 전보다 식구도 늘고 물가도 상승하여 집안의 경제 사정은 구마모토의 제오고등학교에서 근무할 때보다도 오히려 더 나빠졌다. 그러므로 1904년 4월부터는 메이지대학에도 출강하여 한 주에 4시간 강의하는 조건으로 월 30엔을 받았다.[90]

그리고 자신의 가족이 살 집을 도쿄제국대학 근처에 있는 당시 혼고구本郷区 센다기초千駄木町 57번지의 셋집으로 옮겼다. 이 셋집을 이후 나쓰메 소세키 연구자들은 '센다기 집'으로 부르고 있다.[91]

센다기 집이 있었던 곳을 찾아가려면 도쿄의 지하철 치요다센千代田線을 타고 니시닛포리西日暮里 근처의 센다기 역에 내려 네즈진자根津神社를 지나 맞은편의 일본의과대학 부속병원 건물을 왼쪽으로 돌아 5분 정도 가다 보면 일본의과대학 본부 건물이 나온다. 이 건물 옆에 일본의과대학 동창회관이 있으며, 바로 그 옆에 '나쓰메 소세키 옛집 유적지夏目漱石旧居跡'라고 씌어진 기념비가 세워져 있다. 이곳이 나쓰메 소세키가 영국에서 귀국하

90 위의 책, 121-122쪽 참조.
91 滝沢克已, 앞의 책, 60-61쪽 참조.

여 살았던 센다기 집이 있었던 곳이다.

비문의 글씨는 노벨 문학상을 받았던 가와바타 야스나리川端康成가 썼으며, 비문은 가마쿠라소세키회鎌倉漱石会에서 만들었다. 현재 나쓰메 소세키 옛집 유적지가 있는 정확한 주소는 도쿄도東京都 분쿄구文京区 무코가오카向丘 2-20-6이다.

나쓰메 소세키는 1903년(明治 36) 1월 영국에서 귀국한 후 이곳 센다기로 3월 3일에 이사왔다. 이곳에서 약 4년간 살았지만 그 가운데 약 2년간은 도쿄제국대학의 강의에 몰두했다.

나쓰메 소세키가 살았던 집은 나쓰메 소세키의 문학적 경쟁자였던 모리 오가이森鴎外가 이전에 살았던 집이었다. 이 집은 일본 근대문학을 성립시켰다고 말할 수 있는 두 명의 문호가 살았던 유서 있는 집인 셈이다.

나쓰메 소세키와 모리 오가이가 살았던 옛집은 아쉽게도 지금은 보존되어 있지 않고 집터에 기념비만 세워져 있다. 옛집의 건물은 현재 나고야名古屋 근교 아이치현愛知懸 이누야마시犬山市 메이지마을明治村로 이전되어 보존되어 있다.

나쓰메 소세키는 당시 센다기 집에서 도쿄제국대학이 있는 혼고本郷까지 걸어서 출근했다. 실제로 필자가 센다기 집이

나쓰메 소세키가 살았던 도쿄 혼고구 센다기초 57번지의 셋집 터에 세워진 '나쓰메 소세키 옛집 유적지' 기념비.

나쓰메 소세키가 살았던 센다기 셋집(저자 촬영).

있는 곳에서 현재의 도쿄제국대학 정문인 아카몬赤門이 있는 곳까지 걸어 보니 약 20분 정도 소요되었다. 나쓰메 소세키는 아침저녁 센다기 집과 도쿄제국대학을 오가며 〈나는 고양이로소이다〉와 〈도련님〉 등의 작품 구상을 했을 것이다.

이 센다기 집은 나쓰메 소세키의 문하생이었던 모리타 소헤이森田草平와 데라다 토라히코寺田寅彦 등이 출입했다. 때문에 이곳 센다기 집을 많은 사람들이 나쓰메 소세키 문학의 발상지라고 부르고 있다.

13-2. 도쿄제국대학 교수 시절의 신경쇠약

나쓰메 소세키는 영국 유학을 마치고 도쿄로 돌아와 이사 및 직장 정착 문제 등으로 신경을 썼기 때문인지 1903년 6월경부터는 런던에서 고생했던 신경쇠약 증세가 재발하기 시작했다.

도쿄제국대학에서 나쓰메 소세키가 가르쳤던 과목은 그가 런던의 유학 생활 속에서 고독과 싸우면서 정리해 두었던 〈문학론〉이었다. 그러나 이 강의는 나쓰메 소세키가 심혈을 기울인 것임에도 불구하고 수업 내용이 상당히 어려웠기 때문에 학생들에게는 그다지 인기가 없었다.

그러나 셰익스피어의 〈멕베스〉의 강의가 시작되자마자 나쓰메 소세키의 인기는 상승하여 결국에는 대학 제일의 명강의라는 평판까지 듣게 되었다. 그것은 런던에서 개인적으로 크레이그 교수로부터 가르침을 받았기 때문이다.

나쓰메 소세키가 영문과 교수로 근무했던 도쿄대학(예전의 도쿄제국대학) 교내 건물(저자 촬영).

영문학자로서의 나쓰메 소세키 이름은 널리 알려지게 되었지만 그 자신은 이상하게도 대학을 갓 졸업한 무렵부터 일본인으로서 영문학을 연구하는 일에 불안과 허망함을 느껴 오고 있었다. 영국에 유학하여 영문학을 낳은 토대를 몸소 느끼게 된 이후, 그 느낌은 더욱 강해져서 교직 생활에 견딜 수 없는 불쾌감을 느끼게 된다.

일본인으로서 영문학을 연구하는 일에 불안과 허망함을 느끼고 있었던 나쓰메 소세키는 집에 돌아와서는 뭔가 마음에 들지 않았는지 한밤중에 갑자기 짜증을 내고 주위에 있는 물건을 밖으로 던지기도 했다. 영국 유학

1905년 제일고등학교 문과 졸업 기념사진. 앞줄 왼쪽 첫 번째가 나쓰메 소세키.

전에 그토록 귀여워했던 장녀를 아무 이유도 없이 갑자기 때린다든가, 우는 아이에게 심하게 화를 내고 까닭 없이 하녀를 쫓아내기도 했다. 그는 아내 나쓰메 쿄코가 임신으로 인한 입덧과 늑막염에 시달리며 어린 두 딸의 양육에 진력하고 있음에도 불구하고, 아내에게 끊임없이 친정으로 돌아갈 것을 종용했다. 나쓰메 쿄코 부인은 나쓰메 소세키가 너무 공부를 한 탓에 신체와 머리에 이상이 온 것이라고 생각했다.[92]

나쓰메 쿄코는 나쓰메 소세키의 신경쇠약 증세가 더 악화되면 아이들에게 어떤 위해危害를 가할지도 모른다고 생각했다. 자신이 아이들을 데리고 몸을 피하면 그사이에 나쓰메 소세키의 신경쇠약 증세가 진정될 것으로 생각했다. 나쓰메 쿄코는 1903년 7월에 도쿄 혼고구 센다기초 57번지의 셋집에 남편을 혼자 남겨 두고 아이들을 데리고 친정집으로 갔다. 나쓰메

92 유상희, 앞의 책, 103-104쪽 참조.

1905년 도쿄제국대학 문과대학 영문학과 졸업 기념사진. 두 번째 줄 오른쪽에서 두 번째가 나쓰메 소세키.

소세키 부부는 나쓰메 소세키의 신경쇠약 증세 때문에 이른바 별거 생활을 하게 된 것이다.[93]

나쓰메 쿄코 부인은 약 2개월 동안 친정집에 있으면서 나쓰메 소세키와 별거 생활을 해 보았지만 부부 관계가 별로 좋아지지도 않자 그의 셋째 형 와사부로를 통하여 귀가의 뜻을 밝히고 돌아왔다.

하지만 나쓰메 소세키의 신경쇠약 증세는 진정되기는커녕 더욱 심해졌다. 그는 짜증을 자주 냈으며 마음에 들지 않는 것을 참지 못했다. 아내인 나쓰메 쿄코가 하는 행동이 비위에 거슬리는 일이 많았고 말을 듣지 않는 아이들에게도 자주 짜증을 냈다. 이 무렵 그는 자신의 신경쇠약 증세의 원인이 다른 곳에 있는 것이 아니라 자신의 마음속에 있다는 것을 깨닫기 시작

93 夏目鏡子, 《漱石の思い出》(岩波書店, 2003), 115-117쪽 참조.

했다. 하지만 그것이 오히려 더욱 마음을 괴롭게 하고 불안하게 했다.[94]

나쓰메 소세키는 1907년(明治 40) 5월에 오쿠라서점大倉書店에서 출판된 《문학론》이라는 저서의 〈서序〉 부분에서 '귀국 후 나는 여전히 신경쇠약 때문에 광인이 되었다. 친척들 중에서조차 이것을 시인하는 것 같았다. 〔…〕 단지 신경쇠약으로 인해서 광인이 되었기 때문에 〈고양이猫〉를 초안하고, 《양허집漾虛集》을 출판하고, 또한 《우즈라카고鶉籠》를 출판하고 있었음을 생각하면, 나는 신경쇠약과 광기에 대해서 깊은 감사의 뜻을 표해야 마땅하리라고 생각한다'라고 적었다.[95]

나쓰메 소세키는 도쿄제국대학 강사 시절에 자신이 신경쇠약에 걸려 있고, 광인狂人의 증세가 있는 것을 자각하고 있었던 것이다. 하지만 자신이 신경쇠약으로 인해 광인이 되었기 때문에 작품을 발표하게 되었다고 주장하는 것을 고려해 보면, 나쓰메 소세키는 자신의 신경쇠약을 작품 창조의 병으로 인식했던 것이다.

나쓰메 소세키에게 있어서 영국 귀국 후 1, 2년간은 그의 생애에 가장 어렵고 비참한 시기였다. 경제적인 압박과 아내와의 불화, 과도한 강의와 학생들의 평가 등 그를 둘러싼 주위의 사정은 그에게 한치의 여유도 허락하지 않았다. 이런 상황들이 신경쇠약을 더욱 악화시켜 가족들마저 그를 광인 취급했고, 그 자신도 광인의 증세가 있는 것을 자각했던 것이다.[96]

---

94 巌谷大四, 앞의 책, 84-85쪽 참조.

95 夏目金之助, 《漱石全集》, 第十四巻(岩波書店, 2003), 14-15쪽 참조.

96 김정숙, 앞의 책, 316쪽 참조.

14. 작가 나쓰메 소세키 탄생

14-1. 처녀작 〈나는 고양이로소이다〉 발표

나쓰메 소세키는 도쿄제국대학의 영문과 교수로 근무하고 있었으나 그의 마음은 왠지 답답하고 우울했다. 이런 와중에 나쓰메 소세키에게 소설을 쓰게 한 사람은 마사오카 시키의 제자였던 다카하마 교시高浜虚子였다. 이 당시 다카하마 쿄시는 《호토토기스》라는 잡지를 발행하고 있었다.

《호토토기스》는 나쓰메 소세키의 절친한 친구 마사오카 시키가 1897년(明治 30) 마쓰야마에서 창간한 잡지로 이듬해 다카하마 교시가 발행소를 도쿄로 옮겼다. 이 잡지에는 근대 하이쿠 이외 나쓰메 소세키의 최초 소설 〈나는 고양이로소이다〉를 비롯하여 〈도련님〉, 이토 사치오伊藤左千夫의 〈들국화의 무덤野菊の墓〉 등의 소설이 발표되었다.

나쓰메 소세키는 다카하마 교시로부터 《호토토기스》에 산山이 있는 문장을 써 보지 않겠냐는 권유를 받고 〈나는 고양이로소이다〉를 쓰기로 마음먹었다. 그는 이제까지 《호토토기스》에 짧은 에세이와 평론을 가끔씩 써 주었으나 이번에는 소설을 써 주려고 생각했던 것이다.

당시 나쓰메 소세키가 살고 있던 도쿄 혼고쿠 센다기초의 집에 찾아가 제목이 붙여지지 않은 원고를 받은 다카하마 교시는 그 자리에서 작품을 읽어 보니 '나는 고양이로소이다. 이름은 아직 없고 어디서 태어났는지 도무지 짐작이 안 간다. 아무튼 어둠침침하고 스산한 곳에서 야옹 야옹 하고 울고 있는 것만 기억하고 있다'라는 내용으로 시작되었다. 작품 내용이 유머러스한데다 독특했고 문장이 시원시원했다.

그러나 제목이 아직 정해지지 않아서 '고양이'로 할까? '고양이전'으로 할까? 망설이고 있던 나쓰메 소세키에게 다카하마 쿄시는 '나는 고양이로소이다'로 제목을 정하기를 권유했고 나쓰메 소세키는 그의 권유를 받아들였다.

고양이의 눈을 빌려서 자신의 생활을 풍자적으로 그려낸 나쓰메 소세키의 첫 소설 〈나는 고양이로소이다〉는 이런 과정을 거쳐 1905년(明治 38) 1월 《호토토기스》에 발표되었다. 〈나는 고양이로소이다〉라는 소설을 《호토토기스》에 발표한 결과는 대단했다. 작가나 독자에게 있어서도

1906년 39세 때 〈나는 고양이로소이다〉와 〈도련님〉을 발표할 당시 서재에서.

1906년 도쿄제국대학 문과대학 영문학과 졸업 기념사진. 앞줄 왼쪽에서 두 번째가 나쓰메 소세키.

이제까지 이런 색다른 형태로 쓰여진 재미있는 근대소설은 거의 없었다. 처음에는 1회만 쓸 계획이었으나 좀더 써 달라는 권유에 못 이겨서 2회, 3회로 계속 써 나가는 사이에 다음 해 8월까지 11회에 걸친 장편으로 연재되었다.

〈나는 고양이로소이다〉라는 소설 덕택에 나쓰메 소세키의 이름은 당시 일본에 널리 알려지게 되었다.

14-2. 〈도련님〉·〈풀베개〉 발표

나쓰메 소세키는 〈나는 고양이로소이다〉를 발표했던 1905년에 《제국문학帝国文学》이라는 잡지 1월호에 〈런던탑倫敦塔〉이라는 단편을 발표했다. 이어서 〈칼라일박물관カーライル博物館〉, 〈환영의 방패幻影の盾〉 등을 연이어 여러 지면에 발표하면서 왕성하게 창작활동을 하기 시작했다. 이

후 《중앙공론》이라는 잡지에 〈일야一夜〉를 발표했다.

작품의 인기와 함께 나쓰메 소세키의 명성은 점점 높아져 갔으며 소설가로서의 위치도 확고해졌다. 이후 1906년(明治 39) 《호토토기스》 4월호에 〈도련님〉, 《신소설新小說》 9월호에 〈풀베개〉, 《중앙공론》에 〈이백십일二百十日〉을 발표했다. 1907년에는 〈태풍野分〉을 《호토토기스》에 발표하면서 나쓰메 소세키의 이름은 일본 전국에 대단한 기세로 퍼져 나갔다.

이때쯤 평소 그의 자택에 출입이 잦은 문하생들의 방문 일을 매주 목요일 오후 3시 이후로 정함으로써 목요회木曜会로 불리게 되었다. 그러나 갑자기 유명 작가가 된 나쓰메 소세키에게는 왠지 자신과는 맞지 않는 교수직을 계속하지 않으면 안 되는 우울한 날들이 계속되었다. 그는 대충대충 강의를 하는 것이 불가능한 성격으로 대학 강의를 준비하는 것을 고통스럽게 생각하고 있었다. 하지만 그는 항상 강의 노트를 충실하게 만들어 학생들로부터의 평가를 염두에 두었다.

이 무렵 나쓰메 소세키는 영국 유학에서 돌아온 이후 영어와 영문학 강의에 심한 염증을 느끼기 시작했다. 첫 번째 작품인 〈나는 고양이로소이다〉 발표 이후 일약 유명 작가가 된 그는 이제 도쿄제국대학 강단을 떠나도 좋다는 생각을 갖기 시작했다. 그는 1905년 5월 9일자 편지에서 '소생은 교사이지만 교사로서 성공하는 것보다는 서툰 문학자로서 세상에 나가는 쪽이 천성에 맞습니다'라고 쓴 적도 있다.

나쓰메 소세키는 이 외에도 대학 교수를 하는 데는 번잡스러운 학교의 잡무가 많아서 창작에 시간을 쓸 수 없게 되자 항상 욕구불만을 갖게 되었다. 그렇다고 해서 도쿄제국대학의 교수직을 비롯하여 일체의 교직을 그만두고 오직 창작에만 전념하는 직업 작가가 되는 것은 자신의 현재 수입으로는 불가능하다는 것을 잘 알고 있었다.

15. 아사히신문사 입사

15-1. 요미우리신문사 채용 교섭 결렬

나쓰메 소세키는 '도쿄제국대학의 교수를 계속할 것인가? 전업작가로 나갈 것인가?'로 고민을 하던 중에 당시 가장 충실하게 문예 지면을 만들고 있었던 요미우리신문사讀売新聞社로부터 문예란의 책임자로 채용하고 싶다는 제의를 받았다.

청일전쟁과 러일전쟁을 거치면서 전쟁 정보 상품화를 통해 일본의 신문업계는 판매 부수를 대폭 늘렸다. 하지만 러일전쟁이 끝나고 난 이후 신문업계는 격심한 판매 전쟁을 벌여야만 했다. 전쟁 정보가 없어진 후, 늘어난 독자의 시선을 서구 소설이라는 정보 상품으로 잡아 두어야 할 필요성을 느끼고 있었다. 때문에 각 신문사에서는 인기 작가 나쓰메 소세키를 주목하고 있었던 것이다. 그러나 요미우리신문사의 채용 조건은 나쓰메 소세키의 생각과 맞지 않는 점이 많아 교섭은 결렬되고 말았다.

나쓰메 소세키는 1906년(明治 39) 1월 14일에 대학을 졸업한 이후 영국 유학을 가기 전까지 시코쿠의 마쓰야마중학교와 구마모토의 제오고등학교 교사를 소개해 주었던 친구 스가 토라오에게 보낸 편지 속에 다음과

1906년 도쿄 혼고구 센다기초 57번지 셋집 서재에서.

같이 자신의 심정을 피력했다.

> 우리 집에서는 또 작년 연말에 아기가 태어났다. 또 여자아이이다. 우리 집은 여자 전문이다. 네 명의 여자아이가 차례차례로 시집을 갈 일을 생각하면 소름이 끼친다. 저축을 하지 않으면 안 된다. 그런데 작년 12월에는 여러 곳에 돈을 쓸 데가 생겨서 300엔 가까이를 지불했다. 다행히 저작著作의 인세印税가 있었기 때문에 급한 대로 썼지만 어쨌든 돈이 들어가는 데는 놀랄 뿐이다. 자네는 될 수 있으면 저축을 해야 된다. 〔…〕
>
> 도쿄도 별반 변한 것이 없다. 요즈음은 날씨도 좋다. 〔…〕
>
> 나도 대학을 그만두고 세상의 처사処士(민간에 있으면서 임관任官하지 않는 사람)가 되고 싶다. 대학은 학자 가운데 귀족이다. 웬일인지 마음에 들지 않는다.[97]

아사히신문사에 입사하기 1년 전인 1906년 1월에 나쓰메 소세키는 이미

97 夏目金之助, 《漱石全集》, 第二十二巻(岩波書店, 1996), 453쪽.

첫째 딸 후데코와 둘째 딸 쓰네코, 셋째 딸 에이코와 넷째 딸 아이코 등 딸만 네 명을 두고 있었다.

한 가정의 가장인 나쓰메 소세키는 네 명의 딸들을 키우는 데 들어갈 양육비를 크게 신경 쓰고 있었으며 가정의 장래를 생각해서 저축을 하지 않으면 안 된다고 느꼈던 것이다. 이 당시 나쓰메 소세키에게 있어서 자녀 양육을 비롯한 생계비에 대한 걱정은 숨길 수 없는 절실한 문제였다.

15-2. 아사히신문사 입사 조건

요미우리신문사와의 채용 교섭이 결렬된 이후 이번에는 아사히신문사에서 나쓰메 소세키에게 교섭이 들어왔다. 당시의 아사히신문은 상업지로서는 꽤 알려져 있었지만 문예면에서는 뒤처져 있었기 때문에 나쓰메 소세키를 발탁하여 문예면의 위상 쇄신을 노리고 있었다.

1907년 40세 때, 도쿄제국대학 영문학과 교수를 사직하고 아사히신문사에 입사할 당시의 나쓰메 소세키.

나쓰메 소세키의 아사히신문사 입사 과정은 좀 특이한 부분이 있다. 오늘날에는 신문사의 전속 작가라는 계약이 별로 없다. 1회분의 계약이 보통이다. 때문에 신문에 글을 연재하는 작가들은 매일 신문을 읽어 주는 독자를 의식하여 정성을 다하여 글을 썼다. 당시의 시대에도 오늘날과 같은 계약이 있었다. 그러나 직업인으로서의 안정을 보장받고 싶었던 나쓰메 소세키는 그러한 계약을 맺지 않았던 것이다.

나쓰메 소세키는 일반적으로 명예를 소중하게 여기는 대학 교수라는 신분에 어울리지 않게 1907년(明治 40) 3월 11일에 아사히신문사 입사 교섭의 상대였던 시라니 사부로白仁三郎에게 아래와 같은 조건을 제시한다.

> 하나. 소생의 문학적 작품은 일체 아사히신문사에 게재한다.
> 하나. 단 그 분량과 종류, 장단長短과 시일時日의 할당은 소생의 생각대로 한다.
> 〔…〕
> 하나. 보수는 제의한 대로 월 200엔이 좋다. 단 사원과 같은 수준의 연말 상여금을 줄 것.
> 〔…〕
> 하나. 만약 문학적인 작품을 다른 잡지에 부득이하게 게재하는 경우에는 그때마다 아사히신문사의 허가를 얻는다.
> 〔…〕
> 하나. 단 누가 보아도 문학적이지 않은 원고, 혹은 2-3페이지로 짧은 것, 또는 신문에 게재하기에 맞지 않는 학설의 논문 등은 소생이 무단히 적당한 곳에 게재할 자유를 얻는다.
> 하나. 소생의 지위의 안전을 이케베池邊 씨 및 사주社主에 의해 정식으로 보증할 것.[98]

나쓰메 소세키가 시라니 사부로에게 보낸 편지의 내용을 살펴보면 그는

98 夏目金之助, 《漱石全集》, 第二十三巻(岩波書店, 1996. 09), 30-31쪽.

'소세키'라고 하는 상품을 스스로 제시했던 것이다. 당시 그는 약 150엔 정도의 월수입이 있었다. 그러나 그는 아사히신문사에 월급 200엔이라고 하는 파격적인 보수, 자유로운 창작 활동의 보장, 그리고 사원과 같은 수준의 연말 상여금을 요구했다.

당시 아사히신문사의 사원 월급을 살펴보면, 소설 기자인 작가 나카이 조스이半井桃水는 85엔, 편집장은 130엔, 주필은 170엔(경비 포함), 2년 후 교정 담당으로 입사한 이시카와 다쿠보쿠石川啄木는 겨우 25엔이었다. 위와 같은 자료를 고려해 볼 때 나쓰메 소세키가 아사히신문사에 제시한 월급 200엔은 그야말로 파격적인 요구였다. 그는 치밀하게 검토하여 확실한 보장을 받고 아사히신문사에 입사했던 것이다. 결코 〈도련님〉의 '봇짱'처럼 이해타산을 따져 보지 않고 무모하게 전직을 한 것은 아니었던 것이다.[99]

위와 같은 나쓰메 소세키의 행동 때문인지 일찍이 아라 마사히토는 〈소세키 문학의 물질적 기초〉라는 논문을 통해, 나쓰메 소세키가 '속물근성俗物根性[100]을 가지고 있었다'고 냉혹하게 지적했다.[101]

그러나 아라 마사히토가 비판하는 소세키의 속물근성은 자본주의 사회에서 지식을 활용하여 살아가고 있는 많은 인간들의 속내일 수도 있다.

한 집안의 가장으로서 가족의 생계를 걱정하지 않을 수 없었던 나쓰메 소세키는 높은 보수를 보장하는 입사 조건을 제시할 필요성을 느꼈을 것이다.

---

99 유상희, 앞의 책, 131-133쪽 참조.

100 금전이나 영예를 제일로 치는 생각이나 성질.

101 荒正人, 〈漱石文学の物質的基礎〉, 《文芸読本夏目漱石》(河出書房新社, 1975), 453쪽 참조.

나쓰메 소세키는 어린 시절과 학생 시절, 그리고 성인이 되고 난 이후에도 금전에 관해 절실한 체험을 했던 사람이다. 그는 학생 시절에 지금으로 말한다면 아르바이트로 번 돈으로 생활을 꾸려 나간 경험이 있었다.

금전에 관한 쓰라린 체험은 그가 금전에 집착하지 않을 수 없게 만들었다. 또한 도쿄제국대학의 교수가 된 이후에도 한 가정의 생계를 걱정해야 되는 가장으로서 금전에 집착할 수밖에 없었던 상황에 처해 있었던 것이다.

15-3. 아사히신문사로 전직한 이유

우여곡절 끝에 아사히신문사에 입사하게 된 나쓰메 소세키는 1907년 5월 3일자 도쿄 《아사히신문》에 아사히신문사 입사 이유를 담은 〈입사의 인사말〉을 게재했다.

> 대학 교수직을 사직하고 《아사히신문》에 입사했더니 만나는 사람마다 모두 놀란 얼굴을 하고 있다. 그 가운데는 왜 그렇게 했냐고 묻는 사람이 있다. 〔…〕
>
> 신문쟁이가 장사라면 대학도 장사이다. 장사가 아니라면 교수와 박사가 되고 싶어 할 필요가 없을 것이다. 월급을 올려 받을 필요가 없을 것이다. '조쿠닌칸勅任官'(옛날에 천황의 명령으로 임명되던 관리)이 될 필요는 없을 것이다. 신문이 장사인 것과 같이 대학도 장사이다. 신문이 천한 장사라면 대학도 천한 장사이다. 다만 개인이 영업을 하고 있다는 것과 정부에서 영업하고 있다는 차이일 뿐이다. 〔…〕
>
> 대학에서는 강사로서 연봉 800엔을 받고 있었다. 아이는 많고 집세는 비싸서 연봉 800엔으로는 도저히 살아갈 수가 없다. 방법이 없기 때문에 다른 두세

곳의 학교를 뛰어다니면서 얼마 동안 그와 같은 날들을 보내고 있었다. 아무리 나쓰메 소세키라도 이렇게 바쁘게 돌아다녀 지칠 대로 지치면 신경이 쇠약해진다. 〔…〕

가르치기 위해서, 또는 수양을 위해 책을 읽지 않으면 세상에 대해서 체면이 서지 않는다. 소세키는 이상과 같은 사정 때문에 신경쇠약에 빠진 것이다.[102]

당시 문명개화의 상징적인 학교였던 도쿄제국대학은 그 학교를 졸업하는 것 자체로 출세가 보장되었던 시대였다. 그와 같은 일본 사회에서 일본 국민들로부터 존경을 한 몸에 받고 있었던 도쿄제국대학 영문과 교수가 신문사에 입사하여 초라한 전속 소설가가 된다고 하는 것은 당시 상상도 할 수 없을 정도로 이례적인 일이었다.

더욱이 대학이 별로 없었던 그 당시에 도쿄제국대학 교수는 소설가보다는 훨씬 권위가 있었고 사회적 지위가 높았던 시대였다. 나쓰메 소세키의 결단에 찬사를 보낸 사람들도 있었지만 비판의 목소리도 있었다. 일본 정부의 돈을 받아 국비로 영국 유학까지 다녀와서 도쿄제국대학의 교원 지원까지 오른 사람이 돈에 눈이 어두워 국가의 은혜를 저버리고 신성한 대학을 떠나면서 가증스럽게도 〈입사의 인사말〉이라는 어불성설語不成說을 늘어놓았다고 비난했던 사람도 있었다.[103]

나쓰메 소세키는 위와 같은 비난을 감수하고 아사히신문사에 들어갔지만 만약 신문사에서 실패하더라도 도쿄제국대학에 돌아갈 수도 없는 형편이었다. 그에게 있어서 아사히신문사 입사는 일생일대의 모험이었던 것

102 夏目金之助, 〈入社の辞〉, 《漱石全集》, 第十六巻(岩波書店, 2003), 60-63쪽.
103 유상희, 앞의 책, 139-140쪽 참조.

이다. 자신이 쓴 소설이 《아사히신문》을 읽는 독자를 사로잡을 것이라는 확신도 없었다. 때문에 그의 〈입사의 인사말〉에 나타나 있는 것과 같이 나쓰메 소세키를 만나는 사람마다 모두 놀란 얼굴을 했을 것이다.[104]

나쓰메 소세키는 신문쟁이가 장사라면 대학 즉 도쿄제국대학도 정부에서 영업하는 장사에 지나지 않는다고 주장했다. 그러면서 교수와 박사도 장사에 지나지 않는다고 단언했다. 정치가나 사업가가 아닌 그 당시 엘리트 코스를 거쳐 관비 유학생으로 당시 최고의 선진국이었던 영국 유학까지 마친 지식인이 그와 같은 말을 했다는 것은 충격적이다. 과격한 언어를 사용하여 대학과 교수를 신문사 전속 작가와 비교하여 자신의 생각을 있는 그대로 핵심을 찔러 표현한 언사였다.

나쓰메 소세키의 처 나쓰메 교코는 《소세키의 추억漱石の思い出》이라는 저서를 통해 당시 '집안의 살림을 꾸려 나가는 데는 아무리 절약을 해도 매월 200엔은 들어갔다. 다행히 원고료가 들어왔고, 소설의 인세가 들어왔기 때문에 살림살이를 꾸려 나갈 수 있었다'라고 적었다. 아내 나쓰메 쿄코의 고백을 들어 보면 나쓰메 소세키가 〈입사의 인사말〉에서 밝힌 '아이는 많고 집세는 비싸서 연봉 800엔으로는 도저히 살아 나갈 수가 없다'라는 표현은 당시 그가 처했던 현실을 사실 그대로 적은 내용임에 틀림없다.

나쓰메 소세키가 도쿄제국대학 교수로 근무하면서 받았던 연봉 800엔(월 67엔)은 당시 봉급생활자의 급료와 비교할 때 결코 적은 금액이 아니었다. 그는 연봉 800엔 외에도 제일고등학교에서 연봉 700엔(월 58엔), 메이지대학에서 월 30엔(연봉 360엔)을 받았다. 세 학교에서 받는 월급만

---

104 荒正人, 《評伝夏目漱石》(実業之日本社, 1970), 82-85쪽 참조.

1910년, 장녀인 나쓰메 후데코夏目筆者와 나쓰메 소세키(왼쪽).

합해도 155엔(연봉 1,860엔)이었다. 거기다가 원고료와 인세 등을 모두 합하면 그는 봉급생활자로서 결코 적은 급료를 받은 것이 아니었다.

나쓰메 소세키는 원래 2남 5녀를 두고 있었으나 아사히신문사에 입사할 당시는 장남 준이치의 출산을 바로 눈앞에 두고 있었다. 때문에 1남 4녀의 아버지로서 책임을 다하기 위해 그는 당시 도쿄제국대학 이외에 제일고등학교와 메이지대학 등에 강의를 나가 수입을 올리고 있었던 것이다. 하지만 부모로부터 물려받은 유산도 없는 처지에 아이는 많고 도쿄의 집세는 비싸서 생활비를 마련하기 위해 이 대학 저 대학을 돌아다니면서 강의를 해야만 하는 바쁜 생활이 나쓰메 소세키에게 스트레스를 안겨 주었다. 금전에 구애받고 있는 것을 공개적으로 아사히신문에 표시한 배경에는 위와 같은 처지에 놓였던 그의 환경 때문이다.

작품 〈도련님〉에서 주인공 '봇짱'이 시코쿠의 중학교에서 수학 선생으로 근무하고 받았던 월급은 40엔이었고 도쿄시가철도주식회사東京市街鉄道

株式会社(작품 속에는 가이테쓰街鉄로 나옴)에 근무하며 받은 월급은 25엔이다. 물가가 싼 시코쿠에서는 교사로 근무하면서 매월 40엔을 받아 혼자 살았지만 물가가 비싼 도쿄에서는 매월 25엔을 받아 집세 6엔을 내고 나머지 19엔으로 하녀 기요와 둘이서 생활해야 했다. 당시 하녀의 월 임금이 3엔 정도였다.[105]

나쓰메 소세키는 '봇짱'이 교사로 근무하면서 받는 월급 40엔보다 4배나 많은 수입을 올리고 있었던 것이다.

나쓰메 소세키가 도쿄제국대학과 제일고등학교, 메이지대학 등 교직에 근무하면서 받았던 월급이 155엔이었으니 아사히신문사로 전직했을 때 월 45엔 정도를 더 받게 되는 셈이었다. 당시의 1엔은 지금의 3,500엔 정도이므로 정확하게 비교하여 계산한 금액이라고는 말할 수 없지만 나쓰메 소세키가 신문사로 전직하여 매월 더 받으려고 했던 45엔을 현재의 금액으로 환산하면 약 157,500엔이다.[106]

결론적으로 생각해 볼 때 나쓰메 소세키는 아래와 같은 복합적인 이유로 인해 전직을 결심한 듯하다.

첫째, 나쓰메 소세키는 대학을 갓 졸업한 무렵부터 일본인으로서 영문학을 연구하는 일에 불안과 허망함을 느꼈다. 영국에 유학하여 영문학을 낳은 토대를 몸소 느끼게 된 이후 그 느낌은 더욱 강해져서 영어와 영문학을 강의하는 교직 생활에 염증과 견딜 수 없는 불쾌감을 느꼈다.

둘째, 나쓰메 소세키는 영문학을 연구하는 교수보다는 창작을 주로 하

105 鈴木英雄, 《夏目漱石と経済》(近代文芸社, 1996), 86, 137쪽 참조.
106 夏目漱石, 《坊つちゃん》(講談社, 1992), 12쪽 참조.

는 문학자로서 세상에 나가 일을 하는 쪽이 자신의 천성에 맞고 성공할 수 있다고 믿었던 것이다. 그는 명예를 중시하기보다는 예술 창작의 성과에 흥미를 느끼는 쪽이었다. 그는 일찍부터 교육보다는 창작에 뜻을 두었으나 자신이 좋아하는 창작을 하려고 해도 생활이 보장되지 않았기 때문에 어쩔 수 없이 교직에 머물러 있었던 것이다. 그런데 아사히신문사에서 창작과 충분히 생활을 할 수 있게 보장해 주는 조건을 제시하자 도쿄제국대학 교수직을 미련 없이 버렸던 것이다.[107]

셋째, 현실적으로 나쓰메 소세키를 괴롭힌 것 가운데 하나는 한 가정의 생계를 이끌어 나가는 가장으로서 도쿄제국대학과 제일고등학교, 메이지대학 세 학교를 돌아다니며 바쁘게 강의를 하면서 받는 급료로는 만족을 할 수가 없었다. 그러므로 자신이 현재 교수직에 근무하며 받고 있는 급료보다 약 45엔이 더 많은 월 200엔을 받는 조건으로 교직을 그만두고 아사히신문사의 전속 소설가로 자리를 옮긴 것이다.

15-4. 신문 소설 발표

나쓰메 소세키는 아사히신문사에 입사하면서 이제부터는 문자 그대로 작가 나쓰메 소세키로 살아가기로 마음먹었다. 그는 신문사 입사 이후의 첫 번째 소설의 평판이 좋지 않으면 그 뒤에 발표할 작품에도 영향을 미칠 것으로 판단하여 일체 면회를 사절하고 소설 집필에만 전념했다.

나쓰메 소세키가 아사히신문사에 입사하여 첫 번째 발표한 작품은 〈우

107 유상희, 앞의 책, 137-138쪽 참조.

미인초虞美人草〉라는 소설이다. 당시 그의 소설이 연재되기 전부터 대단한 평판이 나돌아 백화점이나 보석상에서는 양귀비를 디자인한 '우미인초 유카타'와 '구비진소(우미인초) 반지' 등이 많이 팔려나갔다.

1910년, 〈문〉을 발표했을 당시의 나쓰메 소세키.

1908년(明治 41)에는 나쓰메 소세키의 전기 삼부작이라고 일컬어지는 〈산시로三四郎〉, 〈그 후それから〉, 〈문門〉 등의 작품을 잇따라 발표하여 사랑을 주제로 한 지식인의 고뇌와 부부 사이의 갈등과 불안 등을 심각하게 묘사했다.

초기 작품이었던 〈나는 고양이로소이다〉와 〈도련님〉 등의 작품에서는 일본 사회와 인간에 대한 비판, 풍자가 중심 내용이었고, 작자의 마음 속에 있는 것을 그대로 속속들이 드러내지는 않았다. 그러나 이른바 전기 삼부작을 발표할 때부터는 주인공을 통해 근대화되어 가는 일본 사회의 제반 문제 제기뿐만 아니라 지식인의 삼각관계를 중요 테마로 삼기 시작했다.

이후 나쓰메 소세키는 후기 삼부작이라고 일컬어지는 〈히간스기마데彼岸過迄〉, 〈행인〉, 〈마음〉 등의 작품을 《아사히신문》에 잇따라 발표했다. 후기 삼부작에서는 인간의 아집과 지식인의 근대화에 대한 마음의 갈

등, 문명개화를 추진하고 있는 메이지 시대의 일본인에게 있어서 문명이라는 것이 무엇인가라는 문제, 메이지 천황의 죽음에 대해 당시 일본인들이 느꼈던 정신적인 충격 등을 테마로 삼았다.

아사히신문사에 입사하고 난 이후 나쓰메 소세키는 독자의 범위를 문단이라고 하는 좁은 세계에 한정시키지 않고 신문을 읽는 좀더 넓은 독자층을 의식하며 작품을 써 나갔다. 때문에 그의 소설에는 러일전쟁 이후 일본의 사회상이 정밀하게 묘사되어 있다. 또 일본 전국의 《아사히신문》 독자를 의식했기 때문인지 규슈의 구마모토와 후쿠오카, 오사카를 중심으로 한 관서지방關西地方[108]을 배경으로 삼거나 작품 내용과 연결시켰다.

108 오사카와 교토를 중심으로 한 지방.

16. 금전 묘사

13세기에 토마스 아퀴나스Thomas Aquinas는 금전金錢은 '그 힘에 의해 모든 물질적인 것들을 구하는 데 유용하게 쓰인다는 점에서 그 모든 것을 품고 있다'고 말했다.[109]

토마스 아퀴나스의 이 말은 금전이 인간에게 모든 행복을 가져다주는 것은 아니라고 하더라도 부분적으로나마 최고의 행복을 가져다줄 수 있다는 점을 인정하는 표현이다.

신용 화폐, 디지털 화폐 시대를 사는 요즘도 금전은 인간관계에서 대단한 위력을 발휘하고 있다. 또한 '금전은 원하는 모든 것을 얻게 해 준다'는 확인되지 않은 신화에 인간들은 너무 오랜 기간 매몰되어 왔다.

가정과 나라가 흥하고 망하는 이유와 끔찍한 범죄의 원인 등은 대개 금전과 관련되어 있는 경우가 많다. 언제부터인가 남녀간의 사랑의 성립에도 금전은 중요한 역할을 하고 있다.

나쓰메 소세키의 작품 속에는 주인공들 사이에 금전의 대차와 증여 관계가 자주 묘사되어 있다. 그는 무슨 이유인지 '금전의 대차와 증여', '유산의

109 피터 L. 번스타인, 《황금의 지배》, 김승욱 옮김(경영정신, 2001), 118쪽 참조.

문제' 등을 포함한 금전에 관한 복잡한 관념들을 반복해서 작품화시켰다.

나쓰메 소세키는 초기 작품인 〈도련님〉에서도 봇짱이 자신을 사랑해 준 단 한 사람의 하녀 할멈인 기요清에게서 3엔을 빌리고 나서 '곧 갚을게요' 라고 말했으나 '이제 와서는 10배로 쳐서 갚아 주고 싶어도 갚을 길이 없다' 라고 말하는 장면이 나온다.

〈그 후〉에서는 결혼한 이후 3년 만에 도쿄에 돌아온 히라오카平岡의 처 미치요三千代는 3년 전 결혼할 때 다이스케代助로부터 받은 진주 반지를 끼고 아직 미혼인 다이스케 집을 방문하여 돈을 빌려 달라고 청한다. 다이스케와 미치요의 사랑의 재연은 미치요가 다이스케에게 적극적으로 돈을 빌려 달라고 부탁한 현실적인 행위를 계기로 해서 성숙되어 갔다.

작품 〈마음〉에서는 주인공인 선생은 부모가 일찍 돌아가시고 난 후, 고향에 남겨진 유산의 관리를 삼촌에게 맡겼다. 그러나 삼촌은 선생이 도쿄로 상경하여 고등학교에 다니고 있는 사이에 대부분의 유산을 횡령한다. 이러한 사실을 알았을 때의 마음속 충격을 선생은 제자인 '나'라는 청년에게 유서를 통해 아래와 같이 말한다.

> 이 세상에는 겉으로 드러나는 악인은 없다고 말했던 것을, 많은 선인善人들이 여차하면 갑자기 악인이 되니까 방심해서는 안 된다고 말했던 것을, 그때 당신은 나더러 좀 흥분한 것이 아니냐고 주의시켜 주었습니다. 그리고 어떤 경우에 선인이 악인으로 변하느냐고 물었습니다. 내가 단지 한마디로 돈이라고 대답했을 때 당신은 못마땅해 하는 얼굴 표정을 지었습니다. 나는 당신의 그 얼굴을 지금도 기억하고 있습니다. 지금 당신에게 고백하지만 나는 그때 삼촌에 대한 생각을 하고 있었습니다. 보통 사람이 돈을 보고 갑자기 악인이 되는

예로서, 세상에 믿을 만한 사람은 하나도 없다는 예로서 증오와 함께 나는 삼촌을 생각하고 있었던 것입니다.[110]

〈마음〉이란 작품의 주인공 선생은 선량한 사람이 악인으로 변하게 되는 것은 한마디로 돈 때문이라고 역설한다. 삼촌에게 자신의 유산을 횡령당했다고 생각하는 선생의 마음속에서는 '세상에 믿을 만한 사람은 하나도 없다'라고 하는 인간 불신의 관념이 강하게 자리잡게 된다.

〈그 후〉에서 〈명암〉에 이르기까지 아사히신문사에 입사하여 발표한 거의 대부분의 작품에서 금전의 마력과 금전을 매개로 한 문제가 계속해서 묘사되었다.

나쓰메 소세키는 작품 속에서 금전의 위력과 마력에 대한 명확한 해답을 제시하지는 않았다. 하지만 그 당시 《아사히신문》의 독자들은 인간관계에 있어 금전의 위력과 타산, 금전의 탐욕으로 인한 굴절된 인간상의 묘사 등을 흥미와 공포, 혹은 두려움을 갖고 읽어 나갔을 것이다.

110 夏目漱石, 〈心〉·〈道草〉, 《漱石全集》, 第六巻(岩波書店, 1966), 168-169쪽.

17. 나쓰메 소세키와 이와나미서점과의 관계

나쓰메 소세키가 1914년(大正 3) 4월 《아사히신문》에 발표했던 작품 〈마음〉은 수많은 그의 소설 가운데서도 걸작으로 일컬어지고 있다.

〈마음〉은 메이지 시대 말인 1910년대를 배경으로 하여 도쿄제국대학 학생인 '나'가 서술해 나가는 형식으로 시작된다. "선생과 나", "양친과 나", 그리고 '나'에게 우송된 '선생'의 서간체 유서인 "선생과 유서" 등 상 · 중 · 하로 구성되어 있다.

한국 문학, 한국 문화 연구자인 김갑수와 정선태는 〈마음〉이라는 작품은 대체적으로 스토리 전개는 복잡하지 않은 데 비해, 내용이 일본적인 것이 많이 나타나 있고, 이리저리 꼬여 있기 때문에 한 번 읽어서는 이해하기 어려운 점이 많다고 평했다.[111]

〈마음〉이라는 작품을 '일본인 문학 연구자들이 묵시적 합의를 통해 일본 근대문학의 최대의 정전正典으로 인정하고 있는 것이 아닌가?' 하는 의심

111 교육방송(EBS), 〈나쓰메 소세키의 "마음"(책과 함께 하는 세상)〉. 2002년 1월 25일 오후 8:30-9:00에 방영된 내용 가운데 사회자 김갑수와 토론자 권혁건, 정선태의 작품평을 참고하기 바람.

이 전혀 들지 않는 것도 아니지만 인간관계의 갈등 구조 묘사, 지식인의 이기심 등 인간 심리의 변화되는 모습을 냉철하게 분석한 걸작임에는 틀림없다.

〈마음〉은 1914년에 《아사히신문》에 연재된 후 같은 해 9월에 이와나미서점岩波書店에서 출판되었는데 그 출판 사정이 좀 색달랐다. 나쓰메 소세키의 도쿄제국대학 제자 가운데는 이와나미 시게오岩波茂雄라고 하는 좀 색다른 사람이 있었다. 신슈信州의 사람으로 제일고등학교 시절에 아베 요시시게安部能成과 아베 지로阿部次郎라고 하는 사람들과 친구였다. 도쿄제국대학 철학과를 졸업한 뒤 고서점을 도쿄의 간다神田에서 열었지만 그의 이상은 출판이었다.

그러나 출판을 하기 위해서는 상당한 자금과 훌륭한 저자의 원고가 있어야만 가능했다. 이와나미 시게오는 가끔 나쓰메 소세키와의 관계를 이용하여 나쓰메 소세키를 찾아가 그의 저서를 출판하고 싶다고 제의했다.

이와나미 시게오의 부탁을 들은 나쓰메 소세키는 자신의 저서 출판을 승낙했다. 나쓰메 소세키로부터 출판 승낙을 얻어낸 이와나미 시게오는 기세 좋게 '그러면 선생님, 하시는 김에 출판을 할 비용을 빌려 주십시오'라고 부탁을 했다.[112]

당시 나쓰메 소세키는 일본에서 가장 인기 있는 작가였기 때문에 큰 출판사가 계약을 하자고 늘 그를 따라다닐 정도였다. 그 틈바구니를 비집고 들어온 이와나미 시게오의 용기도 상당한 것이지만 고심해서 쓴 작품을

---

112 吉田精一, 〈解說, 夏目漱石の人と作品〉, 《こころ》(ポプラ社, 1988), 292-294쪽 참조.

제자가 출판할 수 있게 해 준 나쓰메 소세키의 제자 사랑도 칭찬해 좋을 것이다.

나쓰메 소세키는 자신의 책의 표지도 직접 고안했다. 《소세키 전집漱石全集》이라고 하면 많은 사람들은 이와나미서점에서 출판된 붉은 바탕에 어떻게 읽어야 좋을지 모르는 고대의 한자를 새하얀 색깔로 뽑아 낸 표지를 생각해 낼 것이다. 이는 나쓰메 소세키가 직접 고안한 도안으로 〈마음〉에서 처음으로 사용된 바 있다.

게다가 나쓰메 소세키는 자신이 붓을 들어 책의 광고문까지 작성했다. '자신의 마음을 붙잡으려고 바라는 사람들에게 인간의 마음을 붙잡을 만한 이 책을 추천한다'라는 광고문은 이와나미 시게오의 부탁으로 만든 것이다.

이와나미 시게오가 창업한 이와나미서점이 오늘날과 같이 대형 출판사로 성장할 수 있었던 이유 가운데는 〈마음〉 출판이 인연이 되어 나쓰메 소세키가 사망한 다음 출판한 《소세키전집》이 히트한 것이 토대가 되었음을 부정할 수는 없을 것이다.

이제까지 이와나미서점에서 출판한 《소세키전집》은 천만 부를 넘고 있다. 그 외 이와나미서점에서 발간하여 판매된 나쓰메 소세키의 생애와 작품에 관계된 문고본이나 단행본을 포함하면 나쓰메 소세키 문학 관계 저서 판매량은 실로 방대하다.

18. 박사학위 수여 거부

1910년(明治 43) 6월 초순, 나쓰메 소세키는 위궤양 진단을 받고 병원에 입원했다. 한 달쯤 지나 몸 상태가 좋아지자 8월 초순 전지 요양을 위해 이즈伊豆의 슈젠지修善寺 온천에 조용히 쉬러 갔다.

나쓰메 소세키는 온천에 온 이후 약 20일쯤 지나 500그램의 대토혈을 한 뒤 약 30분쯤 의식불명 상태에 빠져 죽음 일보 직전까지 가는 경험을 하게 된다. 놀란 가족들이 각지의 친지에게 나쓰메 소세키가 위독하다는 전보를 치기도 했다.

그러나 응급조치가 효과가 있어 9월 이후에 소강상태를 유지하여 10월 중순까지 요양을 계속했다. 도쿄로 되돌아온 후에도 병원에 다시 입원하여 다음 해인 1911년(明治 44) 2월에 퇴원을 했다. 나쓰메 소세키는 약 30분간의 의식불명 상태에 의해 시간과 공간을 초월했던 이때의 경험을 후에 〈생각나는 일 등思い出す事など〉이라는 수필에 자세히 적었다.

간신히 건강을 회복한 1911년 2월 하순에 일본 문부성에서 나쓰메 소세키에게 박사학위를 수여한다는 통지가 왔다. 그러나 나쓰메 소세키는 일본에서 학문 · 문예의 양계兩界에 이르는 추세를 생각해 볼 때, 현재의 박사 제도는 공功이 적고 폐幣가 많다고 믿고 있다. 〔…〕

박사가 아니면 학자가 아닌 것으로 세상에서 생각할 정도로 박사학위에 가치를 부여한다면 학문은 몇몇 박사의 전유물이 되어 소수의 학자적 귀족이 학권学権을 장악해 버리게 되는 동시에, 박사 선출에서 낙선된 다른 학자는 완전히 일반으로부터 등한시되는 결과가 나타나 좋지 않은 폐해의 속출 우려가 있다[113]

라고 지적하며 문부성에서 수여하는 박사학위를 끝까지 받지 않았다.

나쓰메 소세키는 1911년 2월 21일(화)에 문부성에 보낸 편지에도

소생은 오늘날까지 단지 나쓰메夏目 아무개로 살아왔고, 앞으로도 단지 나쓰메 아무개로 살고 싶은 희망을 가지고 있습니다. 따라서 저는 박사학위를 받을 수가 없습니다. 이번에 폐를 끼치고 번거롭게 부탁드린 것은 본의가 아닙니다만, 이와 같은 사유로 인하여 학위 수여를 거부하려고 생각합니다[114]

라고 문부성 담당자에게 박사학위 수여 거부 이유를 명확하게 밝혔다.

당시 시대에 박사博士와 장관大臣은 일반 사람들로부터 최상의 명예와 권위로 생각되던 시대였다. 연구자 혹은 예술가에게 있어서 최고의 명예로 여겨졌던 문부성에서 수여하는 박사학위를 스스로 거부했던 나쓰메 소세키의 행동을 보고 당시의 일본 국민들은 '괴팍한 사람', '준다면 받는 것이 득이다', 또는 '실로 통쾌한 일이다'라고 말했다.

---

113 夏目金之助, 《漱石全集》, 第十六巻(岩波書店, 2003), 360-362쪽.

114 夏目金之助, 《漱石全集》, 第二十三巻(岩波書店, 1996), 408-409쪽.

19. 고등유민

작품 〈그 후〉가 도쿄와 오사카의 《아사히신문》에 110회 걸쳐 연재된 시기는 1909년(明治 42) 6월 27일부터 그해 10월 14일까지이다.

〈그 후〉의 주인공인 나가이 다이스케長井代助는 대학을 졸업하고 수년이 지나 서른 살이 되었는데도 의도적으로 직업을 갖지 않고 지내고 있다. 그는 먹고살기 위해 직업을 갖는 것을 경멸했기 때문에 취직을 안 하고 놀며 지내는 것이다.

당시에 일본에서 대학이라는 것은 도쿄제국대학 하나밖에 없었다. 때문에 다이스케가 적당한 직업을 찾아 일을 하려고 하면 얼마든지 할 수 있는 상황이었다. 그런데도 다이스케는 부친과 형으로부터 매월 생활비를 받아 취미생활을 하며 하루하루 보내고 있다.

다이스케는 자신이 일을 하지 않는 이유를 '서양과 일본의 관계가 나쁘기 때문에', 혹은 '먹고살기 위해 직업을 갖는 것을 경멸'하고 있기 때문이라고 항변한다. 그는 '빵과 관련된 경험을 가장 저열한 것'으로 여기며 스스로를 직업에 의해 더럽혀지지 않은 고귀한 부류로 치부하고 있다.

나쓰메 소세키는 〈그 후〉라는 소설에서 '고등유민'이라는 개념을 처음

사용하는데 그 뜻은 '고학력의 한량'쯤으로 풀이된다. 다이스케는 본가로부터 나와 한 채의 집에서 서생과 부엌일을 하는 아주머니를 두고 이른바 '고등유민'으로 살고 있는 것을 결코 부끄러워하지 않는다.

작품 〈그 후〉가 발표되었던 1909년은 메이지 유신 이후 약 40년간 서구 자본주의의 도입과 더불어 노동과 생산이 사회의 중심가치가 되었던 시대였다. 일본의 젊은이들 사이에서는 개인의 노력과 능력을 통해 부와 명예를 얻고자 하는 입신 출세주의가 자리 잡아 가는 시대였다. 고통스러운 노동을 이겨내는 것은 시대가 요구하는 기본 덕목이었다. 그와 같은 시대에 대학을 졸업하고 고등유민을 자처하며 놀며 지내고 있는 다이스케는 보수적인 어른들의 눈으로 보았을 때 분명 반사회적인 존재이다.

때문에 다이스케의 아버지 나가이 토쿠는 다이스케를 만날 때마다 '인생을 살아가는 데 가장 중요한 것은 성실과 열의'라고 항상 강조했던 것이다. 그런데 다이스케는 아버지가 강조하는 '성실과 열의'라는 덕목을 애써 외면하며 살아가고 있다.

나쓰메 소세키는 다이스케의 언행을 통해 시대와 사회에 대한 문명 비판을 전개하고 있음은 명백하다. '외발적 개화', 즉 나쓰메 소세키는 '주체의 형성 과정을 거치지 않은 수동적이면서 수박 겉핥기 식의 근대화야말로 근대 일본의 비극'이라는 인식을 표현하고 있는 것이다.

또한 그는 다이스케의 행동을 통해 노동과 생산을 기본적인 가치 질서로 삼고 있는 자본주의적 세계관에 대해 이의를 제기하고 있는 것이다.

나쓰메 소세키의 다른 작품에도 다이스케와 같은 고등유민 사고를 갖고 살아가는 주인공들이 등장한다. 〈마음〉의 주인공인 '선생' 역시 대학을 졸업했는데도 불구하고, 취업을 안 하고 물려받은 유산으로 생활하는 이른바 고등유민이다.

나쓰메 소세키는 일본이 급격하게 근대화되어 가는 과정 속에서 〈그 후〉의 '다이스케'와 〈마음〉의 '선생' 등의 인물 묘사를 통해 고등유민이라는 근대 지식인의 새로운 유형을 창조해 내었던 것이다.

20. 만주와 한국 여행

20-1. 만주와 한국 여행 코스

나쓰메 소세키가 만주와 한국을 여행하게 된 것은 도쿄대학예비문 시절부터 친구 사이였던, 당시 남만주철도주식회사의 총재 나카무라 제코의 초청에 의해 이루어졌다.

나쓰메 소세키는 일생에 두 번 해외로 나갈 기회가 있었다. 첫 번째는 1900년(明治 33)부터 1903년(明治 36)까지의 영국 유학, 두 번째는 만주와 한국(당시 조선) 여행을 위해서였다. 만주를 여행할 것을 결심한 나쓰메 소세키는 나카무라 제코와 함께 중국 대련大連으로 출발할 예정이었으나 갑자기 급성 위병에 걸려 나카무라 제코가 먼저 출발했다.

1909년 8월 〈그 후〉를 탈고하고 난 후 9월 2일 도쿄를 출발하여 오사카에서 데쓰레이마루鉄嶺丸라는 배를 타고 대련으로 향했다. 그는 46일간 만주와 한국을 여행하고 같은 해 10월 17일 도쿄로 되돌아왔다.

나쓰메 소세키의 생애 두 번째 이국異国 체험이었던 만주와 한국 여행은 약 2년간의 영국 유학과는 비교할 수 없는 안락한 여행이었다. 왜냐하면 영국 유학 당시에는 동양의 가난한 나라에서 당시 세계 최고의 선진국이었던 영국으로 공부하러 간 유학생 신분이었는 데 비해, 만주와 한국 여행을 할 때에는 전 도쿄제국대학 교수, 현 아사히신문사 소속의 일본에서 인정받는 소설가 신분이었기 때문이다. 더욱이 당시 일본의 식민지 통치 최고 권력자 가운데 한 사람이었던 남만주철도주식회사 나카무라 제코 총재의 초청에 의해 이루어진 여행이었으므로 가난했던 영국 유학 시절과는 비교할 수 없는 극진한 대우를 받았다.

하지만 나쓰메 소세키는 복통과 설사, 치질의 한 가지인 치루痔漏 등의 지병을 갖고 여행길에 올랐기 때문에 유쾌한 여행이었다고 볼 수 없다. 본인의 건강 상태는 물론 만주 화장실의 위생 상태가 좋지 않았으므로 여행 중 불편함이 없을 수 없었다.[115]

당시 남만주철도주식회사는 단순한 철도회사가 아니라 대일본제국주의의 국책 사업을 담당하던 식민지 경영 회사로 여객 운송업뿐만 아니라 광산, 제철, 공업, 상업, 호텔 경영, 오락시설 운영 등 다방면의 사업을 총괄하고 있었다. 쉽게 설명하면 대일본제국의 제반 이익을 위한 국영기업 역할을 했던 회사이다.[116]

나쓰메 소세키의 일기를 분석해 보면 그는 만 나이 42세 때에 만주의 대련大連, 여순旅順, 능악성態岳城, 봉천奉天, 하얼빈, 장춘長春을 여행한 후, 1909년 9월 28일에 한국 신의주에 도착했다. 그리고 같은 해 9월 30일에 서울(당시의 경성)에 도착하여 10월 13일까지 16일간 서울에 체재하면서 서울

115 川村湊, 〈漱石の何でも見てやろう—満韓の旅より〉, 《夏目漱石と明治日本》, 文芸春秋平成16年12月臨時増刊号(文芸春秋, 2004), 64-65쪽 참조.

116 위의 논문, 63-65쪽 참조.

당시 남만주철도주식회사의 총재 지위에 있었던 학창 시절 친구 나카무라 제코(왼쪽)와 나쓰메 소세키(오른쪽).

시내와 인천, 개성 등을 둘러보았다.

일본에 귀국한 나쓰메 소세키는 〈만한 이곳저곳滿韓ところどころ〉이라는 기행문을 도쿄와 오사카의 《아사히신문》에 1909년 10월 21일부터 12월 30일까지 게재했다. 그는 〈만한 이곳저곳〉을 통해 변모해 가는 만주의 모습과 함께 옛 친구와의 재회, 학생 시절의 추억 등을 묘사했다. 그러나 〈만한 이곳저곳〉은 당시 일본 독자들로부터 그다지 좋은 평가를 받지 못했다.[117]

나쓰메 소세키는 위병胃病 때문에 몸이 정상이 아닌 상태에서 여행을 했기 때문에 공적인 연회에도 참석을 하지 못하는 경우가 많았다. 그가 만주에서 둘러본 곳은 만철 본사, 대련중앙시험소, 사격장, 세관, 러일전쟁 승리품 진열장, 군병원, 이백삼고지二百三高地 등이다.[118]

나쓰메 소세키가 만주와 한국을 여행하면서 만난 사람은 아래와 같다.

도쿄대학예비문 시절 친구로 당시 남만주철도주식회사의 총재로 있던

117 荒正人, 앞의 책, 88-89쪽 참조.

118 吉本隆明, 《漱石の巨きな旅》(日本放送出版協会, 2004), 21-22쪽 참조.

나카무라 제코, 도쿄제국대학 영문과 출신으로 당시 대련 세관장으로 근무하고 있던 다치바나 마사키, 구마모토 제오고등학교 제자로 당시 만철 본사에 근무하고 있던 마타노 요시오, 성립학사 시절부터 친한 친구로 동북제국대학 교수였으나 당시 몽골의 축산업 사정을 조사하러 만주에 나와 있었던 하시모토 사고로, 성립학사 시절의 친구로 당시 여순의 경시총장警視総長이었던 사토 도모쿠마, 도쿄대학예비문 시절의 친구로 당시 평양철도관리국에 근무하고 있던 오기 히토시, 서울에서는 구마모토 제오고등학교 시절의 친구였던 아사히 에이키, 제오고등학교 시절의 제자였던 야노 요시지로, 제일고등학교 시절의 친구였으며 영문학자인 야마가타 이소오 등으로 소세키는 그들을 만나 학창시절의 추억을 회상했다. 그는 만주와 한국 여행을 통해 일본인들이 만주, 한국에 가서 어떤 일을 하고 어떻게 생활하고 있는가를 확인했다.[119]

나쓰메 소세키가 〈만한 이곳저곳〉을 발표하기 이전에는 일본인의 민족주의 편견을 비판하고 일본 근대화의 문제점에 대해 문제를 제기했다. 그러나 만주와 한국 여행 이후에는 〈만한 이곳저곳〉을 통해 '중국인을 보니 참으로 가엾게 생각되었다. 다행히도 일본인으로 태어난 것을 행복으로 생각했다'라는 글을 발표했다.

나쓰메 소세키가 중국 대련에 도착하여 받은 첫 인상은 그리 좋은 것이 아니었다.

해안 위에는 많은 사람들이 늘어서 있다. 그러나 늘어선 사람들 대부분은 중국

---

119 巖谷大四, 앞의 책, 126-140쪽 참조.

> 인 쿨리coolie로 한 사람을 보아도 더럽지만 두 사람 모이면 더 보기 흉하다. 이렇게 많이 모여 있으면 더욱 무질서하게 보였다. 나는 갑판 위에 서서 멀찍이 이 집단을 내려다보면서 정말로 묘한 곳에 왔다는 생각이 들었다.[120]

당시 일본으로부터 억압을 받고 있는 중국의 부두 노동자들의 남루하고 지저분한 행색을 보고 중국인 노동자들을 '쿨리'로 경멸하여 표현했던 것이다. 또한 부두 노동자들을 '한 사람을 보아도 더럽지만 두 사람 모이면 더 보기 흉하다'라는 표현은 당시 일본을 대표하는 지식인이었던 나쓰메 소세키의 글에 실릴 내용으로서는 어울리지 않는 표현이었다.

또한 〈만한 이곳저곳〉에 나타난 '불결한 중국인' · '불결한 중국 국민' · '쨩チャン'(중국인에 대한 비하 표현. 짱콜라의 약칭) 등의 표현을 고려해 볼 때, 나쓰메 소세키는 중국인의 나쁜 위생 상태를 부각시키면서 일본인을 일등 국민으로 비교하여 묘사했다.

나쓰메 소세키의 중국인 표현 문제에 대하여 아래와 같이 비판하는 연구자도 있다.

> '짱'은 '짱콜라'의 약칭으로 중국인을 이르는 멸칭인데, 소세키는 경망스럽게도 대신문에 연재되는 기행문에 이런 말을 아무렇지도 않게 썼다. 그는 〈만한 이곳저곳〉의 도처에서 '더럽다'는 말을 수없이 썼을 뿐만 아니라, '깨끗한 것을 좋아하는 일본인이 아무리 청소를 해도 여전히 냄새가 나는'이라고 언급하는 등 민족 차별적인 언사를 주저 없이 사용하였다.[121]

120 夏目漱石, 《夏目漱石全集7》(筑摩書房, 2001), 442-443쪽 참조.
121 유상희, 앞의 책, 160쪽.

위와 같은 나쓰메 소세키의 중국인 비하 표현은 그가 중국, 만주 여행을 통해 느꼈던 사실을 있는 그대로 기행문에 쓴 것이라고 하더라도, 억압받고 있는 이웃나라를 바라보는 일본을 대표하는 지식인의 시선의 한계를 드러낸 것임에 틀림없다.[122]

당시 나쓰메 소세키의 일기와 서간문을 분석해 보면 한국의 자연 풍경과 고유 문화에 대하여 관심을 갖고 유심히 지켜보았던 흔적이 있다. 하지만 영국 유학시절의 나쓰메 소세키의 사상, 금전관, 예술관 등이 많은 연구자들에 의해 계속해서 연구되고 있는 것에 비교하면, 그의 두 번째 해외여행이었던 만주와 한국의 여행에 관해서는 나쓰메 소세키 문학 연구사 속에서 그렇게 활발하게 연구되어졌다고는 보기 어렵다.

그것은 이 만주와 한국의 여행이 나쓰메 소세키의 정신사에 커다란 영향을 미치지 못했다는 연구자들의 판단 때문일 수도 있고, 〈만한 이곳저곳〉이 예술성이 부족하기 때문에 연구자들로부터 외면당하고 있는 면도 무시할 수 없다.

20-2. 나쓰메 소세키와 서울 남산 소나무

나쓰메 소세키는 한국을 방문하기 1년 전(1908년)에 발표했던 작품인 〈몽십야〉 "제육야第六夜"를 통해 소나무의 아름다움에 대하여 대단히 정밀하게 묘사했던 적이 있다.

"제육야"에는 일본 가마쿠라 시대의 대표적인 조각가 운케이運慶가 등장

122 96くまもと漱石博推進100人委員会 編, 《漱石の四年三カ月くまもとの青春》(96くまもと漱石博推進100人委員会, 1997), 162-164쪽 참조.

한다. 운케이가 호국사 정문에서 인왕仁王을 새기고 있다는 소리를 듣고 주인공인 내가 가서 보았더니 정문 5, 6칸 떨어진 곳에 커다란 적송赤松이 있었다. 그런데 그 적송 줄기가 비스듬히 정문의 기와를 가리며 멀리 푸른 하늘까지 뻗어 있다. 그리고 소나무의 초록빛과 붉게 칠한 문이 서로 잘 어울려 근사하게 보였다. 그런데다가 '소나무의 위치가 좋아서 눈에 거슬리지 않을 만큼 왼쪽 끝을 비스듬히 가르며, 위쪽으로 올라갈수록 폭이 넓어져 지붕까지 뻗어 있는 것이 어쩐지 고풍스럽게 보인다'라고 묘사했다.[123]

한국을 방문하기 전에 이미 소나무의 아름다운 자태姿態에 대하여 묘사했던 적이 있었던 나쓰메 소세키는 만주를 여행을 마치고 1909년 9월 28일(화)에 한국 신의주에 도착했다. 그는 당일 11시 30분 점심을 먹고 소형 증기선으로 압록강鴨緑江을 건너 한국에 들어왔다.

나쓰메 소세키는 신의주에 도착해서 받았던 첫인상을 아래와 같이 하이쿠로 일기에 적었다.

> 한번 조선에 들어가 보니 사람들이 모두 하얗다.
> 물이 푸르고 잔잔하다. 적토赤土와 작은 **푸른 소나무**를 본다.
> 그리운 흙 냄새 소나무 가을[124]

나쓰메 소세키는 당시 온통 흰옷을 입고 있는 한국인과 한국의 자연풍경 가운데, '잔잔하고 푸른 시냇물'과 '푸른 소나무'에 관심을 나타내었다.

---

123 夏目漱石, 《夢十夜 他二篇》(岩波書店, 1986), 24-25쪽 참조.
124 平岡敏夫 編, 《漱石日記》(岩波書店, 1994), 128쪽.

이후 9월 30일(목) 오후 2시 50분에 평양을 출발하여 당일 10시가 넘어 서울의 용산에 도착했다. 서울에 도착하여 곧바로 당시 순 일본식 여관이었던 천진여관天津旅館의 다다미 12장이 깔린 큰 방에 묵었다.

서울에서 하룻밤을 잔 다음 날인 10월 1일(금) 아침에 나쓰메 소세키는 처음으로 서울 남산南山에 올라가서 그곳에 서 있는 소나무에 대하여 관심을 나타낸다.

> 아침에 스즈키 시즈카鈴木穆 오다. 기쿠치 타케이치菊池武一 오다. 여러 가지로 친절하게 도와준다. 오사카 아사히신문사의 야마모토 미쓰조山本光三 씨가 찾아오다. 뒤에 있는 남산에 올라가다. 1시에 돌아가다. — **남산의 소나무**, 통감부, 조망 북한산北漢山. 가는 도중 서울프레스에 야마가타 씨를 찾아가다. 점심 먹으러 갔기 때문에 없다.[125]

나쓰메 소세키는 이날 남산에 서 있는 소나무를 인상 깊게 바라다보면서, 당시 남산 중턱에 세워져 있었던 일본 통감부統監府와 멀리 보이는 북한산을 바라보았다.

10월 6일(수)에는 흥선대원군의 별장이었던 석파정石坡亭을 보러 갔다. 석파정은 창의문 밖 부암동 고개에 있던 흥선대원군 별장으로 조선 말기의 대표적인 별장이다. 당시 자하문 밖 경치 좋은 산에 조그만 골짜기와 커다란 바위, 큰 고목 소나무를 배경으로 두른 이곳은 국내에서도 아름다운 별장으로 정평이 나 있는 곳이었다.

---

125 위의 책, 133쪽 참조.

1909년 10월 6일 나쓰메 소세키는 서울에 있는 흥선대원군의 별장이었던 석파정을 찾아가는 도중에 경복궁을 지나 세검정 쪽으로 걸어가면서 좌우 산에 있는 소나무를 인상 깊게 보았다. 당시 나쓰메 소세키가 찾아갔었던 석파정(저자 촬영).

석파정은 안태각安泰閣 · 낙안당樂安堂 · 망원정望遠亭 · 유수성중관풍루流水聲中觀風樓 등 여덟 채의 건물로 이루어졌다. 대원군이 자신의 아호를 '석파石坡'로 했을 만큼 이곳은 아낌을 받았고 그래서 하늘을 찌를 듯한 그의 권세와 풍류가 깃들어 있는 곳이었다.[126]

나쓰메 소세키는 석파정을 보기 위해 세검정 쪽으로 걸어가며, 아래와 같이 돌과 소나무에 대한 인상을 일기에 적었다.

> 석파정으로 간다. 경복궁景福宮 왼쪽을 지나가 북한산 길을 오른다. 비탈길에서 차를 내린다. 길에는 모래뿐이고 아름답다. 하늘은 닦아 놓은 것 같이 맑다. 좌우에는 **돌산에 소나무**가 있다. 북문北門으로 나간다. 문을 나가 돌이켜 보니 아치 속에 산꼭대기와 **돌과 소나무**와 하늘이 떠오른다. 그리고 길이 좁아진다. 세검정洗劍亭에 다다르다. 강가의 정자이다. 강에는 돌뿐이다.[127]

126 鄭在貞 外, 《서울 근현대 역사기행》(혜안, 1998), 27-29쪽 참조.

나쓰메 소세키는 석파정을 보러 가기 위해 경복궁을 왼쪽으로 지나 현재의 부암동 고개를 넘어 세검정을 향해 걸어갔던 것이다. 부암동 고개에서 세검정을 향해 가는 길의 양옆의 산에 있는 아름다운 돌과 소나무를 본 그는 하늘이 닦아 놓은 것 같이 맑은 가운데 좌우의 돌산에는 '소나무'가 있다고 일기에 적었다. 그리고 산꼭대기에 돌과 소나무와 하늘이 떠오른다고 시詩를 쓰듯이 일기에 적었다.

나쓰메 소세키는 10월 9일(토) 도쿄에 살고 있는 도쿄제국대학 영문과 재직 시절의 제자였던 규슈 오이타 현大分県 출신인 노가미 토요이치로野上豊一郎에게 보낸 그림엽서에 아래와 같은 글을 썼다.

> 그동안 소식을 전하지 못했다. 지난달 30일에 와서 아직 머물고 있다. 2-3일 안에 떠날 예정이다. 잡지 가게에 '잡지 새로 도착'이라는 빨간 천이 걸려 있어서 들어가 보았더니 10월의 《호토토기스》와 《중앙공론》 등이 있었다. 자네 소설과 고미야小宮, 아베安倍 등의 논문이 있었다. 읽어야지 하면서 아직 못 읽었다. 조선은 날씨가 좋은 나라다. 가을의 맑은 날씨 **산봉우리 위에는 한 그루 소나무**. 모두에게 안부 전해 다오.[128]

여기서도 서울에서 본 소나무에 관심을 나타냈다.

또한 같은 날(10월 9일) 도쿄 간다구에 살고 있는 도쿄대학 영문과 재직 시절의 제자, 가고시마 현 출신인 노무라 덴시野村伝四에게 그림엽서에 아래와 같은 글을 써서 보낸다.

---

127 平岡敏夫 編, 앞의 책, 138-139쪽 참조.
128 夏目漱石, 《漱石全集》, 第14巻(岩波書店, 1966), 778쪽 참조.

> 네가 가고시마에서 돌아오기 전에 나는 만주로 여행을 떠났다. 지금 서울에 와서 조선인을 매일 보고 있다. **서울은 산이 있고 소나무가 있어 좋은 곳**이다. 일본인이 많기 때문에 일본(내지)에 있는 것과 똑같다.[129]

나쓰메 소세키는 같은 날(10월 9일)에 쓴 일기에 서울 '남산의 소나무가 희미하게 보인다'라고 적었다.[130] 다음 날인 10월 10일(일) 그는 점심을 먹은 후 사카이데坂出 씨와 이야기를 나누다가 4시가 넘어서 남산에 올라 '소나무와 계곡이 놀랍게도 어울리는 곳이 있다'라고 일기에 적었다.[131]

나쓰메 소세키는 일기를 통해 남산에 서 있는 소나무와 계곡이 대단히 잘 어울린다고 표현했던 것이다.

10월 11일(월) 나쓰메 소세키는 아침 7시에 일어나서 세수를 하고 남산에 다시 올라갔다.

> 부처에 바친 수건이 작은 전나무에 매달려 있었다. **남산의 소나무**가 안개에 둘러싸여 회색 속에 약간 푸른빛을 띠고 있었는데 점점 밝아졌다. 계곡 밑에 자그마한 집이 있고 앞은 절벽이고 옻나무가 단풍 들어 어깨에서 마른 갈색을 띠고 있다. 위에는 **소나무가 여기저기 보인다**. 8시에 돌아간다.[132]

라고 적었다.

이 날도 안개 속에 둘러싸여 있는 남산의 소나무에 대하여 깊은 애착을

129 위의 책, 778쪽.
130 平岡敏夫 編, 앞의 책, 141쪽 참조.
131 위의 책, 142쪽 참조.
132 위의 책, 142-143쪽.

나타냈다.

그는 1909년 9월 30일에 서울에 도착하여 10월 13일까지 서울에 16일간 체재하면서 삼 일에 걸쳐 남산에 직접 올라가 그곳에 있는 소나무에 애착과 관심을 나타냈다. 그리고 하루는 남산에는 올라가지 않았지만 멀리서 남산에 서 있는 소나무를 강한 인상을 갖고 바라보았다.

나쓰메 소세키는 '산이 있고 소나무가 있어' 서울이 좋다고 표현했으며, 서울의 '남산'과 그곳에 서 있는 '소나무'에 대하여 강한 애착을 갖고 바라보았다. 그는 당시 한국인들이 일본인들로부터 억압, 탄압을 받고 있는 문제에 대하여는 무슨 이유에선지 침묵하면서 서울의 자연 경관에만 관심을 나타냈던 것이다.

16일간의 서울 체류 기간 중에 나쓰메 소세키가 가장 애착을 갖고 관심 있게 보았던 것이 '남산의 소나무'였다는 것은 우리로 하여금 서울의 자연 환경을 새삼 성찰하게 만들고 있다.

나쓰메 소세키가 남산의 소나무에 애착과 관심을 갖게 된 이유는 당시 남산에 옛날부터 커다란 소나무가 많았던 탓도 있지만, 그가 소년 시절부터 배워 익힌 한시 · 한학에 대한 교양이 큰 영향을 미쳤을 것이다. 그리고 서울과 도쿄의 지리적 환경과 자연 경관의 차이도 무시할 수 없는 요인이었다.[133]

133 권혁건, 앞의 책, 42-43쪽 참조.

21. 그림

나쓰메 소세키는 1912년(大正元年) 10월 도쿄 《아사히신문》에 발표한 〈문전文展과 예술芸術〉이라는 평론을 통해 '예술은 자기 표현의 시작이고 자기 표현으로 끝나는 것이다'라는 의미 있는 말을 남겼다.

나쓰메 소세키는 소설가로서뿐만 아니라 그림을 통해 인생을 관망하고 그림 속에 자신의 영혼을 심었던 작가이다. 그는 어려서부터 그림을 좋아했지만 정식으로 그림 공부를 한 적은 없다. 그렇지만 그는 영국 유학 중에 런던에 있는 테이트 미술관 등에 가서 많은 서양 미술을 보았다. 영문학 연구를 위해서라도 서양 미술에 관한 교양이 필요했던 것이다.

비록 정식으로 교육을 받은 적은 없지만 나쓰메 소세키가 그린 그림은 아마추어 수준을 뛰어넘는 수준급이었다. 그는 남화南画(에도 시대 중엽의 문인 화가들이 그린 남종화적인 그림)를 비롯하여 일본화日本画, 수채화水彩画, 자화상自画像 등을 남겼다. 특히 그가 그린 남화는 〈추경산수도秋景山水図〉를 비롯하여 걸작이 많다.[134]

나쓰메 소세키는 영국 유학을 마치고 일본에 돌아와서 스트레스를 받아

134 新潮文庫 編, 앞의 책, 153-154쪽 참조.

1904년 10월, 나쓰메 소세키가 하시구치에게 직접 그려 보낸 그림엽서.

신경이 날카로워졌을 때 신경을 진정시키려고 그림을 그렸다. 또한 세상일의 이런 저런 번민으로부터 벗어나려고 엽서에 그림을 그려 친구 및 지인들에게 우송했다. 자신이 직접 그린 그림으로 지인들과 마음의 교류를 하려고 노력했던 것이다.

나쓰메 소세키는 1904년(明治 37) 10월에 하시구치橋口에게 여성의 나체를 그린 엽서를 보냈다. 당시에 나쓰메 소세키가 나체화를 그렸다는 것을 이해하기 어려운 면도 있으나 그는 자신의 마음속에 숨어 있는 미美의 표현으로서 그림 소재를 여성의 육체에서 찾았던 것이다.

특히 그가 하시구치에게 그려 보낸 나체화는 얼굴은 일본 여성의 모습으로 아래로 향한 눈은 무엇인가 수줍어하는 듯하다. 그러나 가슴과 엉덩이를 비롯한 육체는 서양 여성의 그것처럼 풍만하게 그려져 있다. 오른손을 앞으로 하고 있고 왼손을 뒤로 했다는 것은 개방적이면서도 무엇인가 폐쇄적인 여성의 마음을 상징하고 있다.

나쓰메 소세키는 작품을 통해서 매혹적인 여성을 많이 묘사한 작가이다.

그는 〈몽십야〉 "제일야"를 통해 여자 주인공의 얼굴과 눈동자를 아래와 같이 묘사했다.

> 여자는 긴 머리카락을 베개 위에 깔고, 부드러운 선의 갸름한 얼굴을 그 안에 누이고 있다. 하얀 뺨 밑으로 따뜻한 핏빛이 알맞게 비쳐 보이고 입술 색깔은 물론 빨갛다. 〔…〕
>
> 여자는 눈을 크게 떴다. 커다랗고 젖은 눈이었다. 긴 속눈썹에 감싸인 눈 안은 온통 까맸다. 그 새까만 눈동자 깊숙한 곳에 내 모습이 떠 있다. 나는 투명하리만치 깊어 보이는 그 까맣고 윤기 흐르는 눈동자를 바라보며, 〔…〕[135]

나쓰메 소세키는 〈몽십야〉 "제일야"의 여자 주인공의 새까만 눈동자 깊숙한 곳에 주인공 남자의 모습이 선명하게 떠올라 있는 환상적인 모습을 그렸다.

〈풀베개〉라는 작품에도 여성의 나체를 그린 적이 있다. 그 장면의 일부분을 소개하여 보면 아래와 같다.

> 목덜미를 양쪽에서 안으로 가볍게 좁혀 들더니 무리 없이 어깨로 밀려 떨어지는 선이 풍성하고 동그랗게 꺾여서 아래로 흘러내린 끝은 다섯 개 손가락으로 나누어진 것이리라. 불룩하게 부풀어 오른 두 개의 젖가슴 아래에는 잠시 물러간 물결이 다시 부드럽게 되살아 올라서 아랫배로 뻗쳐 그 느낌을 편안하게 해 준다. 〔…〕 이 모습은 보통 나체처럼 노골적으로 내 눈앞에 내밀고 있는 것도 아니다.[136]

---

135 夏目漱石, 《夢十夜他二篇》(岩波書店, 2004), 7-8쪽 참조.

136 夏目金之助, 〈草枕〉, 七, 《漱石全集》, 第三巻(岩波書店, 2002), 91-92쪽.

그 밖에도 여성 주인공의 매력적인 묘사는 〈산시로〉의 '미네코'와 〈그 후〉의 '미치요' 등의 모습을 통해서도 선명히 그렸다.

1905년(明治 38) 2월에 나쓰메 소세키는 자신의 자화상을 그린 그림엽서를 도이 반스이土井晩翠에게 보냈다. 그는 이 그림 엽서에 '내 초상화를 그렸더니 이런 모습으로 생겼다. 왠지 생기가 없는 모습이다. 폐병 환자 같다'라고 써서 보낸 적도 있다.

22. 〈현대 일본의 개화〉 강연

22-1. 강연을 하게 된 동기

1911년(明治 44) 8월 15일에 나쓰메 소세키는 오사카 아사히신문사의 의뢰로 관서지방에 있는 와카야마시和歌山市에서 〈현대 일본의 개화〉라는 테마로 강연을 했다.

이 강연을 하게 된 동기를 좀더 구체적으로 살펴보면, 오사카 아사히신문사에서 강연에 관한 모든 것을 기획한 뒤, 나쓰메 소세키에게 의뢰하여 소세키가 강연을 수락하는 형태로 이루어졌다.

와카야마시는 오사카에서 기차로 한 시간 정도 걸리는 거리에 있다. 이 도시에는 와카야마 성和歌山城과 일본 불교의 본산이라고 일컬어질 정도로 유명한 보은사報恩寺 등 많은 절이 있는 곳이다.

〈현대 일본의 개화〉라는 강연은 나쓰메 소세키의 새로운 작가 활동의 방향을 나타내는 지표가 되었다. 그리고 이 강연은 그의 사상 핵심이 잘 나타나 있고, 그가 철저하게 문명 비판을 한 강연으로 유명하다. 일본 사회의 문명 비판을 한 이 강연은 일본 사회에 경종을 울렸고, 당시 학생들뿐 아니라 일반 대중에게도 영향을 미쳤다.

22-1. 강연 내용

나쓰메 소세키의 〈현대 일본의 개화〉에 대한 강연 내용은 한 번만 읽어서는 쉽게 이해할 수 없는 내용이 많다.

그는 〈현대일본의 개화〉라는 강연을 통해 개화를 '인간 활력 발현의 경로'라고 정의를 내렸다. 그러나 그가 이 강연을 통해 말하려고 했던 것은 개화의 정의가 아니라. '현대일본의 개화의 문제점'에 대해서 냉정하게 짚어 보려고 했다.

나쓰메 소세키는 '서양의 개화는 내발적이고, 현대 일본의 개화는 외발적'이라고 간단하게 말했다. 그는 마치 꽃이 피는 것처럼 저절로 꽃봉오리가 터져 꽃잎이 밖으로 향하듯이 내부에서 자연스럽게 나와 발전하는 내발적인 서양의 개화에 비해, 현대 일본의 개화는 외발적으로 외부에서 가져와 덮어쓴 다른 힘으로 어쩔 수 없이 이루어진 형식을 취하고 있다고 지적했다.

즉, 메이지 유신 이전까지는 일본은 내발적이고 자연스러운 개화를 수행해 왔지만 메이지 유신 이후의 일본은 서양 문화의 압도적인 영향을 받아 '갑자기 자기 본위의 능력을 잃고 외부로부터 눌리고 눌려서 좋든 싫든 간에 그렇게 하지 않으면 일어설 수 없는 듯한 모양이 되어 버렸다'고 나쓰메 소세키는 강하게 지적했다.

현대 일본의 개화는 착실하게 느릿느릿 걸어가는 것이 아니라 '얏' 하고 기합을 넣은 뒤에 깡충깡충 뛰어가는 모습이라고 쉽게 설명했다. 위와 같은 외발적 개화를 강요받은 국민은 어딘가에 공허감이 존재하고 '불만과 불안의 상념을 품고 살아가지 않으면 안 되게 된다'고 나쓰메 소세키는 경고했다.

오직 서양을 미화하고 그것을 모방하려고 한 개화주의, 근대주의에 문제가 있다는 것을 분명히 지적했던 것이다. 목적지가 어딘지도 모르게 질주해 가는 일본의 장래에 대하여 그는 비관적으로 보았다. 그리고 러일전쟁 이후 일본이 '일등국이 되었다'고 외치는 일부 국민의 소리에도 부정적인 입장을 명확하게 밝혔다.

나쓰메 소세키는 '현대 일본의 개화'는 피상적인 개화라는 사실을 지적했다. 서양인이 100년이나 걸려 가까스로 도착할 수 있었던 것을 일본인은 메이지 유신 후 4, 50년의 교육의 힘으로 도달하려고 하는 데서 무리가 있다고 말했다.

4, 50년의 교육의 힘으로 정점에 도달했다고 가정한다면 일본은 이 놀라운 지식의 수확을 자랑함과 동시에, 완전히 쓰러져 다시는 회복할 수 없는 신경쇠약에 걸려 숨이 끊어질 정도로 헉헉거릴 가능성이 있다고 주장했다.

어떻게 해서 일본이 '이 절박한 고비를 돌파할 것인가?'라는 질문에 어떠한 명안도 없다고 단언했다. 다만 가능하면 '신경쇠약에 걸리지 않을 정도로 내발적으로 변화해 가는 것이 좋으리라'라고 비관적인 결론을 내렸다.

나쓰메 소세키의 '현대 일본의 개화'에 대한 강연은 현대 일본 사회의 숙명적인 불행에 대하여 당시 최고의 지식인이 냉혹하게 개화의 문제점을 지적한 것이다. 이 강연은 〈산시로〉와 〈그 후〉에 나타난 문명 비판과 밀접하게 관련되어 있을 것이다. 특히 〈그 후〉의 남자 주인공 '다이스케'의 일본 사회 비판, 문명 비판과 강연 내용은 연관되어 있을 가능성이 짙다.

23. 〈나의 개인주의〉 강연

23-1. 강연을 하게 된 동기

나쓰메 소세키는 1914년(大正 3) 11월 25일에 학습원대학学習院大学 보인회輔仁会에서 〈나의 개인주의〉라는 테마로 강연을 했다. 강연 내용은 1916년(大正 4) 3월 24일에 보인회 잡지에 게재되었다.

학습원대학은 도쿄 시내 이케부쿠로 근처에 있는 사립 종합대학이다. 1877년 도쿄에 화족회관이 운영하는 학습원이 설립되었는데, 이것이 현재의 학습원대학의 전신이다. 이 대학은 제2차 세계대전 전에는 주로 황족과 화족의 자제들을 교육시키기 위한 대학이었다. 하지만 제2차 세계대전 이후에 사립대학으로 개편되어 현재는 입학자의 신분 제한이 없다.

당시 학습원대학에 재학하는 학생들 대부분이 상류 귀족 계급의 자녀들이었다. 때문에 훗날 일본의 지배계급이 될 젊은이들임을 의식하여 나쓰메 소세키는 이런 학생들에게 뭔가 도움이 되는 이야기를 해 주기 위해 강연을 했던 것이다.

23-2. 강연 내용

〈나의 개인주의〉라는 강연의 주된 내용은 아래와 같다.

나는 대학을 졸업할 무렵 학습원대학에 근무하는 지인의 추천으로 이 학습원 대학의 선생이 되려고 했다. 그러나 결과는 낙방으로 결정이 났다.

대학을 졸업한 후, 1년 뒤에 나는 시코쿠에 있는 마쓰야마중학교에 교사로 부임했다. 후에 1년 동안 마쓰야마에 근무했던 체험을 살려 〈도련님〉이라는 소설을 발표하였다. 〈도련님〉에 등장하는 '아카 셔츠'라고 불리는 교감 선생은 내가 모델이 되었던 것이다.

이후 나는 규슈 구마모토에 있는 고등학교로 자리를 옮겼다. 구마모토에서 고등학교 교사로 근무하던 몇 년째 되던 해에 나는 문부성으로부터 영국 유학을 명령받았다.

나는 대학에서 영문학을 전공했다. 영문학을 전공했지만 영문학이란 학문이 무엇인지, 문학이란 무엇인지 제대로 알지 못한 채 나의 대학생활은 끝이 났다. 그러한 애매한 태도로 세상에 나와 고등학교의 선생이 되었지만 마음속은 항상 공허했다.

나는 이 세상에 태어난 이상 뭔가 해야 한다고 생각했지만 무엇을 하면 좋을지 조금도 어림잡을 수가 없었다. 흡사 안개 속에 갇힌 고독한 인간처럼 꼼짝 못하게 되었다. 나는 이런 불안을 안고 대학을 졸업했고, 마쓰야마에서 구마모토로, 이후 영국까지 건너가 유학을 하게 되었다.

영국 유학 시절에 서양인이 '이것은 훌륭한 시詩다'라고 해도 그것은 서양인의 시각이므로 참고는 할 수 있겠지만 내가 그렇게 생각하지 않는다면 받아들일 수 없었다. 나는 그 후 문예에 대한 내 고유한 입장을 다지기 위해 '자기본위'라는 네 문자를 생각해 내어 그것을 입증하기 위해 과학적인 연구와 철학적 사색에 몰두했다.

권력과 금력이라는 것은 자신의 개성을 과도하게 타인에게 강요하거나

타인을 그 방면으로 유인하거나 할 때, 매우 편리한 도구이다. 권력과 금력의 힘은 대단히 위험성을 가지고 있다. 특히 금력은 인간의 정신을 사는 수단으로 사용할 수 있다.

인격이 없는 자가 무턱대고 개성을 발전시키려고 한다면 타인을 방해하게 되고, 권력을 사용하려 하면 남용으로 흐르게 되고, 금력을 사용하려 하면 사회의 부패를 초래할 것이다.

개인주의라는 것은 결코 국가에 위험을 끼치는 행위가 아니다. 타인을 존경함과 동시에 자신의 존재를 존경하는 주의가 개인주의이다. 알기 쉽게 설명하면 당파심이 없고 옳고 그름이 있는 주의이다.

국가라는 것이 중요할지는 모르지만 그렇게 '아침부터 밤까지 국가, 국가 하면서 국가에 매달리는 듯한 행동은 도저히 가능한 일이 아니다'

라고 강연을 마쳤다.

권력은 '자신의 개성을 타인의 머리 위에 무리하게 강요하는 도구'이며, 특히 금전은 '인간의 정신을 사는 수단'이 되고, '그 사람의 혼을 추락시키는 도구'가 될 수 있기 때문에 염려스럽다고 나쓰메 소세키는 학습원 학생들에게 말했다.

당시 일본 사회에서 개인주의는 '악'이라고 비난받았던 시대였다. 권력자의 횡포에 대해서는 관용적이었고 개인의 자유와 권리를 억압하는 국가주의가 찬미되었던 시대였다. 이러한 시대에 나쓰메 소세키는 〈나의 개인주의〉라는 강연을 통해 금력과 권력의 횡포를 가차없이 비판하고 엄하게 경고하면서 개인주의를 주장한 것이다.

23-3. 개인주의의 의미

나쓰메 소세키가 말하는 개인주의는 결코 국가주의와 반대되는 것은 아니다. 또한 개인주의는 국가를 무너뜨리려고 하는 위험한 주의도 아니다. 그가 말하는 개인주의는 타인을 존경함과 동시에 자신의 존재를 존경하는 주의이다. 알기 쉽게 설명하면 당파심이 없고 옳고 그름이 있는 주의이다.

국가라는 것이 중요할지는 모르지만 그렇게 아침부터 밤까지 국가, 국가하면서 국가에 매달리는 듯한 행동은 도저히 가능한 일이 아니라고 그는 말했다. 그는 '국가가 평온할 때에는 역시 덕의심 높은 개인주의에 중점을 두는 편이 아무리 생각해도 당연하게 느껴진다'고 강연을 마쳤다.

나쓰메 소세키는 개인주의는 결코 국가를 무너뜨리려고 하는 위험한 주의는 아니라고 말했으나 국가주의를 찬양하지는 않았다. 국가주의의 문제점을 지적했던 것이다. 그는 지금의 일본은 국가주의가 아니면 자립할 수 없는 것처럼 선전하고, 개인주의 요소를 유린하지 않으면 국가가 망하는 것처럼 주창하는 사람이 있다고 냉정하게 지적했다.

또한 나쓰메 소세키는 국가주의를 장려하는 일은 아무리 해도 상관없지만 사실 불가능한 일을 마치 국가를 위해 하는 것처럼 가장하는 것은 위선이라고 말했다. 그리고 일본이 지금 바로 망한다거나 멸망의 우려가 있다거나 하는 비상사태가 아닌 이상, 그렇게 국가, 국가하고 떠들고 다닐 필요가 없다고 말했다. 그것은 화재가 발생하기도 전에 소방복을 입고 답답해하면서 시내를 뛰어다니는 것과 마찬가지라고 주장했다.

당시 러일전쟁에서 승리한 일본은 강력한 제국주의 정책을 추진하고 있었다. 당시 일본에서 개인주의는 좋지 않은 것으로 비난받았고, 국가의 발전을 위해 개인의 자유와 권리를 억압하는 국가주의는 찬미되었다.

나쓰메 소세키가 학습원에서 강연하기 바로 직전에 제1차 세계대전이 일어났다. 일본은 영국의 동맹국이라는 이유로 1914년 8월 7일에 선전포고를 하고 독일이 지배하고 있던 중국 산둥성을 공격하기 시작했다. 1914년 11월 7일에는 중국 청도를 점령했다. 신문은 전쟁 기사 일색으로 일본 국민들은 중국 청도 점령에 열광했다.

위와 같은 시대에 나쓰메 소세키는 금력과 권력의 횡포를 가차없이 비판했던 것이다. 나쓰메 소세키가 '개인주의 요소를 유린하지 않으면 국가가 망하는 것처럼 주창하는 사람'이 있는데 그것은 아주 잘못된 것이라고 국가주의의 문제점을 지적한 것은 대단히 의미 있는 일이다.

아사히신문사의 전속 작가로서 신문사로부터 급료를 받아 생활하고 있었던 나쓰메 소세키의 입장에서 국가주의의 문제점을 지적한 것은 보통 용기가 없었으면 하기 어려웠던 것이다.

그러나 한국인 입장에서 보면 당시 일본을 대표하는 지식인이었던 나쓰메 소세키가 국가주의의 문제점을 지적함과 동시에 일본이 제국주의로 치닫고 있는 현실에 대해 한마디라도 비판을 했어야 좋았다고 본다.

일본의 강압적인 한국 지배, 중국 침략 행위에 대해 그가 침묵으로 일관했다는 것은 동아시아인의 입장에서 보면 대단히 아쉽다.

24. 문명 비판

24-1. 문명 비판을 하게 된 원인

나쓰메 소세키는 일본 고유의 문명과 메이지 유신 이후 갑자기 일본에 들어온 서양 문명과의 이질성異質性에 대하여 대학 재학 시절부터 관심을 갖기 시작했다. 이후 영국 유학 시절에 집중적으로 이 문제에 대하여 비교 고찰하는 과정을 거쳤다.

만약 일본의 이상대로 근대화가 잘 진행되었다면 동서의 문명을 융합해서 일본 문화를 핵심으로 하는 신문명이 탄생했을 것이다. 하지만 일본문화를 핵심으로 하는 신문명은 탄생하지 않았다.

실제로는 근대화가 진척되면 될수록 인간들은 뿔뿔이 흩어져 고독해지는 현상이 일어났다. 고독해진 인간들 가운데는 나쓰메 소세키가 런던에서 체험한 것처럼 자아가 소용돌이치고 충돌을 일으켜, 자아를 억제하는 틀이 없어지는 현상이 발생했던 것이다.

나쓰메 소세키는 영국 유학을 통하여 눈부시게 발달된 근대 문명을 좋든 싫든 간에 인정할 수밖에 없었다. 그러나 빛나는 근대 문명의 다른 한편의 그림자 속에는 빈부의 차이뿐만 아니라 모든 것이 금전의 힘에 의해 좌우

되고 있는 것을 알아차렸던 것이다. 지식인이라고 자처하는 사람들도 자기에게 이익이 되는 것에만 관심을 가지면서, 개인적인 에고이즘을 추구하며 살아간다는 것을 알아차리게 된다.

그러한 서구문명의 어두운 부분을 인식하지 않고 서양의 문명을 따라잡고 추월할 수 있는 방법만 맹목적으로 추구하는 일본이 나쓰메 소세키의 눈에는 위험스럽게 보였던 것이다. 그는 앞뒤 안 보고 질주하는 일본의 문명 개화, 근대화가 심하게 불안하고 위험성을 내포하고 있다는 것을 예측했다.

일본의 봉건 시대를 일방적으로 나쁘다고 생각하고 있지만 봉건 시대에 살았던 인간은 그러한 자아를 억제하는 틀로서 예의범절이라든지, 신분 질서와 같은 것을 갖고 있었다. 그 틀 속에서 일본인들은 지적으로는 낮았을는지 모르지만 정신적으로는 안정된 생활을 영위할 수 있었다.

그러나 그와 같은 시대는 이미 지나가 버렸다는 것을 나쓰메 소세키는 영국 유학을 통해 알아차렸던 것이다. 그리고 바야흐로 앞으로 일본 사람 사이에 어떤 유대도 발견할 수 없는 것 같은 쓸쓸하고 고독한 문명 시대가 도래하고 있다는 것을 예견했던 것이다.

즉, 서양의 근대 문명이 모든 면에서 바람직한 것은 아니라는 것이다. 물질적으로는 풍요로울지 모르지만 정신의 문제, 혼魂의 문제에 있어서는 대단히 위험한 점을 내포하고 있는 것을 일찍이 간파했던 것이다. 나쓰메 소세키의 작품이 오늘날 읽히고 있는 것은 근대 문명의 문제점에 대하여 고민하려고 했던 흔적이 있기 때문이다.[137]

137 江藤淳, 《決定版夏目漱石》(新潮文庫, 1984), 328-330쪽 참조.

'서양 문명을 받아들이지 않으면 안 되는 일본 및 일본인은 앞으로 어떻게 변해 갈 것인가?' 하는 문제는 나쓰메 소세키에 있어서 문명 비평의 중요한 원인이 되었다. 영국 유학을 마치고 일본으로 귀국한 이후, 나쓰메 소세키의 문학 활동은 문명 비판과 함께 급격하게 변해 가는 시대를 살아가지 않으면 안 되는 인간의 삶의 방법에 대한 모색이었다.

나쓰메 소세키의 문명 비판이 적나라하게 그려진 작품을 열거하여 보면 〈몽십야〉 "제칠야", 〈산시로〉, 〈그 후〉 등의 작품이다.

24-2. 작품에 나타난 문명 비판

〈산시로〉는 1908년(明治 41) 9월 1일부터 같은 해 12월 29일까지 117회에 걸쳐서 《아사히신문》에 연재된 중편소설이다. 〈산시로〉는 이어지는 작품 〈그 후〉와 〈문〉과 함께 나쓰메 소세키의 전기 삼부작으로 불리고 있다.

〈산시로〉에는 주인공 산시로가 아름답고 세련된 신여성 미네코와의 만남과 헤어짐을 축으로 하여 히로타 선생의 넓은 시야와 문명 비판이 곁들여지고 있다. 또한 넉살 좋고 밉지 않은 친구 요지로와 학구파 선배 노노미야, 순진한 처녀 요시코 등이 등장하여 지식인 청년의 방황과 성장을 보여 주고 있다.

나쓰메 소세키는 〈현대 일본의 개화〉에 대한 강연을 통해, 메이지 유신 이전까지 일본은 내발적으로 자연스러운 개화를 수행해 왔으나 메이지 유신 이후에 서양 문화의 압도적인 영향을 받아 '갑자기 자기 본위의 능력을 잃고 외부로부터 눌리고 눌려서 일어설 수 없는 듯한 모양이 되어 버렸다'고 지적했다.

현대 일본의 개화는 착실하게 느릿느릿 걸어가는 것이 아니라 '얏 하고 기합을 넣은 뒤에 깡충깡충 뛰어가는 모습이라고 말했다. 위와 같은 외발적 개화를 강요받은 국민은 어딘가에 공허감이 존재하고 '불만과 불안의 상념을 품고 살아가지 않으면 안 된다'고 나쓰메 소세키는 경고했던 적이 있다.

나쓰메 소세키는 〈산시로〉에서 히로타 선생의 표현을 빌려 러일전쟁의 승리에 대한 찬미는커녕 전쟁의 결과에 대해 비관적인 결론을 내렸다. 〈산시로〉에서 히로타 선생은 '이런 몰골을 하고 이렇게 볼품없어서는 아무리 러일전쟁에 이겨 일등국이 되어도 소용없지요. 무엇보다 건물을 봐도 정원을 봐도 어느 것이나 볼품이 없는 얼굴과 비슷하다'고 산시로에게 말한다.

주인공 산시로가 '이제부터 일본도 점점 발전하겠지요?'라고 묻자, 이 말을 들은 히로타 선생은 일본은 '망하고 말 거요'라고 단정해서 말했다. 산시로는 고향인 규슈 구마모토에서 그런 말을 하면 얻어터지거나 역적 취급받는다고 말한다.

메이지 천황이 신처럼 떠받들어지고 있는 시대에 일본은 '망하고 말 거요'라고 표현한 것은 성급한 서구화에 대한 문제점과 군국주의의 폭력성에 대한 나쓰메 소세키의 경고라고 볼 수 있다.

이후 히로타 선생은 '구마모토보다 도쿄가 넓고, 도쿄보다 일본이 넓고, 일본보다 머릿속이 넓다'며 '얽매이면 안 된다', '일본을 위한다고 해도 지나친 편애는 오히려 해가 된다'고 산시로에게 충고한다. 히로타 선생은 당시 시대의 현실을 여과 없이 산시로에게 설명해 주고 있는 것이다.

즉, 히로타 선생은 〈산시로〉라는 작품에서 문명비평가로 등장하여 앞으로 일본을 짊어지고 나가야 할 젊은 청년 산시로에게 문명 비판을 이야기하고, 그의 시야를 넓혀 주는 역할을 맡고 있는 것이다.

〈그 후〉의 주인공 다이스케도 날카롭게 문명을 비판한다. 다이스케는 '빵과 관련된 경험을 가장 저열한 것으로 여기며 자기 스스로를 직업에 의해 더럽혀지지 않은 고귀한 부류로 치부'하면서 살아가고 있다.

주인공 다이스케는 자신이 일을 하지 않으며 살고 있는 이유를 '일본과 서양의 관계가 잘못되었기 때문에' '이렇게 서양의 압박을 받고 있는 국민은 정신적으로 여유가 없기 때문에 일다운 일을 할 수가 없다'고 말한다. 다이스케의 '일본과 서양의 관계가 잘못되었기 때문에 자신이 일을 하지 않으며 살고 있다'라는 표현은 문명 비판의 표본이다.

그런데 나쓰메 소세키가 1909년 만주와 한국 여행을 마치고 귀국한 이후에 신경쇠약과 위궤양이 재발하여 고통을 받으면서 발표한 작품에는 '서양 문명 유입에 대한 불안한 마음의 표현'이라든가 '날카로운 문명 비판'을 하는 모습은 묘사되어 있지 않다.

오히려 서양 문명, 문화가 일본에 유입되어 일본이 급격하게 변해 가는 사회에서 살아갈 수밖에 없는 인간의 갈등을 적나라하게 묘사했다. 특히 '젊은 남자 두 사람과 젊은 여자 한 사람의 삼각관계'라든지, '기성세대와 신세대의 가치관의 차이에 의한 충돌', '인간의 에고이즘 분출', '부부간의 갈등과 불안' 등을 정밀하게 묘사했다.

25. 메이지 천황의 죽음과 나쓰메 소세키

25-1. 메이지 천황

일본의 근대화와 근대 작가들에게 큰 영향을 준 인물이었던 메이지 천황明治天皇은 고메이 덴노孝明天皇의 두 번째 황자로서 교토에서 1852년에 태어났다. 이름은 무쓰히토睦仁였고, 1860년 황태자가 되었다. 1866년 12월에 고메이 덴노가 36세의 나이에 급사하자 1867년(慶応 3) 1월 천황으로 즉위하기에는 비교적 젊은 나이인 16세에 천황이 되었다.

메이지 국가의 주권자로서 근대 일본의 발전에 힘쓴 메이지 천황은 1867년 도쿠가와 요시노부德川慶喜의 대정봉환大政奉還[138]을 받아들여 왕정복고王政復古[139]의 명령을 내려 메이지 신정부가 성립되었다.

1868년 8월 천황의 즉위식을 올린 메이지 신정부는 9월에는 연호를 메이지明治라고 새롭게 고쳤다. 이때부터 천황의 당대에는 연호를 하나만 쓰기로 한다는 이른바 '1세 1원一世一元 제도'를 채택했다. 이는 천황이 최고 권위

138 에도 막부가 정권을 메이지 천황에게 이양한 일.

139 1867년 12월에 메이지 천황은 왕정복고의 대호령을 발표하고, 일본의 고대 국가처럼 천황이 직접 정치를 할 것을 분명히 밝힘.

의 통치자라는 것을 민중에게 알리기 위한 조치였다. 그 이전 시대에는 한 사람의 천황이 재위하는 기간 중에도 연호를 여러 번 바꾸었다. 지진이나 홍수 같은 천재지변이나 전염병 등이 있으면 재수가 없다고 여겨 1년만에 연호를 바꾸어 버리는 경우도 있었다.

이후 현재까지 이 제도가 계속되고 있다. 히로히토裕仁 천황의 경우 63년간의 재위 기간 동안 쇼와昭和라는 하나의 연호를 사용했고, 현재의 천황 아키히토明仁는 헤이세이平成라고 하는 하나의 연호를 사용하고 있다.

메이지 천황은 1868년 3월에 에도를 도쿄로 연호를 메이지라고 새롭게 변경했다. 에도를 도쿄로 개칭한 이후 도쿄로 이주하여 에도성江戸城의 명칭을 황거皇居로 바꾸어 천황이 거주하는 궁성으로 지정했다.

도쿄는 서쪽에 있는 원래의 서울인 교토에 대한 상대적인 의미로 동쪽에 있는 서울이란 뜻으로 이름을 붙인 것이다. 천 년 동안의 왕도였던 교토는 수도의 대명사로 줄여서 교京라고 했으며, 그때까지 일본인의 관념 속의 서울은 곧 교토였다. 그러나 메이지 유신 이후부터 도쿄가 일본의 수도가 된 것이다.

메이지 천황은 새로운 시대가 시작되자 우선 제 대명大名의 판적봉환版籍奉還[140]과 폐번치현廃藩置県[141]을 연달아 시행하고 천황을 정점으로 하는 중앙집권 체제를 수립하였다.

그 후 이와쿠라 토모미岩倉具視를 단장으로 한 구미시찰단欧米視察団을 파

140 1869년 일본의 각 영주들이 그들의 영토와 주민을 조정에 반환한 일. 봉건제가 무너지고 중앙집권이 이루어지는 첫 단계 조처가 되었음.

141 번을 폐지하고 지방행정을 현으로 통일한 개혁.

견하였고 사이고 타카모리西郷隆盛가 제기한 정한론을 잠재웠으며, 게다가 입헌제로 옮기기 위한 '조칙詔勅'(천황의 명령)의 발포 등 이제 막 수립된 메이지 신정부를 에워싼 힘든 정치 문제를 재치 있게 처리했다. 또한 이토 히로부미를 유럽에 파견해서 헌법 조사를 맡게 하고, 입헌군주제에 대비하여 여러 가지 제도의 개혁을 도모했다. 특히 내각 제도를 만든 것은 그의 크나큰 정치적 개혁이었다.

1889년(明治 22) 2월에는 '대일본 제국은 만세일계万世一系의 천황이 통치한다', '대일본 제국은 천황의 나라이고, 주권은 천황에게 있고, 국민은 천황의 신하이다'라고 기술된 대일본제국 헌법을 공포했다. 그리고 이듬해 의회를 소집해 제1회 제국의회帝国議会를 열었다. 대일본제국 헌법에 의해 명실 공히 천황은 매우 강력한 권한을 갖게 되었다. 이후 청일전쟁과 러일전쟁에서는 스스로 전쟁 지도에 참가했다. 또한 집념을 가지고 한국과 대만의 식민지화를 실현시켰다.

메이지 천황은 일본 교육의 방침을 나타낸 교육칙어教育勅語[142]를 발포하여 교육에도 많은 관심과 배려를 쏟았으나 교육 정책은 독특한 일본의 국가주의의 교육이었다.

메이지 천황은 항상 천황으로서의 위엄을 가지려고 노력했다. 입헌군주라고 하더라도 메이지 천황은 신하들과 국민들에 의해서 신神으로 떠받들어져 절대 권력자가 되었다. 메이지 시대의 밝음과 어두움도 함께 상징하는 대제大帝가 되어 일본을 이끌어 나갔던 것이다.

메이지 천황은 만년에는 당뇨병 때문에 체력이 떨어져 고생하다가 1912

142 부모에게 효도하는 것과 같이, 천황에게 충성해야 된다는 내용.

년(明治 45) 일본 국민의 기도에도 불구하고 생을 마감했다. 국가의 발전과 메이지 천황의 공적을 일체화시켜서 생각해 왔던 당시의 일본인에게 메이지 천황의 죽음은, 외국인으로서는 이해가 안 될 정도로, 정신적으로 커다란 쇼크를 안겨 주었다.

그러나 아무리 일본인에게는 존경스러운 메이지 천황이었다고 해도 청일전쟁과 러일전쟁 때에 스스로 전쟁 지도에 나서, 이웃나라인 한국과 중국 등을 무력의 힘으로 압박하고, 지배하려는 정책을 펼쳤던 천황임에는 틀림없다.

25-2. 메이지 천황의 죽음과 작품 〈마음〉과의 관계

나쓰메 소세키가 학습원에서 '나의 개인주의'라는 테마로 강연을 하기 7개월 전인 1914년(大正 3) 4월 20일부터 8월 11일까지 〈마음〉은 《아사히신문》에 연재되었다.

1913년 46세 때, 신경쇠약과 위궤양 때문에 〈행인〉의 연재를 중단할 무렵 결혼식에 참석했다가 부인인 나쓰메 교코(앞줄 왼쪽)와 함께 찍은 나쓰메 소세키(뒷줄 왼쪽).

메이지 시대 대부분의 일본인들은 천황을 신神처럼 추앙했다. 따라서 천황 권위, 천황 정신 등에 대한 비판은 하기 힘들었다. 나쓰메 소세키는 생전에 일본의 천황제에 대한 문제점을 제기한 사람은 아니었다. 그는 천황도 국민도 같은 인간이라는 견해를 펼쳐 천황을 절대화하고 신격화하는 것에 반대했던 사람이다.

생전에 일본 국민들로부터 크게 존경을 받았던 메이지 천황의 죽음은 일본 국민들에게 큰 충격을 안겨 주었다. 특히 모리 오가이森鴎外와 나쓰메 소세키 등은 그 충격을 자신의 작품에 그대로 표현했다.

〈마음〉에는 주인공인 '나'의 아버지와 '선생'이 메이지 천황의 죽음을 알게 되자 아래와 같이 충격받는 모습이 그려져 있다.

첫째, '나'의 아버지가 시골에서 메이지 천황 폐하가 죽었다는 소식을 듣고는 '아… 아… 울부짖으며, 천자님도 돌아가셨구나, 이제 나도…'라고 말한다. '나'의 아버지는 메이지 천황이 죽은 것을 알고는 충격을 받아 천황을 따라 죽으려고 한다. 이 부분은 메이지 국가의 발전과 메이지 천황의 공적을 일체화시켜서 생각해 왔던 보통 일본 시민들이 느꼈던 충격을 나쓰메 소세키가 작품에 그대로 표현해 낸 것이다.

둘째, 주인공인 선생은 '메이지 천황이 서거했습니다. 그때 나는 메이지 정신은 천황으로 시작되어 천황으로 끝났다는 생각이 들었습니다. 메이지의 영향을 가장 많이 받은 우리 세대가 그가 없는 이 세상에 살아 있다는 것이 부끄럽게 생각되기도 했습니다'라고 말한다.

선생은 메이지 천황이 죽었는데 메이지의 영향을 가장 많이 받은 자신이 그가 없는 이 세상에 살아 있는 것이 부끄럽다고 생각했다. 이는 실제로 당시 일본 지식인들이 느꼈던 충격을 나쓰메 소세키가 그대로 작품 속에 옮겨 놓은 것이다.

그런데 여기서 우리가 꼭 점검해 보아야 할 것은 주인공인 선생은 메이지 천황의 죽음이 자신이 자살하게 된 동기가 되는 것처럼 밝히고 있다는 점이다. 선생은 메이지 정신이 천황으로부터 시작되어 천황으로 끝나는 것 같은 기분이 들었다고 말한다. 만약 자신이 순사殉死를 하게 된다면 메이지 정신에 순사할 생각이라고 밝힌다. 선생은 메이지 시대와 메이지 천황에 대하여 강한 일체감을 느끼고 있는 듯한 말을 하고 있다.

하지만 선생은 메이지 천황이 죽기 전, 친구 K의 죽음으로 항상 마음이 불안하고 죄의식과 고독감에 휩싸여 있었다. 선생은 K의 죽음에 대한 죄의식의 굴레에서 벗어날 수 있는 방법은 '자살밖에 없다'라고 이미 생각하고 있었던 것이다. 즉, 선생은 메이지 천황이 죽기 전에 이미 자살하려고 마음먹었던 사람이다.

그런데 마침 그 무렵 메이지 천황이 죽었던 것이다. 그 후 약 한 달이 지나 노기 대장이 할복 자결을 하고 2, 3일 뒤에, 선생은 메이지 천황의 서거와 노기 대장의 자결을 계기로 삼아 자살을 실행에 옮겼던 것이다. 노기 대장의 자결 원인은 서남전쟁 때 군기를 탈취당해 메이지 천황에게 죄송한 마음 때문이었다. 선생의 죽음은 K의 죽음 이후 몰려오는 죄의식과 고독감, 불안이 주된 이유였던 것이다.

나쓰메 소세키는 〈마음〉에서 메이지 천황이 한국과 중국에 가한 강압적 압박 정책 등은 일절 언급하지 않았다. 그는 메이지 천황의 죽음 이후 일본인들이 받는 충격만을 강조해서 〈마음〉에 묘사했다.

26. 문하생

나쓰메 소세키는 만년에 제자들이 매일같이 찾아왔기 때문에 제대로 창작 작업을 할 수가 없었다. 그래서 생각해 낸 것이 목요일을 면회일로 정해 제자들과 만나고 다른 요일은 원칙적으로 면회를 거절하기로 했다. 일본의 작가 가운데 면회일을 지정해 제자들을 만났던 사람은 나쓰메 소세키가 처음이었다.

나쓰메 소세키 주위에는 도쿄제국대학 출신이 중심이 된 젊은 작가들이 계속해서 모여들었다. 직접 그의 문하생이었던 모리타 소헤이森田草平, 스즈키 미에키치鈴木三重吉, 데라다 토라히코寺田寅彦, 고미야 도요타카小宮豊隆, 다카하마 교시高浜虚子, 마쓰네 도요조松根東洋城, 등을 비롯하여 시라카바하白樺派의 무샤노코지 사네아쓰武者小路実篤, 시가 나오야志賀直哉, 철학자 아베 요시시게安部能成, 아베 지로阿部次郎, 윤리학자 와쓰지 데쓰로和辻哲郎, 평론가인 고미야 도요타카小宮豊隆, 노가쿠 연구자 노가미 도요이치로野上豊一郎, 노가미 야에코野上弥生子, 수필가 우치다 핫켄内田百間 등이 나쓰메 소세키 문하에 들어왔다. 만년에는 마쓰오카 유즈루松岡譲, 구메 마사오久米正雄, 아쿠타가와 류노스케芥川龍之介 등도 제자가 되었다.[143]

1914년 47세 때, 〈마음〉을 연재할 무렵, 도쿄 신주쿠구 와세다대학 부근에 있던 소세키산방 자택 서재에서.

이 당시 소세키산방漱石山房[144]에 나쓰메 소세키를 찾아와 서로 문학과 삶에 대하여 이야기했던 멤버들은 그의 사상과 작품의 영향을 받으며 활동했다. 이들 목요회 멤버들은 이후 메이지 시대 말에서 다이쇼 시대, 쇼와 시대에 걸쳐 일본의 문단에서 크게 활약했으며, 각 전공 분야에서 일본을 대표할 만한 사람들로 성장했다.[145]

이 가운데 나쓰메 소세키와 특별한 관계가 있었던 인물들을 소개해 보겠다.

데라다 토라히코는 규슈 구마모토熊本의 제오고등학교第五高等学校 시절 나쓰메 소세키로부터 영어와 하이쿠를 배운 후 도쿄제국대학 물리학과를

143 三田村信行, 앞의 책, 144-149쪽 참조.

144 도쿄 신주쿠구 와세다대학 부근에 있었던 나쓰메 소세키가 만년에 죽기 직전까지 살았던 집.

145 紅野敏郎, 〈漱石山房の人びと〉, 《夏目漱石と明治日本》, 文芸春秋平成16年12月臨時増刊号(文芸春秋, 2004), 146-150쪽 참조.

졸업하고, 지구물리학과 기상학, 지진 연구 등에서 훌륭한 업적을 남긴 인물이다. 그는 자연과학자의 냉정한 눈으로 사물을 관찰한 수필을 발표해서 유명해졌다.

독일 문학자로서 마쓰오 바쇼松尾芭蕉 연구자로 널리 알려진 고미야 토요타카는 도쿄제국대학 독문과에 입학할 때, 나쓰메 소세키가 보증인이 되어 주었다. 이후 고미야 토요타카는 스승인 나쓰메 소세키에게 깊게 빠져 나쓰메 소세키가 죽고 난 이후 《소세키 전집》을 몇 번이나 편집하여 발간했다. 이후 평론과 전기 등을 발표해서 한때는 나쓰메 소세키 문학 연구의 제일인자가 되었다. 그의 나쓰메 소세키 문학에 대한 평론과 저서는 오늘날에도 연구자들이 인용하고 있다.[146]

아쿠타가와 류노스케가 나쓰메 소세키와 만났던 것은 나쓰메 소세키가 말년 때였다. 나쓰메 소세키는 이 재능이 풍부한 아쿠타가와 류노스케를 매우 귀여워했다고 한다. 아쿠타가와 류노스케 작품 〈코〉에 대한 나쓰메 소세키의 격찬은 아쿠타가와 류노스케가 작가로서 설 수 있는 기반을 마련해 준 유명한 이야기로 오늘날까지 널리 사람들의 입에 오르내리고 있다.

146 위의 책, 145쪽 참조.

27. 만년

27-1. 만년의 불안

1912년 45세가 된 나쓰메 소세키는 신경쇠약으로 괴로워하고 위장의 상태가 악화되었다. 7월에는 치질이 재발하여 재수술을 받기 위해 병원에 입원했다.

메이지 천황은 1912년 7월 30일에 당뇨병으로 고생하다가 생애를 마감했다. 메이지 천황의 죽음은 나쓰메 소세키에게도 정신적으로 큰 충격을 안겨 주었다. 그런데 메이지 천황이 작고했던 1912년 그해 4월경부터 나쓰메 소세키의 정신이 갑자기 이상해지기 시작했다.

이듬해인 1913년 1월 2일경에는 혼자서 뭔가 중얼거리기 시작했다. 그는 갑자기 가만히 있는 집안의 가정부에게 '그런 말은 하지 말아 줘요'라고 말했다. 멍하게 있던 가정부가 '아무 이야기도 하지 않았는데요?'라고 하면 아주 싫은 표정을 지었다. 신경이 예민해진 나쓰메 소세키의 귀에는 남에게는 들리지 않는 소리가 들려오는 것 같은 느낌이 들었고, 간혹 가정부가 자신을 욕하고 있는 것처럼 생각되었다. 이 무렵 아이가 치는 피아노 소리가 시끄럽다고 호통치기도 했고, 아이들의 웃음소리가 들려오면 자신을

비웃고 있는 것으로 생각해 심하게 꾸짖었다.[147]

이 무렵 나쓰메 소세키 집에 전화가 설치되었다. 하지만 그는 전화벨 소리가 신경이 쓰여서 수화기를 내려놓았다. 전화국에서는 아무리 호출을 해도 응답이 없자 전화기가 고장난 것으로 생각하여 나쓰메 소세키 집으로 직원이 점검하러 나왔다. 전화국 직원은 나쓰메 소세키 집 전화기의 수화기가 내려져 있는 것을 알고는 화를 내며 주의를 주고 돌아갔던 적도 있다. 하지만 전화국 직원이 돌아가자 바로 또 수화기를 내려놓는 바람에 직원이 재차 달려온 적도 있었다.

1914년, 소세키산방 자택 정원에서 장남 준이치(오른쪽)와 차남 신로쿠(왼쪽)와 함께.

1913년 3월 말에 나쓰메 소세키는 세 번째 위궤양으로 쓰러졌다. 〈행인〉은 1912년(大正元年) 12월 6일부터 1913년 11월 17일까지 전 167회에 걸쳐 도쿄, 오사카의 《아사히신문》에 연재된 작품이다. 하지만 1913년 4월 8일부터 9월 15일까지 나쓰메 소세키의 신경쇠약과 위궤양 때문에 〈행인〉의 연재가 일시적으로 중단되었던 적도 있다.[148]

147 三好行雄 編, 앞의 책, 398쪽 참조.

1915년 48세 때, 〈미치쿠사〉를 발표할 당시 소세키산방 자택에서.

나쓰메 소세키가 건강상의 문제로 소설 연재를 중단한 것은 이때가 처음이었다. 그 자신도 자신의 몸 상태가 좋지 않은 것을 깨닫고 이 무렵 그림 등을 그리면서 정신과 몸의 원기 회복을 위해 열심히 노력했다.

하지만 불안한 신경은 자신은 물론 함께 살고 있는 아내 나쓰메 교코를 비롯한 가족에게까지도 고통을 주었다. 이 시기의 그의 불안한 신경 상태는 〈행인〉 등의 주인공을 통해 표출되었다.

소설에는 그 시대를 살았던 작가의 구체적이고 특수한 경험, 주관적 체험, 정서 등이 반영되어 있다. 또한 작가는 생애를 통해 자기가 살았던 시대의 변화와 교섭하면서 느낀 것을 작품을 통해 알게 모르게 표현하기도 한다.

메이지, 다이쇼 시대를 살면서 느끼고 있던 마음의 불안은 신경쇠약으

148 小石川文学研究会 編, 《名作早わかり夏目漱石全作品》(コスミック出版, 2004), 74쪽 참조.

로까지 발전하여, 나쓰메 소세키는 친척 및 주위 사람들로부터 광인 취급을 받게 되었다. 하지만 그는 만년이 될 때까지 자신이 정신적인 불안을 느껴 신경쇠약에 걸려 있는 것을 자각하고 있으면서도 줄기차게 인간의 불안과 고독에 관련된 작품을 잇따라 창작했다. 그의 작품 이곳저곳에 잔잔하게 깔려 있는 '인간의 불안'이라는 테마는 그가 생애를 살아오면서 느꼈던 불안한 정서가 표출되어 있는 것이다.

27-2. 죽음

나쓰메 소세키의 만년의 사상으로 알려진 유명한 말 '측천거사則天去私'가 처음으로 언급된 때는 1916년 11월 목요회에서이다. 언제나 자기 본위였던 나쓰메 소세키도 '자기 속의 나를 버리고 있는 그대로를 하늘의 뜻에 맡기고 싶다'라고 생각하게 된 것이다. 이 '측천거사'라는 말은 나쓰메 소세키가 만년에 도달하려고 한 이상의 경지였음에 틀림없다.

그러나 측천거사라는 이상의 경지에 도달하려고 노력한 나쓰메 소세키였지만 1916년 11월 최후의 소설 〈명암〉 188회를 쓴 다음 날 친구의 결혼 피로연에 무리하게 참석한 것이 원인이 되어 죽음의 병상에 눕게 된다. 그도 죽음 앞에서는 어쩔 수 없이 쓰러지고 말

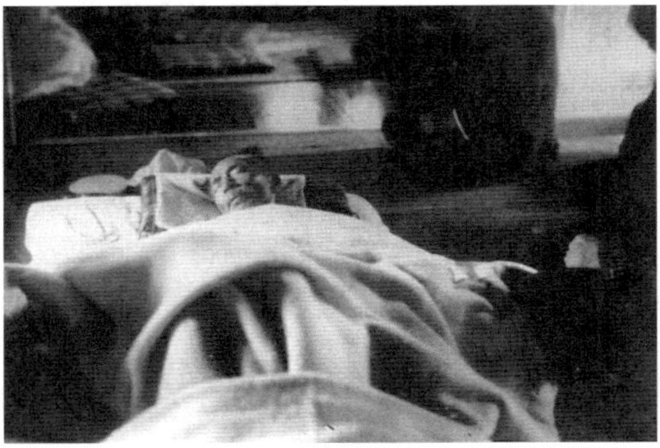

1916년12월 49세 때, 임종 직전 병상에 누워 있는 나쓰메 소세키.

았다.

위궤양이 점점 악화되자 나쓰메 소세키는 부인과 아이들에게 최후의 이별의 말을 들려준다. 넷째 딸인 아이코가 슬픔을 참지 못하고 울음을 터트리자 나쓰메 소세키는 눈을 감은 채로 '그래, 그래, 울어도 괜찮아'라고 부드럽게 이야기했다. 장남 준이치가 머리맡에 앉자 나쓰메 소세키는 눈을 뜨고 큰아들의 얼굴을 쳐다보며 미소 지었다. 아이들에게 있어서는 항상 엄격했던 아버지였지만 마지막에 보인 미소는 아이들에 대한 최후의 애정의 표시였다.

1916년(大正 5) 12월 9일 위에서 출혈이 있은 뒤부터 나쓰메 소세키의 몸은 극도로 쇠약해졌다. 자녀들이 모두 베갯머리에 앉았다. 그때까지 면회 사절로 만나지 못했던 친구 나카무라 제코가 머리맡으로 다가가자, 나쓰메 쿄코 부인이 '나카무라 제코 씨입니다'라고 남편에게 말했다. 나쓰메 소세키는 친구 나카무라 제코가 문병 온 것을 알았지만 눈을 뜰 기력조차 없어 눈을 감은 채 '아. 좋아, 좋아' 하고 말하고 친구와 이별을 고했다.[149]

그날 오후 6시가 지나자 나쓰메 소세키는 갑자기 괴로워하면서 가슴을 풀어헤치고 '여기에 물 좀 부어 줘, 죽으면 곤란하니까'라고 말했다. 간호사가 분무기로 물을 뿌리자 '좋아'라고 한마디의 말을 남기고 동시에 그대로 의식을 잃고 말았다. 그로부터 30분 뒤, 나쓰메 소세키는 숨을 거두었다. 그는 가족과 많은 제자들이 지켜보는 가운데서 49세란 나이에 삶을 마감한 것이다.[150]

149 宮井一郎, 《詳伝夏目漱石ー下巻》(国書刊行会, 1992), 748-750쪽 참조.
150 荒正人, 앞의 책, 103-104쪽 참조.

그의 최후의 소설 〈명암〉은 나쓰메 소세키 사후 5일간 188회까지 연재된 뒤 영원히 중단되었다. 그는 〈명암〉이란 작품을 미완으로 남긴 채 영면永眠한 것이다.

도쿄 이케부쿠로의 초고층 빌딩이 바라다 보이는 조시가야 묘지에 마련된 나쓰메 소세키 묘비(저자 촬영).

나쓰메 교코 부인은 지금까지 병의 호전을 위해 애써 온 의사에게 유체 해부를 부탁했다. 다음 날 유체는 해부되었고 뇌와 위는 도쿄제국대학 의과대학(현재 도쿄대학 의학부)에 보존하기로 했다. 12월 12일 장례가 거행되었고 아쿠타가와 류노스케는 장례식 접수를 담당했다. 모리 오가이와 아사히신문사 무라야마 류헤이 사장을 비롯한 많은 명사들이 조문하였고 법명法名은 '문헌원 고도 소세키 거사文献院古道漱石居士'였다.[151]

1916년 12월 28일 납골식이 있은 뒤 현재의 도쿄 도시마쿠 조시가야 묘지에 유골이 안장되었다. 나쓰메 소세키의 유골이 안장된 조시가야 묘지는 그의 작품 〈마음〉의 주인공 K가 자살한 이후 묻힌 장소이다. 이케부쿠로池袋의 초고층 빌딩이 바라보이는 곳에 마련된, 안락의자를 본뜬 그의 묘비는 나쓰메 소세키의 생애와 어울리지 않게 위압감을 주는 형상을 하고 서

151 巖谷大四, 앞의 책, 176-179쪽 참조.

있다.

나쓰메 소세키는 하이쿠를 짓는 사람이었던 다카하마 쿄시에 권유되어 도쿄제국대학 교수로 재직 중에 처음으로 〈나는 고양이로소이다〉를 발표하여 대단한 호평을 얻었다.

이후 본격적으로 소설가로 직업을 바꾼 나쓰메 소세키는 그로부터 약 12년간밖에 활약하지 않았다. 하지만 일본 근대소설 작가 가운데 특이한 개성을 가진 훌륭한 작가로 그가 묘사한 작품은 시간이 지나면서 빛을 내며 일본을 비롯한 세계 여러 나라 사람들에게 읽히고 있는 것이다.

제3장

작품 산책

1. 나는 고양이로소이다

1-1. 작품 안내

〈나는 고양이로소이다吾輩は猫である〉는 1905년(明治 38) 1월부터 이듬해인 1906년(明治 39) 8월까지 《호토토기스ホトトギス》라는 잡지에 발표되었던 나쓰메 소세키의 처녀작이다. 당시 도쿄제국대학에 근무하고 있었던 나쓰메 소세키는 창작을 자신의 일이라고는 생각하지 않고 있었다. 그런데 영국 유학 시절에 발병한 신경쇠약이 재발하여 괴로워하고 있는 나쓰메 소세키를 만나 본 다카하마 쿄시高浜虚子가 그에게 정신을 진정시키기 위해서라도 소설 쓸 것을 권유했다.

위와 같은 이유로 《호토토기스》파의 문장회에 낼 생각으로 쓴 것이 〈나는 고양이로소이다〉였다. 이 소설은 처음에는 1회분만 쓸 생각이었지만 호평을 받아 계속 쓰게 되어 11회에 이르렀다.

세상을 방관자적 입장에서 유유자적하며 인생을 음미하는 태도로 묘사한 이 작품은 초판 상편이 1905년 10월에, 중편이 1906년 11월에, 하편이 1907년 5월에 오쿠라서점大倉書店과 핫토리서점服部書店의 협력에 의해 간행되었다.

〈나는 고양이로소이다〉의 주인공 고양이와 닮은 고양이.

당시 나쓰메 소세키가 살고 있던 도쿄 혼고쿠本郷区 센다기초千駄木町의 집에 찾아간 다카하마 쿄시는 제목이 붙여지지 않은 원고를 받아 그 자리에서 읽어 보았다. 내용이 유머러스한데다 독특했고 문장이 시원시원했다.

그러나 제목이 아직 정해지지 않아서 '고양이'로 할까? '고양이전'으로 할까? 망설이고 있던 나쓰메 소세키에게 다카하마 쿄시는 '나는 고양이로소이다'로 제목을 정하기를 권유했다.

〈나는 고양이로소이다〉는 일인칭 관찰자 시점으로 서술되었다. 언제나 인간의 시선으로만 주시해 왔던 세상을, 고양이의 눈을 통해 바라보고 있다는 점에서 이 소설은 참신하다. 고양이의 사소한 습성 하나하나까지 잘 묘사하고 있다는 점에서 작가의 관찰력이 돋보이는 작품이다.

1-2. 작품 줄거리

이 소설은 주인공 고양이가 태어나 인간을 처음 보게 된 일화를 시작으로 이야기의 막이 오른다.

나로 말하면 고양이다. 이름은 아직 없다. 내가 어디서 태어났는지도 도통 짐작이 안 간다. 아무튼 어두컴컴하고 습한 곳에서 야옹야옹 울고 있었던 것만 은 기억하고 있다. 나는 거기서 처음으로 인간이라는 걸 보았다.

고양이는 서생에게 버림받고 배가 고파 중학교 선생인 진노 구샤미珍野苦沙弥의 집으로 들어가게 된다.

처음에는 하녀 오상에게 몇 차례 내동댕이쳐지기도 하였으나, 주인 구샤미의 허락으로 그의 집에 몸을 의지하게 된다. 그리고 구샤미의 곁에서 주인이 하는 행동을 지켜본다.

고양이지만 쥐는 절대 잡지 않는다는 철학을 갖고 있을 만큼 당돌한 면이 있다. 쥐를 잡지 않는 까닭은 잡고 싶지 않기 때문이다. 또한 선천적으로 쥐를 잡을 능력이 없다고 느끼기 때문이다.

일본에서 발행된 《나는 고양이로소이다》 표지.

학교에서 돌아와 거의 서재에 처박혀 있는 구샤미 선생을 집안사람들은 면학가인 줄 알고 있지만 사실 그렇지도 않다.

위가 약한 주제에 대식한으로 늘 주치의 아마키 선생에게 신세를 지고 있는 주인은 식사 후 위약을 먹고 책을 펴도 바로 책 위에 침을 흘리면서 잠을 잘 때도 있다.

또한 하이쿠에 신체시, 활쏘기, 바이올린 등 무턱대고 무엇이든 손을 대지만 어느 것 하나 제대로 하는 것이 없다는 것을 '나'(와가하이)는 잘 알고 있다.

주인의 이름 구샤미苦沙弥는 구샤미嚔(くしゃみ)와 동음이의어다. 구샤미嚔라는 일본어는 재채기라는 뜻을 가진다. 이는 마치 요란스럽고 시끄럽지만 한순간에 끝나 버리는 재채기처럼 그의 이름에 걸맞게 성격도 다혈질에 뭘 하나 하더라도 인내심이 없어 이내 싫증 내고 만다. 또한 참을 수 없는 재채기가 한번에 터지듯 일단 어떤 일에 발동이 걸리면 아무도 말리지 못하는 고집불통이다.

어느 날인가 구샤미가 수채화 도구 한 벌을 사 가지고 왔다. 그 후 얼마간 그림을 그리기 시작했지만 무엇을 그린 것인지 모를 정도로 그림이 괴상하다. 구샤미 스스로도 도저히 근사하게 그릴 수 없다고 생각한 모양인지 미학을 하고 있는 친구 메이테이迷亭가 방문했을 때 조언을 구한다.

그러자 메이테이는 처음부터 훌륭하게는 그릴 수 없다며 중세 이탈리아 르네상스 시대에 크게 활약했던 화가 안드레아 델 사르토(1486-1531)의 말을 인용한다. 그림을 그린다면 자연 그 자체를 묘사해야 한다며 구샤미에게 사생写生할 것을 충고한다. 구샤미는 안드레아 델 사르토라는 사람이 그런 말을 했냐며 적잖게 감동하는 눈치다.

한편 고양이인 '나'는 근처 고양이들의 대장격인 인력거 집의 검둥이와 알고 지내게 된다. 도대체 인력거와 선생 어느 쪽이 훌륭한 것인지에 대해 이야기를 나누다가 집으로 돌아와 보니 오랜만에 메이테이 선생이 집에

와 있었다.

'메이테이迷亭'라는 이름은 메이테이酩酊(めいてい)와 동음이의어로 메이테이酩酊의 일본어 뜻은 '몹시 취함, 만취'의 뜻이다. 이름대로 그의 성격은 술에 몹시 취해 지껄이는 말처럼 장황하게 많은 말을 하지만 진실성이 거의 없다.

메이테이는 서양 물정을 잘 모르는 위인들 앞에서 서양의 예술가나 학자, 음식, 물건 등에 관해 거창하게 이야기하지만, 그 출처가 분명하지 않을뿐더러 허풍이거나 자신이 꾸며 낸 이야기가 대다수이다. 또한 남 말하기를 좋아하고 말도 안 되는 논리로 사람을 우롱하기도 하여 신뢰할 수 없는 성격의 소유자이다. 따라서 주인도 그가 청산유수와 같은 말솜씨로 자신을 골탕 먹이는 데에는 두 손 두 발 다 들었다.

한편 메이테이 외에도 이 집에는 주인의 옛 문하생으로 지금은 주인보다 훌륭하게 되었다고 하는 물리학 전공자 미즈시마 간게쓰水島寒月라고 하는 남자와 그의 친구인 오치 토후越智東風가 출입하고 있다. 이렇듯 '나'는 주인 구샤미의 집에 왕래하는 사람들의 이야기를 들으며 인간만큼 제멋대로이고 인정미 없으며 어리석게 사는 동물도 없다고 생각한다.

서로 경쟁적으로 세상을 비판하며 자신들은 올바른 듯 이야기 하지만 그들 역시 그들이 욕하는 대상과 다를 바 없는 속물들임을 스스로는 알지 못한다. 고양이가 보기엔 인간들의 그러한 점이 불쌍하기 그지없다. 자연히 나의 눈에는 이놈 저놈 할 것 없이 모두가 태평한 궤변가들로 보인다.

그 후, '나'는 주인이 남긴 떡국을 먹다 그것이 이빨에 끼어 빠지지 않자 한바탕 소동을 벌이고, 주인집 가족들에게 웃음거리가 된다. 이에 의기소

침해진 '나'는 옆집 암고양이인 미케코의 위로를 받으러 그녀를 찾아가지만 병으로 죽었다는 것을 알게 된다. 미케코를 이성친구로 생각하여 이야기도 하고 그녀의 아름다운 모습에 황홀해 했던 '나'는 그녀가 죽었다는 이야기를 듣고는 큰 충격을 받는다. 남들이 실연했다고 하는데 그것도 전혀 근거 없는 말은 아니다.

어느 날, 격자문의 요란한 벨소리와 함께 근처 가네다 저택의 부인이 들어온다. 마침 함께 있던 메이테이와 주인은 얼떨결에 얼굴을 마주하고 침묵한다. 가네다 부인은 벗겨진 이마에서 앞머리가 하늘 높이 솟아 있고, 치켜 올라간 눈에, 남의 코를 훔쳐 와 얼굴 중앙에 고정시켰나 싶을 정도로 코가 큰 여자였다. 드세게 보이는 인상만큼이나 성격도 괄괄하여 그녀가 하는 언사 또한 주인 구샤미 선생은 마음에 들지 않는 모양이다.

느닷없이 찾아온 가네다 부인은 인사도 하는 둥 마는 둥 거만한 태도로 간게쓰 군에 관해 묻기 시작한다. 지금 간게쓰가 이학사理学士라고는 하지만 장래에는 박사가 될 수 있을지 그 비전을 물으러 온 것이었다. 요컨대 그냥 학사는 얼마든지 있다. 그러나 장래가 촉망되는 남자라면 딸과 인생을 함께 하도록 해도 좋을 것이라는 것이다.

하고 싶은 말만 하고 돌아간 가네다 부인을 불쾌한 마음으로 배웅한 주인 구샤미 선생과 메이테이는 그녀의 안하무인격眼下無人格 행동에 어안이 벙벙하다. 그리고 이 광경을 보고 있던 '나' 또한 은혜를 입은 적은 없지만 자신도 모르는 사이에 정탐당하고 있는 간게쓰가 불쌍히 여겨져 그를 대신하여 가네다네 저택으로 숨어 들어가 동향을 살펴보게 된다. 그 집안에서는 구샤미 선생을 골탕 먹일 작당을 꾸미고 있었지만 인간의 말을 할 수 없는 '나'로서는 그 사실을 주인에게 알려 줄 수가 없다.

무릇 연애란 인간들만이 향유하는 것이 아니며 고양이들 또한 연애를 통해 우주적 활력소를 얻는다. 하지만 '나'에게는 적어도 현재로서는 휴식이 우선이다. 자고 일어나 보니 구샤미 선생이 침실로 와 있었다. 주인은 늘 자기 전에 꼬부랑 글씨가 씌어진 책을 애써 서재에서 침실로 들고 들어가는 버릇이 있다. 읽지도 않으면서 왜 그런 수고스러운 일을 하는지 '나'는 알 수가 없다. 단지 주인에게 책은 활판 수면제와 같은 존재임을 추측할 뿐이다.

한편 '나'는 매미 잡기를 하거나 소나무 미끄럼 타기를 하거나 울타리를 돌며 나름대로 운동을 하는가 하면, 집주인이 수건과 비누를 가지고 드나드는 대중탕을 아래와 같이 엿본다.

> 유리창 안에 우글우글 왁자지껄하게 떠들고 있는 인간들은 모조리 벌거숭이다. 대마도의 원주민이다. 20세기의 아담이다. 〔…〕
>
> 지금 내가 눈 아래로 내려다본 한 단체는 벗어서는 안 될 사루마타도 하오리도 하카마도 모조리 선반 위에 얹어 놓고 버릇없게도 본래의 광태狂態를 모든 사람이 보는 앞에 노출하고 태연자약하게 함부로 지껄이며 웃고 있는 것이다.

'나'는 복잡 미묘하다 할 인간 세상을 미치광이들이 모여 사는 사회라고 생각한다. 하지만 이것 또한 아이러니한 것이 하나하나 뜯어볼 때는 미치광이로 치부되고 말지만 단체로서 세력을 가지면 건전한 인간이 되어 버리는 것이다. 즉 사회를 바라보는 고양이의 눈은 지극히 냉소적이며 비판적이지만, 그에 못지않게 미치광이들의 집합소라 할 만한 인간 사회도 좀처럼 붕괴되지 않고, 그 체제를 유지해 가는 것 또한 풀 수 없는 수수께끼라고 말한다.

한편 주인 구샤미 선생은 자신에게 이익이 없으면 남의 일에 신경 쓰지 않는 성격으로 철저한 개인주의 기질의 소유자이다. 집 밖 빈터를 가지고는 가네다 부인과 그렇게 실랑이를 벌이면서도, 퇴학 위기에 처해 있는 자신의 반 학생에게는 무심하다.

간게쓰는 가네다의 딸이 아닌 다른 여인과 결혼을 했고, 박사 되기는 아예 포기한 듯하다. 덕분에 가네다의 딸은 규슈九州 가라쓰唐津 출신으로 법과대학 졸업 후에 회사에 다니고 있는 산페이三平군과 결혼을 하게 된다. 이에 주인 구샤미 선생과 그의 지인들은 산페이 군이 가져온 맥주를 들며 조촐한 축하연을 즐긴다.

그리고 모두가 떠난 자리에 '나'는 두 개의 유리컵에 혀를 밀어 넣어 반쯤 남아 있는 맥주를 찰싹찰싹 건드리면서 마시고서는 거나하게 술에 취한다. 그리고 한참 동안 술을 마신 다음 자신의 동정을 살피기 위해 가만히 서 있었다.

맥주에 취한 '나'는 아래와 같은 기분을 느낀다.

> 차츰 몸이 따스해진다. 눈 언저리가 흐릿해 온다. 귀가 후끈거린다. 노래를 부르고 싶어진다. 고양이다, 고양이 하고 춤을 추고 싶어진다. 주인도 메이테이도 도쿠센도 똥 먹어, 라는 기분이 된다. 가네다네 영감쟁이를 할퀴고 싶어진다. 안 주인의 코를 물어뜯고 싶다. 여러 가지 기분에 빠져든다. 마지막에는 비틀비틀 일어서고 싶다. 일어서니까 휘청휘청 걸어가고 싶다. 이거 재미있군 하고, 바깥으로 나가고 싶다. 나가면 달님 안녕, 하고 인사를 하고 싶어진다.

아 참, 유쾌하다.

술에 취해서 흔들흔들 이리저리 산책을 하는 듯이 불확실하게 움직이는 다리를 아무렇게나 끌고 가노라니 어쩐지 자꾸 졸음이 온다. 눈을 뜨고 싶은데도 무겁기가 한량없다. 제정신이 들었을 때 '나'는 커다란 물독 속에 빠져 있었다. 물독 속에서 아무리 빠져나가려고 뛰어올라도 밖으로 나갈 수가 없다. 죽을힘을 다해 발버둥을 쳐 보지만 밖으로 나가기란 불가능하다.

'나'는 물독 속에서 나갈 수 없다는 것을 뻔히 알고 있는데도 나가려고 하는 것은 억지라고 생각한다. 마침내 만사를 포기하니 마음이 차츰 편해지며, 괴로운 것인지 고마운 것인지 구분을 못하겠다. '나는 죽는다. 죽어서 태평을 얻는다. 죽지 않고서는 태평을 얻을 수가 없다. 나무아미타불, 나무아미타불, 고마운지고, 고마운지고' 하며 고양이가 죽어 가는 장면에서 작품은 막을 내린다.

〈나는 고양이로소이다〉는 일본 근대문학을 대표하는 '해학 문학'으로 일컬어지고 있다. 인간 세상을 바로잡아 주겠다던 이 맹랑하고 당돌한 고양이는 자신의 다짐과는 달리 맥주를 마신 뒤에 물독 속에 빠져 허무하게 죽음을 맞이한다.

2. 도련님

2-1. 작품 안내

〈나는 고양이로소이다〉를 발표하여 호평을 얻은 나쓰메 소세키는 1906년(明治 39) 4월에 《호토토기스》에 〈도련님坊っちゃん〉을 발표했다. 이 작품은 1907년(明治 40) 1월 〈풀베개〉, 〈이백십일〉과 함께 《우즈라카고鶉籠》에 수록되어 춘양당春陽堂에서 간행되었다.

〈도련님〉이 발표되었던 당시의 일본은 한국과 만주에 대한 지배권을 둘러싸고 벌어졌던 러일전쟁이 막 끝나 정치적으로 문화적으로 중대한 전환기에 있었던 시대였다. 러일전쟁 이후 일본 기업의 주가는 계속 오르고 사람들의 마음은 교활하게 황금만능주의, 배금주의로 물들어 갔다. 많은 사람들이 출세를 인생의 목표로 삼게 되었고 새로운 금융 자본주의가 싹트기 시작했으며 일본 근대소설도 성립을 보려고 한 시기였다.

위와 같이 일본이 급격하게 변화해 가는 시대에 나쓰메 소세키는 겨우 10일 남짓한 시간에 〈도련님〉이란 작품을 완성했다. 이 작품은 나쓰메 소세키가 1895년(明治 28)에 1년 정도 근무했던 경험이 있는 시코쿠四国 마쓰야마중학교松山中学校를 무대로 해서 중학교 교사를 주인공으로 삼아 쓴 소설이다. 그러나 작자의 실제 경험이 녹아 있기는 하지만 새롭게 창작된

부분도 있다.

〈도련님〉이라는 소설에는 누가 보아도 착한 사람과 악한 사람이 명확히 구분되어 등장하고 있다. 또한 등장인물의 이름이 별명으로 묘사되거나 이름이 묘사되었더라도 성과 이름이 분명하지 않다는 특징이 있다.

일본에서 발행된 《도련님》 표지.

〈도련님〉에 등장하는 인물을 열거해 보면 주인공인 '봇짱'과 부 주인공처럼 묘사된 하녀 '기요清', 시코쿠에 있는 어느 중학교의 교장 선생인 '다누키狸'(너구리)와 유일하게 문학사 출신이자 교감 선생인 '아카샤쓰赤シャツ'(빨간 셔츠), 본명이 '요시카와吉川'이자 미술 선생인 '노다이코野だいこ'(아첨꾼), 본명이 고가古賀이고 영어 선생이자 이 지역 최고의 미인인 '마돈나'의 약혼자였던 '우라나리うらなり'(끝물), 수학 주임교사로 본명이 '홋타堀田'인 '야마아라시山あらし'(거센 바람) 등이 등장한다.

본 저서에서는 혼동을 피하기 위해 특별히 설명할 때를 제외하고는 등장하는 주인공들의 이름을 '봇짱' · '기요' · '다누키' · '아카샤쓰' · '노다이코' · '우라나리' · '야마아라시' · '마돈나' 등으로 통일하여 표기하겠다.

2-2. 작품 줄거리

〈도련님〉은 아래와 같은 문장으로 시작된다.

> 부모로부터 물려받은 무모한 성격으로 어릴 때부터 손해만 보고 있다. 초등학교에 다닐 무렵 학교 2층에서 뛰어내려 일주일쯤 허리를 삔 적이 있다. 왜 그런 철없는 짓을 했느냐고 묻는 사람이 있을지도 모른다. 별다른 이유가 있는 것도 아니다.

주인공인 봇짱은 어려서부터 고집이 세고 단순하여 2층에서 뛰어내리다가 허리를 삐거나, 친구에게 자랑하기 위해 친척에게 받은 서양제 칼로 자신의 손을 베어 보이는 등 부모로부터 물려받은 경솔함 때문에 언제나 손해만 보고 자란다.

아버지는 자신을 조금도 귀여워해 주지 않았고 어머니도 형만을 편애하였다. 어머니가 돌아가시기 2-3일 전에 부엌에서 혼자 놀고 있다가 부뚜막 모서리에 머리를 부딪쳐 호되게 꾸중들은 일도 있었다. 하지만 하녀인 기요만은 봇짱을 인정해 주고 귀여워했다.

어머니가 돌아가신 다음부터 기요는 이상하리만치 점점 봇짱을 사랑했다. 이따금 자신의 용돈으로 그 당시 손쉽게 살 수 있었던 일본식 구운 과자인 긴쓰바 등을 사주기도 했다. 또한 기요는 봇짱에게 돈을 3엔 정도 빌려주었던 일까지 있다. 당시 3엔은 현재의 가치로 환산하면 1만 엔 정도 되는 돈으로 어린아이가 쉽게 쓰기에는 매우 큰 금액이었다. 당시 하녀의 월 임금이 3엔이었으므로 기요가 봇짱에게 준 3엔이라는 금액은 자신의 한 달치 월급에 해당되는 돈이었던 것이다.

봇짱은 그 3엔을 지갑에 넣고 허리춤에 낀 채로 재래식 변소에 갔다가 변소 구멍 속에 빠트렸다. 기요는 재빨리 대나무 가지를 가지고 와서 3엔을 건져 올렸다. 건져 올린 돈을 물로 씻어서 화롯불에 말려 봇짱에게 주었으나, 봇짱이 냄새가 난다고 하자 어디서 은전으로 바꾸어 와서 3엔을 돌려주었던 일까지 있다. 기요는 봇짱의 어머니가 돌아가시고 난 뒤 봇짱의 어머니 역할을 하고 있는 것이다. 실제 봇짱의 어머니가 아닐까? 하고 의심이 들 정도로 봇짱 한 사람에게만 애정을 주며 살아갔다.

어머니가 돌아가시고 6년째 되던 해에 아버지도 뇌졸중으로 돌아가셨다. 형은 유산을 정리하여 600엔의 유산을 동생인 봇짱 몫으로 주었다. 봇짱은 유산을 어떻게 쓸까 궁리하다가 장사를 한다고 해도 잘 될 것 같지 않아서 그 돈을 학비로 삼아 물리학교에 입학했다.

경솔한 면은 있지만 정직한 청년 봇짱은 도쿄에서 물리학교를 졸업하고 시코쿠에 있는 어느 중학교의 수학 선생으로 부임한다.

〈도련님〉의 소재가 되었던 시코쿠 마쓰야마에 있는 도고온천 역 주변.

하지만 교직 사회의 비뚤어짐과 부정을 파헤치고 그 자리에서 고치지 않고는 못 배기는 성격 때문에 봇짱은 주위의 지식인답지 못한 행동을 하는 선생들과 외로운 투쟁을 하게 된다.

중학교의 수학 주임교사인 야마아라시는 건장한 체격에 정직한 성격으로 비겁한 것을 싫어하고 약간 성질이 급하며 욱하는 성질이 있으나 학생들에게는 인기가 있다. 봇짱이 중학교에 부임한 초기에는 오해로 인해 야마아라시와 사이가 나빴으나 야마아라시의 진실된 마음을 알아차리고는 곧 화해하여 사이가 좋아진다.

결국 야마아라시와 봇짱은 교감 선생인 아카샤쓰와 미술 선생인 노다이코가 가도야角屋라는 여관에서 기생하고 하룻밤 자고 나오는 것을 기다렸다가 아래와 같이 두 사람을 흠씬 두들겨 준다.

> 나는 생각할 틈도 없이 소매 속에 두 손을 넣어서 계란을 두 개 꺼내 가지고는 얏 하면서 노다이코의 면상에 냅다 던졌다. 계란이 철썩 하고 깨져서 콧등에서 노른자가 줄줄 흘러내렸다. 노다이코는 어지간히 혼이 난 모양으로 왓 하면서 엉덩방아를 찧으며 살려달라고 했다. 〔…〕
>
> 노다이코가 엉덩방아를 찧는 것을 보고는 비로소 성공한 것을 깨닫고 나서, 개자식, 개자식 하면서 나머지 달걀 여섯 개로 닥치는 대로 두들겨 댔더니, 노다이코의 얼굴 전체가 노랗게 되었다. 〔…〕
>
> 야마아라시는 주먹으로 한 대 먹였다. 아카샤쓰는 비틀비틀했으나 "이건 난폭하다. 폭행이다. 시비를 가리지 않고 완력으로 하려 들다니 무법이다", "무법도 당연하다" 하고 또 한 대 퍽 하고 먹인다. "너와 같은 간물은 얻어맞아야 맛을 안다" 하고 퍽퍽 먹여 준다. 나도 동시에 노다이코를 흠씬 두들겨 주었다.
>
> "너희들은 간교한 놈들이니까, 이렇게 해서 천벌을 내리는 거다. 이번 일로

깨닫고 앞으로 조심하는 게 좋을걸. 아무리 교묘한 말솜씨로 변명이 된다 해도, 정의는 용서하지 않는다" 하고 야마아라시가 말했더니 두 놈은 잠자코 있었다.

이후 봇짱은 대담하게 교직을 그만두고 도쿄로 돌아온다.

도쿄에 돌아온 봇짱을 본 기요는 '도련님 빨리 돌아와 주셨습니다' 하고 눈물을 뚝뚝 떨어뜨렸다. 봇짱도 기뻐서 다시는 시골에 안 갈 것이며 도쿄에서 기요하고 살겠다고 말했다.

그 후 어떤 사람의 주선으로 봇짱은 월급 25엔을 받고 도쿄 시내 철도 주식회사의 기수技手로 근무한다. 도쿄로 돌아와서는 자신을 사랑하고 귀여워해 주는 하녀 기요 할멈과 잠시 함께 살았다. 그러나 현관이 있는 대궐 같은 집은 아니라 하더라도 봇짱과 함께 사는 것에 대해 지극히 만족스럽게 생각했던 기요는 가엾게도 폐렴에 걸려 죽는다.

3. 풀베개

3-1. 작품 안내

〈풀베개草枕〉는 1906년(明治 39) 9월 춘양당春陽堂에서 발행했던 잡지《신소설新小說》에 발표된 나쓰메 소세키의 중편소설이다. 이 작품은 하이쿠 취미와 한시, 사생문을 살린 문장이 세간의 인기를 얻어 발매 후 3일 만에 초판이 매진되었다.

〈풀베개〉는 흔히 통용되는 소설과는 다른 형식으로 씌어진 것으로 나쓰메 소세키 자신도 '아름다운 느낌이 독자의 머릿속에 남기만 하면 좋다'라고 했다.

위와 같은 표현은 종래 소설과는 다른 새로운 문학 작품을 창출해 내려고 하는 작자의 패기를 나타낸 말이다. 아름답고 화창한 봄의 경치를 배경으로 해서 현실을 떠나 낭만적인 꿈과 시詩의 아름다움을 즐기는 경향이 짙은 이 작품은 인간이 자연과 하나가 되어 가는 구도로 작자의 예술관, 인생관이 전개되어져 있다.

〈풀베개〉는 〈나는 고양이로소이다〉와 〈도련님〉과는 다른 정취가 느껴지는 소설로 작자가 갖고 있는 문예관, 인생관을 그대로 소설화하여 보여 준 작품이다. 이 작품에 나타난 '비인정非人情의 세계'는 동양적인 해탈 사상이라고 생각할 수도 있다. 하지만 '비인정의 세계'는 당시 문단을 석권하고 있던 자연주의에 대한 비평에서 나온 것인 동시에 서양의 문예관, 인생관에 동양적인 것을 내 보여 그 우위성을 주장한 것이기도 하다. 따라서 〈풀베개〉는 한학의 소양과 서양문학의 교양으로 가득 채워진 특수한 작품이다.

일본에서 발행된 《풀베개》 표지.

〈풀베개〉는 나쓰메 소세키가 1897년(明治 30) 12월 31일 친구와 함께 규슈九州 구마모토 현熊本懸 다마나군玉名郡 덴스이초天水町에 있는 오아마온천小天温泉에 놀러갔다가 하이쿠를 지었던 체험이 소재가 되어 탄생된 작품이다. 작품 속에 나코이온천那古井温泉으로 나오는 곳이 오아마온천을 말하고 있는 것이다. 오아마온천에서 만난 마에다 쓰메코前田卓子가 작품 속 주인공인 나미那美의 모델이 되었다. 현재 오아마온천에는 '풀베개 발상지草枕発祥の地'라고 하는 기념비가 세워져 있다.

3-2. 작품 줄거리

〈풀베개〉는 아래와 같은 문장으로 시작되고 있다.

> 산길을 오르면서 이렇게 생각했다. 이지理智에 치우치면 모가 난다. 감정에 말려들면 낙오하게 된다. 고집을 부리면 외로워진다. 아무튼 인간 세상은 살기 어렵다.
>
> 살기 어려운 것이 심해지면 쉬운 데로 옮겨 살고 싶어진다. 어디로 이사를 해도 살기가 쉽지 않다고 깨달았을 때, 시詩가 생겨나고 그림이 태어난다.
>
> 인간 세상을 만드는 것은 신도 아니고 귀신도 아니다. 역시 보통 사람이고 이웃끼리 오고가는 단지 그런 사람이다. 보통 사람이 만든 인간 세상이 살기 어렵다고 해도 옮겨 갈 나라는 없다.

나쓰메 소세키의 〈풀베개〉 하면 많은 사람들이 이 구절을 떠올릴 정도로 독자들의 공감을 사는 부분이자 화자話者의 인생관이 잘 나타나 있는 부분이다.

〈풀베개〉의 청년 주인공이자 서양화가인 '나余'는 현재 서른 살이지만 일반적으로 30세라고는 생각하기 어려울 만큼 노숙한 면이 있다. 그는 원래 서양화 전공이지만 하이쿠와 한시를 짓기도 하고 문학에 아주 조예가 깊은 청년이다.

'나'는 문명 세상의 병폐에 완전히 지쳐 버렸고, 그렇다고 해서 세상의 어느 곳을 간다고 해도 살기 좋은 곳은 존재하지 않는다는 것을 잘 알고 있다. 세상살이의 번민으로 부터 벗어나기 위해 비인정非人情의 여행을 즐길 수 있는 것을 염원하고 여행을 떠난다.

'나'는 눈앞에 펼쳐지는 풍경을 한 폭의 그림으로 바라본다든지, 한 편의 시詩로 읽는다. '나'는 그림 도구 상자와 삼각대를 이고 봄의 산길을 오르면서 '이지에 치우치면 모가 난다. 감정에 말려들면 낙오하게 된다. 고집을 부리면 외로워진다. 아무튼 인간 세상은 살기 어렵다'라고 생각한다.

자신이 이제까지 아등바등 살아온 것에 염증을 느낀 화공은 세속적인 인정人情을 고무시키는 것 따위는 더 이상 원하지 않는다. 속된 생각을 버리고 속세를 초월한 마음가짐을 갖고 싶어 한다. 서양 예술에 대해서 자연을 근거로 한 동양 예술을 높이 평가하는 예술관을 전개하면서 봄의 산길을 넘어 나코이那古井의 온천 여관에 도착한다. '나'는 잠시 그곳에 머물며 인정과 동떨어진 비인정의 천지에서 놀려고 한다.

나코이의 온천 여관에는 도쿄와 교토에서 공부를 하고, 부친의 결정에 따라 5년 전에 마음에도 없는 결혼을 했으나 남편 집의 사정이 좋지 않아 이혼하고, 친정집에 돌아와 있는 재기 발랄하고 아름다운 시호다 나미志保田那美라고 하는 20대 중반쯤 되는 여성이 있다. 시호다 나미는 보기 드문 미인으로 재기가 넘치며 남에게 지기 싫어하는 성격의 여성이지만 광인狂人이라는 소문도 있다.

'내'가 목욕탕에서 뜨거운 물에 몸을 담근 후 나오려고 문을 여는 동시에 거기에 서 있던 여자가 "안녕하세요. 어젯밤에는 편히 주무셨나요?" 하고 말을 건네며 다가온다. 이 여자가 이혼녀인 시호다 나미라는 여자였다. 사람이 놀라는 모습을 기분 좋게 바라보는 그녀의 얼굴을 보고 '나'는 깨달음과 망설임이 뒤섞인 듯한 표정을 지었다.

나미 씨의 얼굴 표정을 '나'는 아래와 같이 표현했다.

> 이 여자의 표정을 보고 있자니, 어떤 스타일인지 판단하기가 망설여진다. 입은 한일자처럼 길게 다물어 고요하다. 눈은 추호의 결함이라도 놓치지 않겠다

고 움직이고 있다. 턱 부분이 볼록한 대추씨 같은 얼굴로 침착하고 풍만한 데 반해 이마는 좁다랗고 답답한 게 소위 후지 이마의 속취를 띠고 있다. 뿐만 아니라 눈썹은 양쪽으로 좁혀져 있다. 코만 경박하게 뾰족하지도 않고 우둔하게 둥글지도 않다. 그림으로 표현한다면 아름다울 것이다.

'나'는 마을에 있는 이발소에 들어갔다. 이발소에 들어온 이상 손님의 권리로 거울을 들여다보지 않으면 안 된다. 그러나 '나'는 아까부터 이 권리를 포기하고 싶다는 생각을 한다. '나'는 거울이라는 도구는 평평하게 생겨서 사람의 얼굴을 제대로 비춰 주지 않으면 명분이 서지 않는다고 생각한다.

이발사가 면도날을 놀려 그것이 볼에 닿을 때 득득 소리가 났다. 귀밑의 털을 밀 때는 뜨금하고 동맥이 울렸다. 턱 언저리에서 면도칼이 움직일 때에는 버석버석하고 서릿발이라도 밟는 것 같은 괴상한 소리가 났다. '나'는 면도칼이 잘못되어서 어디로 날아갈지 알 수 없다고 생각했다. 이발사가 별안간 마음이 변해서 목줄이라도 끊으면 사고라고 생각했다.

수다쟁이 이발사가 나미 씨는 한 번 출가했다가 되돌아온 여자라고 말해 준다. 또한 나미 씨는 얼굴은 괜찮지만 머리가 이상하여, 마을사람들은 그녀를 미치광이로 여기고 있다는 이야기를 들려 준다.

나코이온천 가까이에 있는 관해사觀海寺라는 절의 다이안泰安이라고 하는 젊은 스님이 나미 씨를 연모하여 나미 씨에게 연애편지를 보낸 적이 있다. 편지를 받은 나미 씨는 다이안 스님에게 다가가 부처님 앞에서 같이 자자고 그의 목에 매달렸다. 이 일이 있은 뒤에 스님으로서 창피하게 생각한 다이안은 몰래 절에서 나가 버렸다.

위와 같은 나미 씨와 다이안 스님과의 관계를 '나'는 이발사에게 들었다.

어느 날 '나'는 수건을 걸치고 목욕탕에 갔다. 온천물 속으로 쑥 들어가 가슴까지 담그고 있는데 갑자기 목욕탕의 문이 열리고 계단 위에 사람 그림자가 나타난다. 어슴푸레한 어둠과 탕의 뜨거운 공기 때문에 확실히는 보이지 않지만 아무것도 모른 채 다가오는 사람의 그림자가 '나'는 나미 씨라는 것을 알았다.

'나'는 잡념이 일 틈도 없이 선녀를 본다는 생각에 그리고 오로지 아름다운 그림 소재를 얻은 기쁨에 그 자리에 굳어 버렸다. 나미 씨는 '내' 앞에 실오라기 하나 걸치지 않은 채 홀연 나타났던 것이다. '내'가 목욕탕 안에서 본 나미의 나신裸身의 아름다움은 아래와 같았다.

> 목덜미를 양쪽에서 안으로 가볍게 좁혀 들더니 무리 없이 어깨로 밀려 떨어진 선이, 풍성하게 동그랗게 꺾어지고, 아래로 흘러내린 끝은 다섯 손가락으로 나누어진 것이리라, 불룩하게 부풀어 오른 두 젖가슴 아래에는, 잠시 물러간 물결이 다시 부드럽게 되살아 올라서 아랫배로 뻗쳐 그 느낌을 편안하게 해 준다. 뻗친 힘을 뒤로 빼돌려 힘이 빠지는 곳에서 갈라진 살이 균형을 취하기 위해 약간 앞으로 기운다. 아래에서 떠받치는 무릎이 이번에는 자세를 가다듬어, 기다란 물결이 뒤꿈치에 닿을 무렵, 평평한 발이 모든 갈등을 두 발바닥으로 감쪽같이 다스린다. 세상에 이처럼 착잡한 배합은 없다. 이처럼 통일된 배합도 없다. 이처럼 자연스럽고 이처럼 부드럽고 이처럼 저항이 적으며 이처럼 무난한 윤곽은 결코 찾아보기 어렵다.

나미 씨의 나체 모습은 보통 나체처럼 노골적으로 '내' 눈앞에 내밀고 있는 것이 아니다. 모든 것을 유현화하는 일종의 영적 분위기 속에 멍하니 보였다. 알몸을 한 나미 씨는 "호호호"라고 큰소리로 웃으며 고요한 목욕탕에서 사라져 버린다. '나'는 꿀꺽 따뜻한 물을 마신 채로 통 속에 우뚝 선다. 나미 씨의 대담한 행동이 목욕탕 안에서 목욕을 하고 있던 '나'를 놀라게 했던 것이다.

'나'는 여관집 주인으로부터 차 대접을 받았다. 손님은 관해사의 다이테쓰大徹주지와 나미의 사촌 동생인 규이치久一였다. 규이치는 지원병으로 며칠 안으로 만주 벌판으로 출정하게 되어 있다.

차를 마시고 방으로 돌아와 독서를 하고 있는 '나'의 방에 나미 씨가 수다를 떨러 찾아왔다. '나'는 나미 씨에게 아까는 어디로 외출했었느냐고 물었다. 나미 씨는 '가가미가 못' 근처를 돌았다고 말한다.

'나'도 가가미가 못에 가 보고 싶다고 말하면서, 그곳이 그림 그리기에 좋은 곳이냐고 물었다. 나미 씨는 태연히 "투신자살하기 좋은 곳이에요"라고 대답한다. "투신자살할 생각은 아직 없는데요" 하며 '내'가 애써 냉정하게 대답하자 나미 씨는 "나는 머지않아 투신자살하게 될지도 몰라요"라고 말한다.

나미 씨는 자신이 투신자살하여 편안하게 죽어서 몸이 물에 둥실 떠 있는 모습을 예쁘게 그려 달라고 '나'에게 부탁한다. 황당해 하는 '나'를 남겨둔 채 나미는 빙긋 웃으며 방을 나간다. '나'는 한참동안 망연자실했다.

'나'는 배로 만주로 출정하는 규이치를 요시다 정거장까지 배웅하러 갔다. 같이 배에 탄 사람은 나와 규이치 외에 노인, 나미 씨, 나미 씨의 사촌 오빠, 짐 나르는 걸 도와주는 겐베에였다. 배 위에서 나미 씨가 다시 한번 '나'에게 "선생님 저를 그려 주세요"라고 부탁한다.

'나'는 그림을 그려 주고 싶지만 아래와 같이 당신의 얼굴은 그림이 되지 않는다고 말한다.

> "나도 그리고 싶지만 아무래도 당신 얼굴은 그것만으론 그림이 되지 않는데."
> "죄송해요. 그럼 어떻게 하면 그림이 되나요."
> "아니, 지금 그걸로도 그림이 되긴 하지만 다만 좀 부족한 데가 있어요. 그것이 나오지 않는 모습을 그리면 아깝지요."

화공인 '나'는 나미 씨의 얼굴 표정에 조금 부족한 부분이 있어 그것이 나오지 않은 채 그리는 것은 애석한 일이라고 말하면서 그림 그리기를 거절한다.

기차 정차장에 도착한 일행은 개찰구를 빠져나가 플랫폼으로 나간다. 굉음이 나고 하얗게 반짝이는 철로 위를 문명이라는 긴 뱀이 꿈틀대며 달려온다. 문명의 긴 뱀은 입에서 검은 연기를 뿜는다. 뱀은 우리 앞에 멈춰 섰다. 옆구리의 문이 몇 개나 열리자 기차 안으로 규이치가 올라탔다. 나미 씨와 나를 포함한 일행은 기차 밖에 서 있었다.

'나'는 열차 바퀴가 한 번 돌아가면 규이치는 이미 우리 세계의 사람이 아니라고 아래와 같이 생각한다.

> 규이치 씨는 이미 우리 세계의 사람이 아니다. 멀고 먼 세계로 가 버린다. 그 세계에서는 화약 냄새 속에서 사람들이 일하고 있다. 그렇게 붉은 피에 미끄러지고 마구 넘어진다. 공중에서는 대포 소리가 꽝꽝 울린다. 이제부터 그런 곳으로 가는 규이치 씨는 기차 안에 서서 아무 말 없이 우리를 바라보고 있다.

'나'와 규이치와 인과는 여기서 끊어진다. 인과가 끊어지는 이유는 규이치가 대포 소리가 쾅쾅 울리는 만주로 출정하기 때문이다.

이윽고 규이치가 탄 객차 문도 탁 하고 닫히고 말았다. 기차가 일행 앞을 지나갔다. 규이치의 얼굴이 작아져 마지막의 삼등 열차가 '내' 앞을 지날 때, 창문 안에서 또 하나의 얼굴이 나타났다.

갈색의 빛 바랜 중절모 아래로 수염 투성이 산적이 이별이 서러운 듯 고개를 내밀었다. 그때 나미 씨와 산적의 얼굴이 엉겁결에 마주쳤다. 나미 씨와 산적은 서로를 바라보았다. 하지만 기차의 쇠 바퀴가 덜거덕 덜거덕 돌아가자 산적의 얼굴은 이내 사라졌다.

나미 씨는 우두커니 떠나가는 기차를 보내고 있다. 그녀가 우두커니 서 있는 동안에 이상하게도 나미 씨의 얼굴에 이제껏 본 적이 없는 '애련'이 떠오른다.

"그거야! 그거야! 그게 나오면 그림이 됩니다" 하고 '나'는 나미 씨의 어깨를 두드리며 작은 소리로 말했다. '나'의 가슴속 그림은 이 순간에 완성되었던 것이다.

4. 몽십야

4-1. 작품 안내

〈몽십야夢十夜〉는 1908년(明治 41) 7월 25일부터 8월 5일까지 10회에 걸쳐서 《아사히신문》에 연재되었던 작품이다. 7월 말과 8월 초 무덥고 끈적거리는 한 여름날에 도쿄 신주쿠구 와세다대학 부근에 있는 나쓰메 소세키의 자택에서 〈몽십야〉는 쓰여졌다.

1908년 6월에 오사카 《아사히신문》은 주문에 의해 〈문조文鳥〉를 발표한 나쓰메 소세키에게 잇따라 짧은 단편을 써 달라는 주문을 한다. 주문에 의해 쓰여진 작품이 〈몽십야〉이다. 이 작품은 〈갱부坑夫〉와 〈산시로三四郎〉의 중간에 쓰여진 단편소설이다.

〈몽십야〉는 열 개의 꿈 이야기로 이어진 짧은 단편이지만 꿈이라는 것이 가장 숨김없는 인간적인 고백이자 시간과 공간에 구애받지 않고 꿈으로써 표현할 수 있는 점을 고려할 때, 이 작품은 작자인 나쓰메 소세키의 상상력의 원천이 드러나 있는 작품이다.

또한 〈몽십야〉에는 나쓰메 소세키 문학의 핵심 테마를 이루고 있는 인간의 불안, 희망과 기대, 공포, 애욕, 허무, 아집, 죽음 등이 나타나 있다.

4-2. "제일야" 줄거리

"제일야第一夜"에는 죽음에 의해서도 방해되지 않는 영원한 사랑이 그려져 있다. 여인의 무덤 옆에서 100년을 기다리고 있는 남성의 묘사는 인상적이며, 긴 머리카락에 '윤곽이 부드러운 갸름한 얼굴, 〔…〕 새하얀 볼에 따뜻한 혈색이 알맞게 내비치고 있는 붉은 입술'을 가진 여성의 묘사는 〈그 후〉의 여성 주인공 미치요三千代의 외모와 비슷한 느낌이다. 나쓰메 소세키가 무의식 중에 꿈꾸어 온 이상적인 여성의 모습이 살짝 드러난 것이다.

"제일야" 주인공 남자는 아무리 보아도 죽을 것 같아 보이지 않는 여자의 머리맡에 입을 가까이 대고는 '죽는 건 아니겠지? 괜찮은 거지?'라고 묻는다. 그러자 여자는 졸린 듯한 검은 눈을 크게 뜬 채로 여전히 조용한 목소리로 '죽는걸요. 어쩔 수가 없어요'라고 대답한다.

여자는 '죽으면 묻어 줘요. 커다란 진주조개로 구멍을 파고, 그리고 하늘에서 떨어져 내린 별의 파편을 묘비로 세워 놓아 주세요'라고 남자에게 부탁한다. 남자는 고개를 끄떡이면서 그렇게 하겠다고 동의를 한다.

나쓰메 소세키의 초상화.

여자는 조용한 태도를 바꾸어서 '100년 기다려 주세요'라고 단호한 목소리로 말한다. 그리고는 다시 한번 '100년, 내 무덤 옆에서 기다려 주세요. 꼭 만나러 올 테니까요'라고 다짐을 한다. 남자는 여자의 의견을 받아들여 그저 '기다리고 있겠다'고 대답한다.

여자가 죽고 난 이후 남자는 죽은 여자를 진주조개로 판 구멍 안에 눕혔다. 그리고 부드러운 흙을 위에서 뿌렸다. 조개 뒷면에 달빛이 비쳐 반짝반짝 빛나는 어두운 달밤에 남자는 여자를 묻어 준다.

순진한 남자는 여자의 무덤 옆에서 100년을 기다리며 자신이 여자에게 속은 것은 아닐까 하고 생각하던 바로 그때에, 돌 아래서 비스듬히 남자 쪽을 향해 초록빛 줄기가 뻗어 나왔다. 눈앞에서 금세 길어지더니 가슴까지 와서 멈추었다. 흔들리는 가늘고 긴 줄기 끝에 한 송이의 꽃봉오리가 탐스럽게 꽃잎을 열었다. 새하얀 백합이 코끝에서 뼛속까지 스며들 정도로 향기를 풍겼다. 남자는 고개를 앞으로 내밀어 새하얀 백합 꽃잎에 입을 맞추었다. 남자가 백합에서 얼굴을 떼려다가 문득 먼 하늘을 바라보니, 새벽 별이 오직 하나 깜박이고 있었다는 환상의 세계가 작품 속에 펼쳐져 있다.

4-3. "제이야" 줄거리

"제이야第二夜"의 꿈은 잡념이 많은 무사(사무라이)가 좌선을 통해 무無를 깨달으려고 어두운 방안에서 노력을 하지만 무의 상태는 좀처럼 나타나지 않는다는 이야기이다.

스님은 '너는 무사다. 무사라면 해탈하지 못할 리가 없을 거다'라고 말한다. 다시 스님은 분하면 해탈한 증거를 갖고 오라며 고개를 획 돌렸다. 스님의 말을 들은 무사는

> 넓은 방 옆에 놓여 있는 탁상 시계가 다음 시각을 알릴 때까지는 꼭 해탈해서 보여 주마. 해탈한 다음 오늘밤 또 입실해야겠다. 〔…〕
>
> 만약 해탈하지 못하면 스스로 목숨을 끊겠다. 무사가 모욕을 당하고 살아 있을 수는 없다. 깨끗이 죽어 버리겠다

라고 결심한다.

무사는 주지승의 모가지와 해탈을 맞바꿔 주려고 한다. 무사가 해탈하지 못하면 주지승의 목숨을 가질 수가 없다고 마음의 각오를 다진다. 그리고 무사는 단도를 칼집에 꽂고 오른쪽 겨드랑이 쪽에 가까이 놓은 뒤, 좌선을 한다. 어금니를 악물었더니 코에서 뜨거운 김이 거칠게 뿜어 나온다. 관자놀이가 당겨 아픔을 느낀다.

무사는 무無를 깨달은 다음에 '주지를 죽여 버리겠다'라고 마음먹는다. 하지만 무는 도무지 무사의 눈앞에 나타나지 않는다. 결국 무를 깨닫지 못한 가운데 시계가 두 번째 종을 땡 하고 치는 장면에서 작품은 끝난다.

4-4. "제삼야" 줄거리

"제삼야第三夜"는 '이런 꿈을 꾸었다. 여섯 살짜리 아이를 업고 있다. 분명히 내 자식이다'라는 부친의 이야기에 의해 진행되고 있다. 전반적인 스토리는 부친이 여섯 살 난 눈먼 아이를 업고 밤길을 걸어가면서 아이와 나누는 이야기이다. 아이가 '언제부터인지 눈이 멀었고 머리가 까까머리이다'라는 내용으로 작품 초반부가 시작된다.

아이는 부친의 자식임에 틀림없으나 부친도 모르는 사이에 눈이 멀어

장님이 되어 있다. 아이의 목소리는 어린애임에 틀림없으나 말투는 어른 같다. 여섯 살짜리 눈먼 아이가 어른의 말투를 하고 있는 것도 부친에게 두려움을 안겨 주고 있다.

나쓰메 소세키의 초상화.

어른의 말투를 쓰는 눈먼 아들을 자신의 등에 업고 해오라기 그림자가 어둠 속에 드리운 비 내리는 밤길을 걸어가고 있는 부친의 모습을 통해 이 작품은 처음부터 까닭 모를 불안과 걱정을 독자에게 전달하고 있다.

부친은 자신의 아들을 아무도 모르게 내다 버리려고 한다. 이때 부친의 등에 업힌 아이는 '여기다. 여기. 바로 저 삼나무 뿌리 있는 데다'라고 말한다. 아이의 말에 부친은 자신도 모르게 멈추어 섰다.

어느덧 숲속에 들어와 있었다. 아이가 말한 대로 한 칸 정도 앞에 있는 검은 것은 분명히 삼나무처럼 보였다. 아이는 '아버지, 저 삼나무 뿌리 있는 곳이었지' 하고 말하자 부친은 '응, 그랬지' 하고 자신도 모르게 대답해 버렸다.

아이는 '네가 나를 죽인 것은 지금부터 꼭 100년 전이었지' 하고 말한다. 부친은 이 말을 듣는 순간 지금으로부터 100년 전 문화文化5년 진년辰年[152]의

152 일본 에도 시대의 연호. 1808년을 가리킴.

이런 캄캄한 밤에 이 삼나무 뿌리에서 한 사람의 장님을 죽였다고 하는 자각이 홀연히 머릿속에 떠올랐다. 부친은 자신이 살인자였다는 것을 처음으로 깨닫는 순간 등 뒤의 아이가 돌부처처럼 무거워졌다.

4-5. "제사야" 줄거리

"제사야第四夜"의 주인공은 '나自分'라고 하는 아이와 '노인爺さん'이다.

아이인 '나'는 하얀 수염을 잔뜩 기르고 있는 노인의 나이가 몇 살쯤 될까 하고 생각한다. 그런데 마침 주막집 부인이 앞치마로 손을 닦으면서 '할아버지는 몇 살이세요?'라고 묻는다. 이 노인은 주막집 부인의 질문에 대해, 술안주인 조림을 꿀꺽 삼킨 후 '몇 살인지 잊어버렸네' 하며 딴청을 부린다.

도무지 정체를 알 수 없는 노인의 행동을 의아하게 생각한 주막집 부인이 이번에는 '할아버지네 집은 어디세요?'라고 묻는다. 노인은 기다란 숨을 도중에 끊더니, '배꼽 속이라네'라고 대답한다.

그러고는 땅 한가운데 수건을 놓고 주위에 커다란 동그라미를 그렸다. 그리고 어깨에 멘 상자 속에서 놋쇠로 만든 엿장수 피리를 꺼내어 아이들에게 '이제 그 수건이 뱀이 될 테니까 보고 있거라, 보고 있거라' 하고 되풀이하여 말했다. 아이들은 노인이 말한 대로 수건이 뱀이 되는 것을 보고 싶었기 때문에 호기심 있게 수건이 뱀이 되는 과정을 보려고 기다리고 있다.

노인은 다시 어깨에 멘 상자 뚜껑을 열더니 수건을 그 속으로 집어넣으며, '이렇게 해 두면 상자 속에서 금세 뱀이 된단다. 금세 보여 주마' 하고 강물 속으로 첨벙첨벙 들어가기 시작했다. 처음에는 무릎 정도 깊이였는데 허리에서 가슴까지 점점 물에 잠겨 보이지 않게 되었다. 노인은 '깊어진다. 밤이 된다. 똑바로 된다'라고 노래하면서 강물 속에 들어간 채 결국 밖으로 나오지 않았다.

4-6. "제오야" 줄거리

일본의 신화 시대에 가까운 옛날에 전쟁에 패하여 포로가 된 사람이 죽기 전에 한 번만이라도 사랑하는 여인을 만나고 싶다고 염원한다. 적의 대장은 날이 새고 첫닭이 울 때까지라면 기다리겠노라고 말했다. 첫닭이 울어도 여자가 오지 않으면 주인공인 '나'는 연인을 만나 보지 못하고 죽게 되는 운명이다.

이때 여자는 뒤뜰의 졸참나무에 매어 놓은 백마를 끌어내어 올라타고는 포로가 되어 있는 '나'를 만나러 오는 중이었다. 하지만 그때 갑자기 '꼬끼오' 하는 닭 울음소리가 들렸다. 백마를 탄 여자는 몸을 휘청 하면서 양손에 쥔 고삐를 힘껏 잡아당겼다. 말은 앞발굽을 단단한 바위에 힘차게 박았다.

이때 '꼬끼오' 하고 닭이 또 한 번 울었다. 말은 다리가 부러졌으며, 여자는 말 위에서 떨어졌다. 말발굽 자국은 아직까지 바위 위에 남아 있다. '닭 우는 흉내를 낸 것은 악귀였다'라는 내용에서 작품은 끝난다.

4-7. "제육야" 줄거리

운케이[153]가 호국사 정문에서 인왕을 새기고 있다는 소리를 듣고 산책 겸해서 가 보았더니 사람들이 많이 모여서 이런저런 이야기를 나누고 있다. 운케이는 사람들의 평판에는 조금도 개의치 않고 끌과 망치를 움직여 가며

153 일본 가마쿠라 시대를 대표하는 유명한 조각가.

〈몽십야〉 "제육야"의 소재가 된 인왕. 일본 나라 지방 동대사東大寺 남대문 내에 있는 인왕.

인왕의 얼굴 근처를 열심히 파고 있다.

'나'와 젊은 남자는 인왕보다는 그것을 조각하는 운케이 쪽에 흥미를 느끼고 있다. '나'는 운케이가 끌과 망치를 사용하는 모습을 보고 '용케도 저렇게 아무렇게나 끌을 써서 뜻대로 눈썹이나 코가 만들어지는구먼' 하고 탄복한다. 젊은 남자는 운케이의 행동을 보고 '나무 속에 묻혀 있는 것을 끌과 망치로 파낼 뿐'이라고 설명한다.

운케이가 너무 쉽게 인왕을 파내는 것을 본 주인공 '나'는 갑자기 인왕을 만들고 싶어져서 집으로 돌아왔다. 도구 상자에서 끌과 망치를 갖고 나와 뒤뜰로 가보니 폭풍으로 넘어진 떡갈나무 토막들이 잔뜩 쌓여 있었다.

'나'는 떡갈나무 가운데서 가장 큰 것을 골라 기세 좋게 파기 시작했는데 불행하게도 인왕은 나타나지 않았다. 그 다음 역시 운 나쁘게도 파낼 수가 없었다. 세 번째 것에도 인왕은 없었다. '나'는 쌓아 놓은 떡갈나무 장작을 닥치는 대로 파 보았지만 인왕이 들어 있는 나무는 하나도 없었다.

결국 나는 메이지明治의 나무에는 인왕이 묻혀 있지 않다는 것을 깨달았다. 그리고 운케이가 오늘날까지 살아 있는 이유도 대충 이해가 갔다.

4-8. "제칠야" 줄거리

위에는 태양과 아래는 바다라는 명확한 공간 구조 속에 큰 배가 매일 끊임없이 검은 연기를 내뿜으며 파도를 가르며 나아가고 있다. '나'라고 하는 주인공은 엄청난 소리를 내며 어디로 가는지 알 수 없는 큰 배에 타고 있다.

하지만 자신이 어디에서 와서 어디로 가고 있는지 알지를 못한다.

'나'는 배 안에서 처음으로 만난 뱃사람을 붙들고 '이 배는 서쪽으로 갑니까?' 하고 물어보았다. 뱃사람은 명확한 답변을 하지 않고 껄껄 웃으며 다른 곳으로 가 버렸다. '나'는 이 배가 언제 육지에 닿을지, 어디로 가는지 알 수 없어 마음이 몹시 불안해졌다. 불안을 느낀 '나'는 '이런 배를 타고 있는 것보다 차라리 몸을 던져 죽어 버릴까' 하고 생각한다.

배 안에서 두 번째로 만난 사람은 난간에 기대어 자꾸만 울고 있는 여자였다.

세 번째로 만난 사람은 천문학과 신神에 대하여 관심을 갖고 있는 외국인이었다.

네 번째로 만난 사람은 살롱에서 피아노를 치고 있는 젊은 여자와 그 여자 옆에서 노래를 부르고 있는 젊은 남자였다.

'나'는 선상船上에서 뱃사람, 울고 있는 여자, 외국인, 젊은 남녀 등 네 종류의 사람들을 대면했으나 그들에게 인간적인 정情을 느끼지 못한 채 마음을 터놓고 진지한 대화를 나누지 못했다.

'나'는 따분함을 느껴 마침내 죽기로 결심을 한다. 투신자살하기로 마음을 정한 '나'는 어느 날 저녁 주위에 아무도 사람이 없을 때, 과감하게 배 위에서 바다로 뛰어내렸다.

그런데 다리가 갑판을 떠나 배와 인연이 끊긴 그 찰나에 갑자기 목숨이 아깝다고 느낀다. 바다로 안 뛰어들었으면 좋았다고 생각하지만 이미 배에서 발이 떨어진 이상 자신이 한 행동을 되돌리기에는 시간적으로 늦었다. 싫으나 좋으나 '나'는 바다 속으로 들어가지 않으면 안 되는 상황에 놓이게 된 것이다.

그러는 사이에 자신이 탔던 배는 언제나처럼 검은 연기를 내뿜으며 지나쳐 버렸다. 나는 무한한 후회와 공포를 안고 검은 파도 쪽으로 조용히 떨어져 간다.

4-9. "제팔야" 줄거리

이발소의 문턱을 넘어서자 흰옷을 입고 모여 서 있던 서너 명의 사람이 한꺼번에 '어서 오십시오'라고 말했다. 이발소 안에는 거울이 여섯 개가 있었다. 그 거울에는 여러 가지 모습이 비추어졌다.

이발소 안에서 거울을 통해 창밖의 풍경을 바라보았다. 쇼타로가 파나마 모자를 쓰고 여자를 데리고 지나가는 장면이 보였다. 여자의 얼굴을 잘 보려고 하는데 지나가 버렸다. 두부장수가 나팔을 입에 대고 지나가는 장면도 보였다. 나팔을 불고 있었기 때문에 뺨이 벌에 쏘인 것처럼 부어 보였다. 화장을 안 하고 잠이 덜 깬 얼굴 모습을 한 일본 기생의 모습도 보였다.

'나'는 또 다른 거울 한구석을 있는 시력을 총동원해서 들여다보았다. 카운터 안에서 얼굴 색이 약간 검고 눈썹이 짙은 덩치 큰 여자가 무릎을 세우고 지폐를 세고 있다. 지폐는 10엔짜리인 것 같다. 여자의 무릎 위에 놓여 있는 것은 기껏해야 100장 정도인데 그 100장이 언제까지 세어도 100장이다.

이발 값을 치르고 밖으로 나오니, 금붕어 장수가 자기 앞에 놓인 금붕어를 턱을 괴고 바라보고 있다. 금붕어 장수는 시끌벅적한 길거리의 동정에는 조금도 관심이 없는 듯이 전혀 움직이지도 않고, 그저 턱을 괴고는 빨간 금붕어, 반점이 있는 금붕어, 홀쭉한 금붕어, 뚱뚱한 금붕어를 바라보고 있다.

4-10. "제구야" 줄거리

세상은 언제부터인지 어수선해지기 시작했다. 금방이라도 전쟁이 일어날 것 같은 분위기였다. 불난 집에서 뛰쳐나온 안장 없는 말이 밤낮없이 집 주위를 날뛰며 돌아다니고, 졸개들이 서로 밀쳐대며 역시 밤낮없이 그 말들을 쫓아다니고 있다.

세 살 된 아이를 가진 젊은 어머니는 달이 뜨지 않은 한밤중에 뒷문으로 나가 돌아오지 않고 있는 남편을 기다린다. 어머니는 세 살짜리 아이에게 '아빠는?' 하고 매일 묻는다. 아이는 처음에는 아무 소리도 하지 않았지만 시간이 흐르자 '저어기'라고 대답하고는 웃는다. 가끔은 어머니가 '아빠는 어디?'라고 물으면 아이가 '이제 곧' 하고 대답할 때도 있었다.

밤이 되어 사방이 정적에 휩싸이면, 어머니는 단도를 허리띠 사이에 꽂고, 아이를 등에 업고는 삼나무가 있고 부엉이가 우는 배전拜殿 계단 아래로 나온다. 어머니는 배전 앞에서 우선 소리나게 방울을 흔든 다음 손뼉을 친다. 대개는 이때 부엉이가 갑자기 울음을 그치게 된다. 어머니는 일사불

란한 마음으로 남편의 무사를 빌었다. 어머니는 남편이 무사武士이므로 활의 신을 모신 신사에 와서 이렇게 간곡히 기도를 하면 아마도 효험이 있을 거라고 생각하고 있다.

이렇게 어머니가 며칠 밤을 잠 못 이루며 마음 졸여 걱정하고 있던 아버지는 벌써 예전에 무사에 의해 죽었다. '이런 슬픈 이야기를 꿈속에서 어머니한테 들었다'라는 내용으로 작품은 끝난다.

4-11. "제십야" 줄거리

"제십야第十夜"의 남자 주인공 쇼타로는 동네에서 제일가는 미남 청년이며 지극히 선량하고 정직한 사람이다. 쇼타로의 취미는 저녁이 되면 파나마 모자를 쓰고 과일 가게 앞에 걸터앉아 길 가는 여자의 얼굴을 바라보는 것이었다. 그는 과일 바구니를 보고 품평하는 일은 있어도 한 번도 과일을 산 적은 없다. 그렇다고 공짜로 과일을 먹는 일도 없었다. 과일의 색깔을 칭찬하고만 있는 것이다.

어느 날 저녁 한 여자가 불쑥 과일 가게로 들어섰다. 지체 있게 보이고 값비싼 복장을 한 여자였다. 그녀의 옷 색깔 또한 무척이나 쇼타로의 마음에 들었다. 쇼타로는 파나마 모자를 벗고 정중하게 그녀에게 인사를 하고는 그녀가 산 과일 바구니를 '댁까지 들어다 드리지요'라면서 그 여자와 함께 과일 가게를 나섰다.

쇼타로는 긴 전차를 타고 어디론가 갔다. 전차에서 내려다보니 파란 들판이 나왔다. 여자와 함께 풀밭을 걸어가자 갑자기 절벽 꼭대기가 나왔다. 그때 여자가 쇼타로에게 절벽에서 '뛰어내려 보세요'라고 말했다.

쇼타로는 죽는 것이 싫어서 파나마 모자를 벗어 보이며 거듭 사양했다. 그러자 여자는 '절벽으로 뛰어내리지 않으면 돼지에게 욕보일 텐데 그래도 괜찮겠냐?'라고 말했다. 하지만 여전히 쇼타로는 절벽 아래로 뛰어내리기를 미루고 있었다.

그런데 그때 몇 만 마리인지 셀 수 없이 많은 돼지들이 콧김을 씩씩거리며 쇼타로를 향해 다가왔다. 쇼타로는 빈랑나무로 만든 지팡이로 돼지 콧등을 쳤다. 돼지는 지팡이가 코에 닿기만 하면 '꿀' 하며 벼랑 아래로 떨어져갔다.

쇼타로는 여섯 밤 일곱 낮 동안이나 돼지 콧등을 두드렸다. 그러나 마침내 기운이 다해 손이 묵처럼 늘어져 결국 돼지에게 당하고 말았다. 그리고 벼랑 위에 쓰러졌다.

겐 씨는 쇼타로의 이야기를 여기까지 말하고는 그러니까 여자를 너무 쳐다보는 것은 안 좋다고 말했다. 쇼타로는 살아나지 못할 것이다. '파나마 모자는 겐 씨 것이 될 것이다'라는 장면에서 작품은 끝난다.

5. 산시로

5-1. 작품 안내

〈산시로三四郎〉는 1908년(明治 41) 9월 1일부터 같은 해 12월 29일까지 117회에 걸쳐서 도쿄, 오사카의 《아사히신문》에 연재된 중편소설이다.

나쓰메 소세키 작품의 주무대가 도쿄인 것은 말할 필요도 없다. 제2차 세계대전 중의 전쟁 피해와 전후의 경제적 번영에 의해 도쿄의 옛 모습은 현재 많이 달라졌다.

그러나 도쿄 지역 가운데 가장 변하지 않은 곳을 고르라고 한다면 도쿄대학 구내일 것이다. 도쿄대학(옛날에는 도쿄제국대학)은 나쓰메 소세키가 재학하여 공부했던 대학이고, 영국 유학을 마치고 돌아와서는 영문과 교수로 근무했던 대학이다. 그러므로 도쿄대학 구내는 나쓰메 소세키와의 관련이 있는 장소가 많고 작품 속에 묘사된 대학으로도 유명하다.

도쿄대학 입구에는 붉은 색칠을 한 나무 기둥에 기와 지붕을 얹은 '아카몬赤門 정문'이 있다. 이 아카몬 정문을 들어서면 돌로 된 대학 건물이 나오며, 정문에서 앞으로 곧장 뻗은 길을 3분 정도 걸어가면 수풀로 둘러싸인 '산시로 연못'이 나온다.

산시로 연못(저자 촬영).

원래 이 연못의 이름은 '치도리가이케千鳥ヶ池'였다. 하지만 나쓰메 소세키의 〈산시로〉에서 주무대로 묘사되어지고 난 이후, 그 이름이 '치도리가이케'에서 '산시로 연못'으로 바뀌었다.

울창한 나무숲과 까마귀 울음소리를 들으며 산시로 연못 주위를 산책하면서, 작품 〈산시로〉의 주인공인 산시로와 미네코가 이 연못 주위에서 만나는 장면을 상상해 보는 것은 작품을 이해하는 데 크게 도움이 될 것이다.

5-2. 작품 줄거리

이 작품의 주인공인 23세의 오가와 산시로小川三四郎는 규슈九州 후쿠오카현福岡懸 출신으로 구마모토態本에 있는 고등학교를 졸업하고 문과대학에 입학하기 위해 어머니를 고향에 남겨두고 도쿄로 상경한다.

작품 속의 문과대학은 제반 사항을 고려해 볼 때 도쿄제국대학의 문과대학을 가리킨다고 할 수 있다.

산시로는 도쿄로 올라오는 기차 안에서 한 여인을 우연찮게 만나게 되어

일본에서 발행된 《산시로》 표지.

본의 아니게 나고야名古屋의 여관에서 하룻밤을 같이 묵게 된다.

산시로가 여관방 목욕탕에서 목욕을 하고 있는데 여자가 목욕탕에 들어와서 '등을 좀 밀어 드릴까요?'라고 말한다. 산시로는 괜찮다고 거절했지만 여자는 목욕탕에서 나가지 않고 오히려 허리띠를 풀기 시작했다. 부끄러움이 전혀 없이 대담한 행동을 하는 여인과 그런 행동을 보고 놀라며 오히려 부끄러워하는 청년 산시로가 대비적으로 묘사되었다.

산시로는 요가 하나밖에 깔리지 않은 여관방 모기장 안에서 아래와 같이 여인과 함께 하룻밤을 잤다.

> 산시로는 타월을 펴서 자신이 잘 자리에 두 장 잇대어 길게 깔고, 그 위에 가늘고 길게 누웠다. 그날 밤 산시로의 손도 발도 그 좁은 타월 밖으로는 한 치도 나가지 않았다. 여자와는 한마디도 말을 하지 않았다. 여자도 벽을 향한 채 조금도 움직이지 않았다.

마침내 날이 밝았다. 산시로는 여관에서 동숙한 여인으로부터 '당신은 어지간히 배짱이 없는 분이군요'라는 말을 듣는다. 이 말을 들은 산시로는 수치와 혼란을 느껴 한동안 가만히 웅크리고 있었다.

산시로는 규슈에서 성장하여 처음으로 도쿄에 상경하는 순진한 청년답게 여성과의 접촉을 두려워하며 분출하는 성욕을 최대한 억제했던 것이다.

나고야에서 도쿄로 가는 기차 안에서 만난 교사 스타일의 남자는 '이런 몰골을 하고 이렇게 볼품없어서는 아무리 러일전쟁에 이겨 일등국이 되어도 소용없지요. 무엇보다 건물을 봐도 정원을 봐도 어느 것이나 볼품이 없는 얼굴과 비슷하다'고 산시로에게 말한다.

산시로가 '이제부터 일본도 점점 발전하겠지요?'라고 묻자, 남자는 일본은 '망하고 말 거요'라고 단정해서 말한다. 산시로는 고향인 구마모토에서 이 남자같이 말을 하면 얻어터지거나 역적 취급받을 거라고 생각한다.

이후 이 남자는 '구마모토보다 도쿄가 넓고, 도쿄보다 일본이 넓고, 일본보다 머릿속이 넓다'면서 '얽매이면 안 된다', '일본을 위한다고 해도 지나친 편애는 오히려 해를 미치게 된다'고 산시로에게 충고한다. 이 남자는 당시 시대의 현실을 여과 없이 청년 산시로에게 설명해 주고 있는 것이다.

도쿄에 올라온 산시로는 도쿄라는 대도시 생활에 놀라며, 처음으로 넓은 세상에 나온 것을 느끼게 된다. 고향에 계신 어머니의 편지 부탁에 의해 같은 고향 선배인 도쿄제국대학 이과대학에서 연구 생활을 하고 있는 연구자를 소개받는다. 이 사람은 나이가 30세이며 도쿄 신주쿠 부근에 있는 오오쿠보大久保 역 근처에서 하숙을 하고 있는 노노미야 소하치野々宮宗八이다. 산시로는 그가 근무하고 있는 도쿄제국대학을 찾아가서 인사를 했다.

산시로는 노노미야 소하치의 연구에 대한 열의에 감탄을 한다.

노노미야 소하치를 방문하던 날, 도쿄제국대학 정문에서 걸어서 3분 정도에 있는 대학 구내의 연못 가장자리에서 자신과 나이가 비슷한 사토미 미네코里見美禰子라는 여성을 만난다. 사토미 미네코는 얼굴 전체가 부드럽고 예쁜 이를 가진 한마디로 아름다운 여성이었다.

규슈에서 기차를 타고 올라온 산시로는 점차 도쿄의 도시 생활에 적응하기 시작한다. 그리고 친구 요지로与次郎를 통해 자신이 기차에서 만났던 남자가 히로타広田 선생인 것도 알게 된다.

산시로는 고등학교 영어 교사로 아직 독신인 히로타 선생의 이사를 도와준 것을 인연으로 해서 미네코와 재회하여 친하게 지낸다. 산시로에게 처음으로 찾아온 사랑이란 감정은 기쁨과 함께 두려움을 가져다주어서 방황한다. 그는 자신의 신변에 새로운 변화가 생겨나는 것을 느낀다.

그러나 산시로는 미네코에게 도저히 당할 수 없을 것 같은 느낌을 받는다. 동시에 자기의 속마음을 간파당했다는 자각과 함께 일종의 굴욕감을 어렴풋이 느낀다.

미네코는 '미아의 영어 번역을 알고 계세요?'라고 산시로에게 묻는다. 산시로가 예기치 못한 질문이었다. 미네코는 다시 '길 잃은 양stray sheep을 아세요?'라고 수수께끼처럼 아리송한 질문을 한다. 산시로는 '길 잃은 양'을 알고 있는 것 같기도 하고 모르는 것 같기도 했다. 그는 그저 미네코의 얼굴을 바라보고 잠자코 있었다. 그러자 미네코는 갑자기 '제가 그렇게 건방지게 보여요?'라고 말한다.

산시로는 미네코에게 금전을 빌린 적이 있어 차차 그녀에게 마음이 끌리지만, 그녀의 진의를 헤아릴 수가 없어 갈피를 못 잡는다. 한편으로는 자신이 미네코에게 우롱당하고 있는 것이 아닌가 하고 생각한다.

그러는 사이에 미네코는 산시로가 존경하는 노노미야 소하치가 아닌 잘 모르는 다른 남자와 결혼한다는 소문을 듣는다. 산시로는 미네코에게 빌렸던 돈을 갚기 위해 그녀를 만나 '결혼하신다지요?'라고 말하자, 그녀는 흰 손수건을 소맷자락에 집어넣었다. 그리고 미네코는 알아듣지 못할 만큼 희미한 목소리로 '나는 내 죄과를 아오니, 내 죄가 항상 내 앞에 있나이다' 라고 말한다. 산시로와 미네코는 이렇게 헤어지게 된다.

미네코를 그린 하라구치의 작품이 완성되어 전시회장에 특별대우를 받으며 걸리게 되었다. 작품명은 〈숲속의 여인森の女〉이었다. 전시회 둘째 날 미네코는 남편과 그림을 보러 왔으며 미네코의 남편은 그림을 보고는'훌륭해요'라고 말하면서 흡족해 한다.

미술 전시회 개회 후 첫 번째 토요일 오후 히로타 선생과 노노미야, 요지로와 산시로 네 사람은 단청회丹青会주최의 그림 전시장을 찾았다. 네 사람은 제일 먼저 〈숲속의 여인〉이 전시되어 있는 곳으로 갔다. 요지로가 '저거다. 저거다'라고 하는 곳에는 사람들이 많이 몰려 있다. 그런데 산시로는 입구에서 주저하고 있을 뿐이다.

친구인 요지로가 산시로에게 다가와서 '어때, 숲속의 여인은?' 하고 그림의 평을 묻는다. 산시로는 그저 '숲속의 여인'이란 제목이 나쁘다고만 말할 뿐 대답이 없다. 산시로가 그림 앞에 서서 '길 잃은 양', '길 잃은 양'이라는 말을 줄곧 되풀이하는 장면에서 작품은 끝난다.

6. 그 후

6-1. 작품 안내

〈그 후それから〉가 110회에 걸쳐 도쿄, 오사카의 《아사히신문》에 연재된 것은 1909년(明治 42) 6월 27일부터 같은 해 10월 14일까지이다. 당시 나쓰메 소세키는 만 나이로 42세였다.

나쓰메 소세키는 나카무라 제코의 초청으로 만주와 한국 여행을 앞두고 급히 〈그 후〉를 집필했다. 하지만 그는 시간에 쫓기면서도 〈그 후〉를 쓰는 데 상당히 고심했고 주도면밀한 계획을 세워 마음에 안 들 때에는 원고를 몇 번이고 고쳐 썼다.

〈그 후〉가 《아사히신문》에 연재되고 있을 때 나쓰메 소세키는 서울에서 비원, 남산, 명동, 종로, 용산, 인천, 개성 등을 둘러보는 중이었다.

〈그 후〉는 나쓰메 소세키가 서울을 떠난 바로 다음 날인 1909년 10월 14일까지 《아사히신문》에 연재되었던 것이다.

6-2. 작품 줄거리

〈그 후〉의 주인공인 나가이 다이스케長井代助는 대학을 졸업하고 수년이 지

《산시로》, 《그 후》, 《문》 초판본.

나, 서른 살이 되어도 직업을 갖지 않고 살고 있다. 다이스케는 부친과 형으로부터 매월 경제적 원조를 받아 일을 하지 않으며 생활을 즐기고 있다.

다이스케는 자신의 정연한 논리에 의해 '서양과 일본의 관계가 나쁘기 때문에', 혹은 '먹고살기 위해 직업을 갖는 것을 경멸'하고 있다. 그는 한 채의 집에 서생과 부엌일을 하는 아주머니를 한 사람 두고, 당시 시대에 직업을 갖지 않고 놀면서 취미 생활을 즐겼던 이른바 '고등유민'으로 살고 있다. 하지만 자신의 그와 같은 생활을 결코 부끄러워하지는 않는다.

다이스케는 일찍이 대학 시절에 친구인 스가누마菅沼 동생인 미치요三千代를 알게 되어 그녀와 서로 사랑하고 있었다. 그러나 자신이 사랑하고 있던 미치요를 친한 친구인 히라오카平岡도 사랑하고 있는 것을 알고는 친구와의 우정 때문에 영웅적인 심정에서 미치요와 히라오카의 결혼을 주선한다.

그러나 히라오카와 미치요 두 사람의 결혼 생활은 시간이 지남에 따라 그다지 화목하지 못한다. 더욱이 태어난 아이의 죽음 이후, 히라오카는 방탕한 결혼생활을 하게 된다. 결국 히라오카는 은행원으로서 3년간 근무를 했지만 빚만 지고 직장 생활은 실패로 끝난다.

3년 만에 은행을 사직하고 무직無職으로 도쿄에 돌아온 히라오카 부부는 당장 가정을 꾸려 나갈 돈이 부족하게 된다. 미치요는 아직 미혼인 다이스케를 찾아가서 생활비의 융통을 부탁한다. 다이스케는 자신이 사랑했던 미치요가 결혼한 이후 쓸쓸하고 경제적으로 어려운 환경에 처해 있는 것을 그녀와의 재회를 통해 확인한다. 다이스케는 시간이 지남에 따라 미치요를 동정하게 되고, 새삼스럽게 미치요에 대한 애정이 자신의 마음속에 존재하고 있는 것을 자각하게 된다.

다이스케는 '자연의 아들이 될 것인가, 아니면 의지의 인간이 될 것인가' 하는 문제로 번민하게 된다. 부친이 권유하는 사가와佐川 집안 딸과의 결혼을 거부한 다이스케는 비가 많이 쏟아지는 어느 날, 미치요를 자기 집으로 불러들인다.

방안에 새하얀 백합꽃의 향기가 감도는 분위기 속에서 다이스케는 묵묵히 미치요의 모습을 살폈다. 다이스케는 미치요의 긴 속눈썹이 떨리고 있는 모습을 보면서 '나에게는 당신이 필요해요. 당신이 꼭 필요해요'라고 간단하고 소박한 말로 사랑을 고백한다. 다이스케의 사랑의 고백을 들은 미치요는 울음을 터트리면서 '너무하세요', '왜 저를 버렸지요', '잔혹해요' 라고 말하며 다이스케의 프러포즈를 받아들인다.

미치요에게 사랑을 고백한 다이스케는 미치요와의 사랑의 성취를 위해 히라오카를 만나 그에게 미치요와의 관계를 고백한다. 그러나 다이스케의 고백을 모두 들은 히라오카는 처음에는 '자신의 명예를 회복할 길이 있는가?'에 관심을 갖지만 곧이어 다이스케에게 절교를 선언한다.

이후 히라오카는 친구인 다이스케에게는 한마디도 알리지 않고, 다이스케와 미치요의 관계를 적은 편지를 다이스케의 부친에게 우송한다.

다이스케와 미치요와의 관계가 본가에 알려진 이후, 그때까지 평소 동생을 감싸주고 잘 챙겨 주었던 형 나가이 세이고의 태도가 갑자기 일변한다. 히라오카의 편지를 들고 온 형은 아래와 같이 말한다.

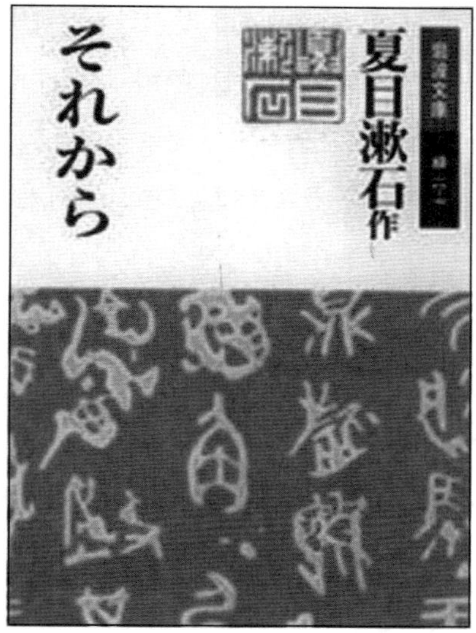

일본에서 발행된 《그 후》 표지.

> 너는 평소부터 잘 이해할 수 없는 놈이었다. 그래도 언젠가 이해할 수 있을 때가 오리라고 생각하며 지금까지 지내 왔다. 하지만 이번에야말로 정말로 이해할 수가 없는 인간이라고 나도 체념했다. 세상에 엉뚱한 인간만큼 위험한 인간은 없다. 무슨 일을 저지를지, 무엇을 생각하고 있는지 안심을 할 수가 없다.

평소에 나가이 세이고는 동생 다이스케가 제법 사리에 밝은 편이므로 그대로 놔두어도 잘못되지는 않을 것으로 생각했다. 하지만 미치요와 다이스케가 미래를 함께하려고 하는 것을 알고 난 이후, 너는 '평소부터 잘 이해할 수 없는 놈이었다'라는 말로 동생을 심하게 꾸짖는다.

결국 나가이 세이고는 다이스케를 더 이상 보호해 주려고 하지 않는다. 그는 아래와 같이 냉정하게 동생과 의절해 버린다.

아버님이나 내 사회적 지위를 생각해 보아라. 너라고 가족의 명예에 대한 생각을 전혀 안 하는 것은 아니겠지? 〔…〕

히라오카의 말이 전부 근거가 있는 사실이라면 아버님이 이렇게 전하라고 하셨다. 앞으로 평생 다이스케와는 만나지 않겠다. 어디를 가더라도 뭘 하더라도 상관하지 않겠다. 그 대신 앞으로 아들로 생각하지 않을 것이며 또 아버지라고 생각지도 말아 달라고 말이다. 〔…〕

"너는 바보천치다"라고 형이 크게 소리쳤다. 다이스케는 고개를 숙인 채 얼굴을 들지 않았다. "얼간이 녀석" 하고 형이 또 말했다. 〔…〕

형은 "나도 이제 다시는 너를 만나지 않겠다"라고 내뱉듯이 말하고는 현관으로 나갔다.

형으로부터 의절당한 다이스케는 일자리를 알아보겠다고 말하면서 햇볕이 뜨겁게 내리쬐는 도쿄 거리로 뛰어나갔다. 다이스케는 푹푹 찌는 듯한 거리를 뛰듯이 급한 걸음으로 걸었으나 태양은 그의 머리 바로 위에서 뜨겁게 내리쬐고 있다. 그는 오글오글 타들어 가는 느낌을 받았다.

도쿄 이이다바시 역에서 전차를 탄 다이스케는 전차 안에서 '아, 움직이는구나. 온 세상이 움직인다'라고 정신이 나간 사람처럼 옆 사람이 들릴 만한 소리로 말했다.

다이스케가 사랑하는 미치요는 중병에 걸려 졸도한 채 앞으로 어떤 행동을 할지 짐작을 할 수 없는 히라오카의 손에 놓여 있다. 그의 머리는 전차의 속력에 비례해서 어지럽게 돌기 시작했으며 점점 불덩이처럼 달아올랐다. 머릿속이 다 타 버릴 때까지 계속 전차를 타고 가겠노라고 결심하는 장면에서 작품은 막을 내린다.

7. 문

7-1. 작품 안내

〈문門〉은 1910년(明治 43) 3월 1일부터 같은 해 6월 12일까지 도쿄, 오사카의 《아사히신문》에 연재된 작품이다. 〈문〉은 〈산시로〉와 〈그 후〉에 이어지는 전기 삼부작의 마지막 작품으로서 주목을 받고 있다.

〈문〉을 집필할 당시 작자인 나쓰메 소세키는 위胃의 상태가 좋지 않아 하루에 신문에 연재되는 원고 1회분밖에 쓸 수 없었다. 이때 이미 나쓰메 소세키는 위궤양 일보 직전까지 온 것이다.

〈문〉은 〈그 후〉의 후일담이라고 일컬어지고 있다. 〈그 후〉의 주인공 다이스케와 미치요가 만약 결혼하여 다이스케가 과거의 죄를 짊어지고 생활을 영위하기 위하여 얼마 안 되는 급료를 받는 샐러리맨의 신분에 만족한다고 가정한다면 〈문〉의 주인공 소스케는 다이스케의 후신後身이라고 볼 수 있을 것이다.

〈산시로〉와 〈그 후〉가 청춘의 산뜻함과 명랑함을 갖고 있는 데에 비해 〈문〉에는 불안과 우울함이 배어 있는 것은 그런 이유에서일 것이다.

7-2. 작품 줄거리

〈문〉의 주인공 노나카 소스케野中宗助는 도쿄에서 재산가의 아들로 태어나 대학 1학년 때 교토에 있는 대학으로 전학을 왔다. 그러나 그는 사정에 의해서 대학을 퇴학당한다.

소스케는 오요네御米와 결혼하여 6년이 되었고 히로시마広島와 후쿠오카福岡 지방을 전전하다가 현재는 도쿄 마루노우치丸の内에 있는 관공서에 하급관리로 근무하고 있으며 나이는 30세 정도이다.

소스케는 햇살이 비치지 않는 벼랑 아래의 셋집에서 아내 오요네와 검소하게 살고 있다. 두 사람은 결혼해서 6년 동안 한 번도 반나절 이상 어색한 기분으로 지내본 적이 없다. 소스케 부부는 말다툼으로 얼굴을 붉힌 적은 한 번도 없었으며 한마디로 일심동체一心同体라고 해도 좋을 정도로 금실이 좋은 부부로 살고 있다.

일본에서 발행된 《문》 표지.

하지만 소스케 부부는 결혼하기 이전 과거의 죄의식에 고뇌하며 살아가고 있다. 오요네는 원래 소스케의 대학 친구인 야스이安井와 동거 생활을 했던 여성이었다. 소스케의 친구 야스이는 고향이 후쿠이福井인데 오랫동안 도쿄 부근 요코하마横浜에서 살았기 때문에 말투나 차림새는 도쿄 사람 같았다.

소스케는 대학 2학년 때에 친구 야스이로부터 그의 동거녀였던 오요네를 소개받는데, 야스이는 처음에 오요네를 자기 동생이라고 친구인 소스케에게 소개한다.

그러나 이후 오요네와 소스케는 커다란 바람에 함께 쓰러지듯 맺어져 버린다. 두 사람이 일어났을 때에는 이미 온통 모래투성이였다. 오요네와 소스케는 모래투성이가 된 자신들을 확인했지만 언제 쓰러졌는지도 잘 몰랐다.

그 결과로 인해 오요네와 소스케 두 사람은 부모와 친척, 친구들로부터 버림받는다. 당시 사회의 도덕상 죄를 범한 두 사람은 사회로부터 매장되어 다니던 대학마저 그만두고 히로시마와 후쿠오카에서 갖은 고생을 하며 살다가 간신히 도쿄로 돌아왔다.

오요네는 소스케와 함께 살면서 세 번의 임신을 하지만 첫 임신이었던 교토에서는 유산을 했고, 후쿠오카에서는 출산한 아이가 곧 죽는다. 도쿄에 올라와서 오요네는 세 번째 임신을 하지만 안타깝게도 사산死産으로 끝나고 만다.

오요네는 '나에게는 아무래도 아이가 생길 낌새가 보이지 않는다'라고 아이 탄생을 체념하게 된다. 그녀에게 있어 세 번의 출산의 실패는 눈에 보이지 않는 마음의 상처를 입는 원인이 되고 소스케 부부에게 심하게 불안을 안겨 준다.

소스케는 '자식만 있으면 가난한 집도 즐겁게 마련이거든'이라고 오요네에게 말한다. 부모와 친척, 친구들로부터 버림받은 오요네는 아이의 탄생을 간절히 바란다.

아이에 관한 오요네와 소스케 부부의 대화를 살펴보면 아래와 같다.

"저한테는 아무래도 아이가 생길 희망이 없는 것 같아요"라고 하고는 울음을 터트렸다.

소스케는 이 가련한 자백에 어떻게 위로해야 좋을지 몰라 당혹스러워하면서도 오요네가 정말 안쓰럽다는 생각이 커져만 갔다.

"자식 같은 것은 없어도 돼. 윗집 사카이 씨네처럼 잔뜩 낳아 봐, 옆에서 보기에도 딱할 정도라고, 꼭 유치원 같잖아."

"그렇지만 하나도 못 낳는다면 당신도 싫지요?"

"못 낳는다고 아직 결정된 게 아니잖아. 이제부터 생길지도 모르고."

오요네는 더욱 흐느껴 울었다. 소스케도 어찌할 바를 몰라 울음이 그치기를 끈기 있게 기다렸다. 그리고 천천히 오요네의 설명을 들었다.

소스케 부부는 금실이 좋다는 점에서는 보통 이상으로 성공했지만 자식에 대해서는 일반 사람들보다도 불운했다.

오요네는 점쟁이를 찾아가 '자기가 장래에 아이를 낳을 수 있는지, 또는 아이를 키울 수 있는 운명을 하늘로부터 부여받았는지'를 물어보았다. 점쟁이는 오요네의 미간을 똑바로 쳐다보면서 '남에게 나쁜 짓을 한 적이 있지? 그 죗값으로 자식은 절대 못 가져'라고 잘라 말했다.

점쟁이가 오요네에게 한 말은 그녀의 심장에 화살처럼 꽂힌다. 고개를 푹 떨군 채 집으로 돌아 온 오요네는 그날 밤 남편의 얼굴조차 제대로 쳐다보지 못했다.

소스케와 오요네는 함께 살기 시작한 이후 6년이라는 세월 동안 말다툼으로 서로 얼굴을 붉힌 적이 없었으며, 한 번도 반나절 이상 어색한 기분으로 지낸 적이 없었다. 한 가지 문제가 있다면 오요네의 세 번에 걸친 출산의 실패가 소스케 부부 사이를 괴롭히고 있다는 것이다.

소스케 부부가 히로시마에 살고 있을 무렵 부친은 작고했다. 도쿄에 상경한 소스케는 유산으로 남겨진 집과 땅, 골동품의 매각을 삼촌에게 의뢰하고는 히로시마로 돌아왔다. 그리고 당시 16세였던 소스케의 동생 노나카 고로쿠野中小六를 삼촌에게 떠맡기면서 천 엔의 돈을 동생의 학비로 써 달라며 주었다.

그러나 이후 삼촌으로부터 남은 유산의 매각에 대한 아무런 연락도 오지 않는다. 바쁘게 움직이는 사이에 삼촌은 죽었고, 유산으로 남았던 집과 땅을 판 돈이 삼촌의 사업 실패로 인해 모두 없어진 것을 알게 된다. 결국 소스케는 동생 노나카 코로루를 떠맡게 되어 셋집에서 함께 산다.

새해를 맞이하고 며칠 후 소스케는 집주인 사카이坂井에게서 동생 노나카 고로쿠를 자신의 서생으로 보내 달라는 제의를 받게 된다. 노나카 고로쿠의 문제를 해결하고자 고심했던 소스케는 이에 응하게 된다.

소스케는 사카이와 노나카 고로쿠 이야기를 하던 중 몽골로 사업을 하러 갔다는 사카이의 동생 이야기를 듣게 된다. 소스케는 이번에 대학 시절의 친구이자 아내 오요네의 동거남同居男이었던 야스이가 사카이 댁에 방문하러 온다는 소식을 듣는다.

야스이의 소식을 들은 소스케는 아내 요오네에게 말하지 못하고 혼자서 고민하며, 야스이를 만나게 될 것을 두려워한다. 만나고 싶지 않은 야스이, 어떻게 살고 있는지 궁금하여 멀리서나마 지켜보고 싶은 마음으로 갈등하던 중에 알게 된 야스이에 대한 소식을 들은 소스케는 술을 마시게 된다.

야스이에 대한 소식으로 괴로워하던 소스케는 직장동료의 소개로 가마쿠라의 암자 '잇소암一窓庵'으로 향한다. 잇소암의 산문으로 들어가자 좌우 양쪽에는 삼나무들이 높다랗게 하늘을 가리고 서 있어서 주위가 갑자기 어두어졌다. 그 음습한 공기를 접했을 때, 비로서 소스케는 바깥세상과 산사가 구별되는 것을 느꼈다.

잇소암에서 소스케는 나이가 스물네댓 살 정도 되는 기도 스님을 만나게 된다. 이 기도 스님은 소스케가 암자에 있는 동안 여러 방면으로 그의 수양을 돕는다. 소스케는 암자의 큰스님으로부터 '부모미생이전본래父母未生以来本来의 면목面目은 무엇인가?'라는 것을 생각해 보라는 질문을 받는다.

소스케는 '부모미생이전'이라는 의미가 잘 이해가 되지 않았지만 자기란 것이 무엇인지 그 본채를 파악해 보라는 의미일 것으로 짐작하지만 머릿속의 수많은 망상과 생각들로 도저히 집중이 되지를 않는다.

소스케는 생각하는 자체가 싫어졌다. 소스케는 결국 '나 같은 사람은 도저히 깨달음을 얻지 못할 것 같습니다' 하고 기도스님을 붙들고 말한다. 소스케는 마침내 자신은 도저히 깨달음의 세계에 이르지 못할 것이라고 아래와 같이 생각한다.

> 나는 나의 문을 열려고 왔다. 하지만 문지기는 문 뒤에 있으면서 아무리 두드려도 코빼기도 보이지 않았다. 단지 "아무리 두드려도 소용없다. 네 힘으로 열고 들어오너라" 하는 소리가 들릴 뿐이다. 그는 어떻게 하면 이 문의 빗장을 열 수 있을까를 궁리했다. 그리하여 그 수단과 방법을 분명 머릿속에 준비했다. 그러나 빗장을 실제로 열 수 있는 힘은 전혀 생기지 않았다. 〔…〕
>
> 눈앞에는 견고한 문이 언제까지나 전망을 가로막고 서 있었다. 그는 그

문을 통과할 수 없는 사람이었다. 그렇다고 문을 통과하지 않아도 되는 사람은 아니었다. 요컨대 그는 문 앞에 우두커니 서서 날이 저물기를 기다려야 하는 불행한 사람이었다.

소스케는 가마쿠라 잇소암 암자에서 좌선을 통해 뭔가 깨달으려고 노력을 했으나 좌선은 마음대로 이루어지지 않았다. 잇소암 암자에서 도쿄의 집으로 돌아온 소스케는 집주인 사카이에게서 야스이가 몽골로 돌아갔다는 이야기를 듣고는 겨우 안심한다. 야스이가 몽골로 돌아간 것을 알게 된 소스케 부부 사이도 소강상태를 유지하게 된다.

야스이가 몽골로 돌아간 이후 소스케는 관리들의 봉급 인상과 감원 문제가 직장에서 나돌게 되어 가슴을 졸인다. 소스케는 자신이 감원의 대상이 될까 봐 두려워한 나머지 집에 돌아와서 아내 오요네에게 '이번엔 내 차례일지도 몰라'라고 말하곤 한다. 이후 다행히도 소스케는 직장에서 살아남게 되어 5엔 정도 월급이 올랐다. 월급이 오른 소스케는 만족감을 느낀다.

요오네는 거실문 유리창으로 비쳐 드는 화창한 햇살을 바라보며 '정말 고맙고 기뻐요. 이제 봄이 되어서'라고 말하며 양미간을 활짝 폈다. 그러나 소스케는 툇마루에 나와서 길게 자란 손톱을 자르면서 '응, 하지만 다시 또 겨울이 올 거야'라고 말하는 장면에서 작품은 끝난다.

8. 행인

8-1 작품 안내

〈행인行人〉은 1912년(大正元年) 12월 6일부터 1913년(大正 2) 11월 17일까지 167회에 걸쳐 도쿄와 오사카의 《아사히신문》에 연재되었다. 다만 신경쇠약과 위장병 때문에 소세키의 건강이 악화되어 1913년 4월 8일부터 9월 5일(오사카 《아사히신문》은 9월 17일까지) 《아사히신문》 연재가 중단되었다. 이 작품은 1914년(大正 3) 1월 오쿠라서점에서 간행되었다.

〈행인〉은 "벗", "형", "돌아와서", "번뇌"라는 네 개의 장章으로 구성되어 있다.

8-2 작품 줄거리

• 벗

이 작품의 화자인 '나' 나가노 지로長野二郎는 도쿄에서 오사카의 우메다梅田역에 도착하자마자 어머니가 일러 준 대로 곧장 인력거를 잡아타고 먼 친척인 오카다岡田의 집으로 향했다. 오카다는 이층 단독주택에 살고 있었다.

오카다 집에는 부인 오카네お兼가 있다. 오카네는 하급관리의 딸로 용모

는 뛰어나지 않지만 살결이 희고 먼발치에서 보아도 아주 멋지게 보이는 여자였다. 오카네는 눈가에 애교를 띤 모습을 하고 있고 품위가 있어 보이는 여성이다.

일본에서 발행된 《행인》 표지.

하지만 오카다 부부에게는 결혼한 이후 5, 6년 동안 아이가 생기지 않아 쓸쓸하다는 고민거리를 화자인 '나'에게 털어놓는다. 오카다는 아이가 귀여운지 어떤지는 잘 모르지만 그래도 명색이 아내라는 사람이 아이를 낳지 않고서는 어엿한 어른 자격이 없을 것이라고 '나'에게 말한다.

'나'(나가노 지로)는 어머니께 나가노長野 집에 함께 살고 있는 오사다お貞에게 들어온 혼담 상대 사노佐野를 오카다와 함께 면회하여 사람 됨됨이를 확인해 봐 달라는 부탁을 받는다. 오사다는 외모로 보나 교육 정도로 보나 이렇다 할 특징이 없는 여성이다. 그저 우리 집에 식객이라는 이름으로 함께 살고 있을 뿐이다.

그런데 오사다의 혼담 상대가 너무 서둘러대니 왠지 의심스러우니까 어머니는 '나'에게 형편을 살피고 오라는 것이었다. 오카다 부부는 오사다의 신랑 될 사람의 성격이며 품행, 장래 희망 등에 대하여 '나'에게 일일이 알려 주었다.

'나'는 오카다 부부와 함께 하마데라浜寺에서 사노를 만나 같이 식사를 했다. 다음 날 밤 사노와 다시 만났다. 사노는 아주 평범한 사람이었다. '나'는 어머니께 사노는 사진과 흡사한 얼굴에 술을 마셔도 얼굴이 빨개지지 않는다고 했다. '나'는 오사다와 사노의 결혼 허락을 부탁하는 보고서를 간략하게 써서 보냈다.

'나'는 위장이 좋지 않아 병원에 입원한 미사와三沢를 찾아 갔다. 미사와는 가슴 위에 얼음주머니를 올려 놓고 있었다. '나'는 미사와의 말동무가 되어 그를 간병하게 되었다.

어느 날 '나'는 외래환자 중에 허리를 구부리고 고통을 참고 있는 아름다운 여인을 보게 되었다. 실제 그녀는 미사와가 '그 여자'라고 부르는 게이샤로 미사와와 마주보는 병실에 입원하고 있었다. 그녀는 위궤양이 심해 켁켁 피를 토했다.

미사와가 병원에서 퇴원하는 날. 그는 도쿄로 떠나면서 과거에 있었던 '묘한 이야기'를 '나'에게 들려주었다.

지금부터 5, 6년 전, 그의 아버지가 지인의 딸을 다른 어느 지인의 집으로 시집을 보냈으나 일 년 만에 시집을 나오게 되었다. 그 딸은 바로 친정으로 돌아갈 처지가 아니었기 때문에 미사와의 아버지가 중매인이라는 도리에서 당분간 그 딸을 데리고 있게 되었다.

그녀는 마음고생 때문에 정신에 이상을 나타내고 있었지만, 미사와가 외출할 때는 반드시 현관까지 배웅하며 '일찍 들어오세요' 하고 말했다. 미사와는 그것이 측은하기 그지없어 외출하더라도 되도록 일찍 돌아와서, 바로 그녀 곁에 가서 '나 왔어' 하고 반드시 한마디라도 말을 해 주었다. '내'가 그 후 딸은 어떻게 됐냐고 묻자, 미사와는 3년 전에 병으로 죽었다고 말하면서 입을 다물었다.

• 형

미사와를 배웅한 '나'는 오카다와 함께 다음 날 어머니와 형님 부부를 마중하러 역에 나갔다. 여행도 하고 오사다의 혼인 문제도 마무리할 겸 어머니와 형님 부부가 오사카로 내려오는 것이다.

형 이치로一郞는 대학 교수로 학문하는 것을 유일한 낙으로 여기는 까다로운 성미의 소유자이다. 형수인 나오直는 냉담한 기질의 소유자로 형과 형수의 사이는 어쩐지 거리가 있는 듯이 보인다.

'나'와 어머니, 형님 부부는 오사다와 결혼할 대상인 사노를 만나 연말에 사노가 도쿄에 올라오는 기회에 식을 올리기로 했다. '나'와 어머니, 형님 부부는 오사카 주변의 이곳저곳을 구경했다.

'내'가 본 형수 나오는 결코 따뜻한 여자가 아니었다. 그러나 상대방이 열을 전해 주면 따뜻하게 데울 줄 아는 여자였다. 와카야마시의 기미이데라와 와카노우라의 곤겐사마를 관광하던 도중에 형 이치로는 '나'에게 둘이서만 형수 나오에 관해 할 이야기가 있다고 한다.

'나'는 형에게 '형수에게 무슨 일이 있습니까?' 하고 물었다. 그러자 형은 '나오가 너에게 반한 게 아닐까?' 하고 너무나 뜻밖의 이야기를 했다. '나'는 '어째서죠?'라고 물었다. 형은 '어째서라고 물으면 곤란해. 그리고 실례라고 화낸다면 더더욱 곤란해. 가령 편지를 주었다든가 입 맞추는 장면을 보았다든가 하는 실증에서 하는 이야기가 아니니까'라고 말했다. '나'는 '상대가 형수님 아닙니까? 남편이 있는 부인. 더구나 지금의 형수님 아닙니까?'라고 대답하는 수밖에 달리 할 말이 없었다.

그러나 형의 고뇌는 상상 이상으로 깊었으며, 그 때문인지 눈에는 눈물이 흥건했다. '나'는 형님의 손을 잡은 채 '형님, 오늘은 머릿속이 좀 편치 않은 모양이군요. 그런 시시한 이야기는 이제 이걸로 끝내고 그만 돌아갑시다'라고 말했다. 하지만 형은 돌연 손을 뿌리쳤다.

다음 날 저녁 무렵 '나'는 형에 이끌려 기미이데라에 갔다. 형은 동생인 '나'에게 아래와 같이 형수 나오의 정조를 시험해 달라고 말한다.

> "그러면 솔직히 말하겠는데 네가 나오의 정조를 시험해 봐 다오."
>
> 나는 '정조를 시험한다'는 말을 듣고 정말로 놀라고 말았다. 당사자로부터 놀라지 말라는 주의가 두 번 있었음에도 불구하고 너무나 놀랐다. 그저 어안이 벙벙하여 멍한 기분이었다.

형은 '나'에게 형수와 함께 와카야마로 가서 하룻밤 묵으면서 형수의 태도를 보고해 달라고 했다. '나'는 '그것만은 싫습니다' 하고 분명히 말했지만 형은 '그렇다면 부탁하지 않겠다. 대신, 난 평생 널 의심하겠다'라고 말한다. 그런 말다툼과 고뇌 끝에 결국 '나'는 낮에 와카야마에 가서 해지기 전에 돌아올 계획으로 형수와 함께 와카야마로 떠났다.

와카야마에 도착하자 '나'는 인력거꾼에게 어디든 조용히 앉아서 이야기를 할 곳으로 데려가 달라고 부탁했다. 인력거꾼은 훌륭한 요정으로 안내했다. '나'는 형수에게 '형님한테만은 좀더 신경 써서 친절하게 대해 주세요'라고 말했다. 형수는 자신은 할 수 있는 데까지 형님한테 해드린다고 말하면서, '난 참 얼뜨기예요. 특히 요즘은 얼빠진 사람이 되고 말았으니까. 〔…〕 아양을 떨라고요? 난 아양을 떠는 건 질색이에요'라고 말하며 눈물짓는다.

'나'는 형수의 눈물을 보며 애처로운 느낌이 들어 형수가 가엾게 여겨졌다. 그렇게 형수와 이야기를 나누는 동안, 와카노우라가 갑작스럽게 폭풍우에 휩싸여 전화까지 끊겼다. 연락이 두절되고 길가의 소나무가 쓰러져 전차까지 다니지 못하게 된 것을 알게 되었다. '나'와 형수는 갑작스런 폭풍우 때문에 와카야마에 고립되어 버리고 만다.

어머니와 형이 있는 와카노우라에 오늘 밤 안에 돌아간다는 것은 매우 힘들었다. 어쩔 수 없이 해지기 전에 돌아간다는 약속을 어기고 '나'는 형수와 와카야마에 있는 여관에서 하룻밤을 묵게 된다. '나'는 형수와 여관방에 누웠다. 그런데 도무지 잠을 이루지 못했다. 형수는 이부자리 안에서 '오히려 내가 당신보다 훨씬 침착한걸요. 대개 남자들이란 겁쟁이야. 막상 닥치면' 하고 말했다.

형수는 해일에 휩쓸리고 싶다거나 벼락에 맞아 죽고 싶다거나, 어쨌든 평범하지 못한 장렬한 최후를 바라고 있었다. 그러면서 형수는 '죽는 일만은 어떻게든 마음속에서 잊은 날이 없어요. 그러니까 거짓말이라고 생각되면 와카노우라까지 데려가 주세요. 틀림없이 파도 속으로 뛰어들어 죽는 걸 보여 줄 테니'라고 말한다.

형수와 함께 여관에서 잔 그날 밤 '나'는 갖가지 상념으로 도무지 잠을 이루지 못했다. 그리고 다음 날 활짝 갠 날씨를 보며 나는 마魔에서 깨어났다는 느낌이 들었다. '나'는 형수와 함께 와카야마에서 어머니와 형이 있는 와카노우라로 돌아왔다.

돌아와서 형과 마주 하게 된 '나'는 뜻밖에도, 어제 하룻밤을 형수와 지낸 경험이, 껄끄러운 형을 대수롭잖게 보게 되는 결과로 눈앞에 나타나는 것에 놀라움을 느낀다. 그렇다고 '내'가 형에 대해서 대담해질 수 있는 방법을 형수가 가르쳐 준 것은 결코 아니었다.

자세한 이야기를 묻는 형에게 '나'는 구체적인 얘기는 도쿄에 돌아가서 하겠다고 말하면서 '형수님의 인격에는 의심하실 만한 구석이 전혀 없습니다'라고 말했다. 이는 형수가 결백해서라기보다도 형수를 새삼스레 동정하게 되었기 때문이다. 바꿔 말해 '나'는 그 정도로 형을 경멸하기 시작했던 것이다. 그리고 '나'와 형, 형수, 어머니를 포함한 우리 가족은 다음 날 도쿄로 떠날 준비를 마쳤다.

• 돌아와서

'나'와 형 부부, 어머니는 여행을 끝내고 도쿄로 돌아왔다. '나'는 형 부부 사이가 어떻게 될 것인가를 염려하고 있었다. 형은 식사시간을 제외하고는 말없이 서재에 틀어박혀 있는 시간이 많았다.

부재중일 때에 형 부부의 외동딸인 요시에는 여동생인 오시게가 돌봐주었다. 애정이 없고 말수가 적은 형수 나오이지만 딸 요시에가 옆에 착 달라붙어 엄마 딸이라는 것을 자랑스러워 한다. 연구를 빌미로 서재에 틀어박혀 있는 아버지를 요시에는 잘 따르지 않았으며 무섭게 생각한다.

오시게는 나오와 마음이 맞지 않아 자신도 빨리 시집가 버리고 싶다고 한다. 또한 지로에게도 빨리 아내를 맞아들여 집을 나가는 편이 좋겠다고 권한다. 어머니 또한 이치로 부부의 평화를 위해 그렇게 하는 게 좋겠다고 충고한다.

형 이치로는 아버지, 형수와 이야기를 나누던 중 남자와 여자의 사랑의 차이에 대하여 아래와 같은 말을 한다.

> 남자는 정욕을 만족시킬 때까지는 여자보다도 정열적인 사랑을 상대에게 바치지만 일단 일이 성사되면 그 사랑이 점차 내리막길로 치닫는 데 반해, 여자 쪽은 관계를 가진 이후에 그 남자를 더욱 사모하게 됩니다. 이것이 진화론이나 세상사를 보더라도 현실이 아닌가 싶습니다.

이 말을 들은 형수는 '묘한 이야기네요. 난 여자라서 그런 어려운 이치는 모르지만 처음 들어 봐요. 꽤 재미있는 일도 있군요'라고 응대한다.

형은 학교에서 돌아오면 대개 서재에 들어가 뭔가를 했다. 가족들도 좀처럼 얼굴을 마주할 기회가 없었다. 형은 서재에서 언제나 큼직한 책을 들여다보고 있었다. 아니면 만년필로 뭔가 깨알 같은 글씨를 적고 있었다. 형의 그런 모습을 본 사람은 냉기가 돈다면서 용건이 끝나기도 전에 밖으로 나왔다.

'나'는 형과의 대면을 피하기 위해 집에서 나가 하숙을 하기로 마음먹었다. '내'가 집을 나간다는 것을 알게 된 형수는 '지로 씨, 하숙을 한다면서요. 집이 싫으세요?' 하고 물었다. '내'가 아무 말도 하지 않자 형수는 '어서 부인을 얻으세요'라고 했다. '나'는 형에게도 집을 나가 하숙할 예정이라고 말하고 하숙을 시작했다. 어머니는 '나'의 하숙집을 찾아 왔으나 형, 아버지,

형수는 한 번도 찾아온 적이 없다. '내'가 집을 갔을 때, 형수는 '지로 씨의 하숙은 고급 하숙이라면서요. 방에 멋진 도코노마가 있고 정원에 보기 좋은 매화를 심어 놓았다죠?' 하고 물었다. 그러나 형수는 구경하러 오겠다는 말은 하지 않았다.

• 번뇌

음울한 겨울이 춘분 바람에 휩쓸려 지나갔을 때, 뜻밖에도 형수가 미리 연락도 없이 하숙집을 찾아왔다. 형수는 형과의 관계가 여전히 별로 좋지 않다고 말을 하면서 '나'에게 부인의 삶에 대하여 아래와 같이 이야기했다.

> 남자는 싫어지기만 하면 지로 씨처럼 어디든 날아갈 수 있지만 여자는 그렇게 못하니까. 나 같은 사람은 마치 부모 손으로 화분에 심어진 나무와 다를 바 없이 한번 심어지면 그걸로 끝. 누군가 와서 움직여 주지 않는 이상. 도저히 움직일 수가 없어요. 꼼짝 않고 있을 뿐이죠. 그대로 말라죽을 때까지 꼼짝 않고 있는 수밖에 도리가 없는걸요.

'나'는 형수의 말을 들으면서 딱해 보이는 이 호소의 이면에, 헤아릴 수 없이 강한 여성의 내면의 움직임이 있는 것을 알게 되었다. 형수는 '난 지금까지 아무에게도 이런 말을 한 적이 없어요'라고 말하고는 집으로 돌아갔다.

형수가 돌아간 날 밤 비가 밤새도록 조용히 내렸다. 머리맡을 두드리는 듯한 빗방울 소리에 '나'는 줄곧 형수의 환영을 그렸다. 짙은 눈썹과 깊은 눈동자, 창백한 이마가 먼저 눈앞에 떠올랐다. '형수와 형의 관계가 악화되는 이상 내 몸이 어디로 어떻게 날아가든 내 마음은 결코 편안해질 수 없을 것이다'라고 생각했다. 형수가 돌아간 이후 한동안 내 머리는 끊임없이 형수의 유령에 쫓겨다녔다. 사무실 책상 앞에 서서 중요한 도면을 그릴 때조차 '나'는 이 화禍를 물리칠 방법을 알지 못했다.

집에 가서 상황을 살펴보는 것이 당연한 일이지만 용기가 없어 미루고 있을 때쯤 아버지로부터 전화가 왔다. 그 다음 날 하숙집에 찾아온 아버지와 외출을 하여 도쿄 우에노 공원에 있는 표경관表慶館이라고 하는 미술관을 구경했다. 우에노 공원을 구경하고 나서 '나'는 아버지에게 끌려가듯 집으로 가게 되었다. 집에는 형을 제외한 모든 식구들이 모여 있다.

부모님을 비롯하여 집안사람들이 형이 이상하다고 말하면서 형의 상태를 걱정하고 있었다. '나'는 부모님과 상의한 끝에 형에게 여행을 권해 보라고 했다. 형과 친한 H가 형을 설득해 6월 학교 강의가 끝나는 대로 두 사람은 어딘가 여행을 가기로 약속을 했다. '나'는 H에게 형과 여행을 할 때, 형의 거동이며 언어, 사상, 감정 등에 대해 H가 관찰하신 바를 가능한 한 상세히 편지로 알려 달라고 부탁을 했다. H는 처음에 조금 꺼리는 듯 했지만 그렇게 해 주겠다고 약속을 했다.

형과 H는 도쿄 근교 이즈伊豆 지방 해안 쪽으로 여행을 떠났다. 형이 여행을 떠나던 날 '나'는 오랜만에 집에 찾아가 식구들과 저녁식사를 했다. 그리고 다시 하숙집에 돌아온 뒤부터 줄곧 H로부터 올 편지를 간절히 기다렸다.

형과 H 두 사람이 여행을 떠난 지 꼭 열하루 되던 날 밤에 묵직한 편지 봉투가 도착했다. 그 편지 속에는 H가 형과 여행을 하면서 본 형의 마음의 상태 등이 비교적 상세하고 자세히 적혀 있었다.

H는 편지를 통해 '형을 괴롭히는 것은 형이 아무리 무엇을 해 봐도 그게 목적이 안 될 뿐만 아니라 수단도 되지 않기 때문입니다. 그저 불안하기 때문입니다'라고 했다.

또한 형은 인간의 불안에 대하여 H에게 이렇게 말했다.

> "인간의 불안은 과학의 발전에서 비롯되었네. 앞서가기만 하고 멈출 줄 모르는 과학은 일찍이 우리에게 멈추도록 허락한 적이 없네. 도보에서 인력거, 인력거에서 마차, 마차에서 기차, 기차에서 자동차, 그 다음엔 비행기, 아무리 가 봐도 쉬게 내버려 두지 않아. 어디까지 끌려갈지 알 수 없는 일이지. 참 두렵다네."

형은 미적으로나 윤리적으로나 지적인 면에서나 너무 예민한 사람이었다. 때문에 형은 '죽느냐, 미치광이가 되느냐, 아니면 종교를 얻느냐, 내 앞에는 이 세 가지 밖에 없네'라고 H에게 말했다. H는 형의 친한 친구로서 '내'가 형에게 할 수 있는 일은 그저 형을 평범한 위치로 되돌리는 것뿐이라고 말했다.

H는 '우선 형님의 머리를 에워싼 구름을 걷어내는 것이 좋겠지요. 만약 걷어낼 수 없다면 가족 여러분들에게 슬픈 일이 생길지도 모릅니다. 형 자신에게도 슬픈 결과가 되겠지요'라고 부탁하는 말로 편지를 끝맺는다.

9. 마음

9-1. 작품 안내

작품 〈마음こころ〉은 1914년(大正3) 4월 20일부터 8월 11일까지 110회에 걸쳐 도쿄와 오사카의 《아사히신문》에 연재된 장편소설이다. 1914년 9월 20일에 나쓰메 소세키가 고안한 책의 장정装幀에 의해 이와나미서점에서 초판이 간행되었다.

〈마음〉을 집필할 때에 나쓰메 소세키의 나이는 만 47세였다. 나쓰메 소세키는 이전부터 위 상태가 좋지 않았지만 다행히 이 작품을 쓰고 있을 때에는 건강이 소강상태를 이루고 있었다.

〈마음〉은 "상上—선생과 나先生と私", "중中—양친과 나両親と私", "하下—선생과 유서先生と遺書"의 셋으로 구성되어 있다.

〈마음〉은 수많은 나쓰메 소세키의 소설 가운데에서도 걸작으로 일컬어지고 있다. 나쓰메 소세키의 작품 가운데 대표작을 고른다는 것은 대단히 어려운 일이지만 〈마음〉을 고르는 사람이 상당히 많다. 〈마음〉은 명실상부하게 일본 근대문학의 최대 걸작으로 평가받고 있다.

일본에서 발행된 《마음》 표지.

9-2. 작품 줄거리

• 상—선생과 나

'나는 그분을 언제나 선생으로 불렀다. 그러므로 여기서도 그냥 선생이라고만 쓰고 본명은 밝히지 않겠다. 그것은 세상 사람들이 그를 알게 되는 것이 두려워서가 아니라, 그렇게 하는 편이 나한테는 자연스러운 일이기 때문이다'라고 작품은 시작된다.

젊음이 넘치는 학생인 '나私'는 도쿄 근교에 있는 가마쿠라 해변에서 이 작품의 주인공인 선생과 우연히 만나게 된다. 그때 선생은 옷을 벗고 바다로 들어가려고 하던 참이었다. 당시 선생은 어떤 서양 사람과 함께 있었다. 다음 날 '나'는 선생과 함께 바다에 뛰어들어갔다. 두 사람뿐인 바다 속에서 '나'는 선생에게 '정말 기분이 좋은데요'라고 말을 걸었다. 그때 이후부터 '나'는 선생과 가까이 지내게 되었다.

도쿄에 돌아온 '나'는 선생의 인품에 마음이 끌리어 자주 선생 집을 방문하게 된다. 선생은 부인과 하녀, 셋이서 조용히 살고 있었다. 선생 부부간의 사이는 좋아 보였지만, 아이가 없는 탓인지 무엇인가 쓸쓸한 느낌이 집안에 감도는 것을 '나'는 직감적으로 느낀다.

〈마음〉에서 '나'와 '선생'이 처음으로 만났던 장소인 가마쿠라 해수욕장(저자 촬영).

상당한 교육을 받고 실력이 있는 선생이 사회에 나가 일하지 않고 사는 것을 '나'는 이상하게 생각한다. 선생은 조시가야雑司ケ谷의 공원묘지에 있는 친구의 묘지를 매달 찾아가고 있었다. 선생 주위에 무엇인가 풀리지 않는 수수께끼가 있는 것을 '나'는 감지한다.

더욱이 선생은 '사랑은 죄악입니다. 당신은 그걸 알고 있습니까?'라고 이제 막 대학생이 된 '나'에게 말한다. '사랑은 죄악입니다'라는 말을 들은 '나'는 너무 놀라서 아무 대답도 하지 못했다. '나'는 왜 그러냐고 되묻는다. 그러자 선생은 '왜인지 이제 곧 알게 될 겁니다'라고 말한다.

선생은 재산에 대하여 아래와 같은 말을 한다.

> 집에 재산이 있다면 지금부터 정리를 잘해 두어야 할 겁니다. 내가 나설 일은 아니지만 아버님이 건강하실 때, 받을 건 분명히 받아 놓도록 하는 게 어떻습니까? 무슨 일이 생겼을 때 제일 문제가 되는 게 재산 문제니까요.

'나'는 논문이 통과되어 예정대로 대학을 졸업했지만 무엇을 하겠다는 구체적인 계획이 없었다. 졸업 후 번듯한 직업을 구하지도 못한 상태로 일단 부모님이 계시는 고향으로 돌아갔다.

• 중—양친과 나

고향에 돌아온 '나'는 대학 졸업을 크게 기뻐하는 부모님의 모습과 시골의 풍습에 왠지 불쾌감을 느낀다. 특히 어머님은 '내'가 대학을 졸업한 것을 마치 신부라도 얻은 것처럼 대단한 일로 생각하고 있었다.

이즈음 신문을 통해 메이지 천황明治天皇의 병환 소식이 전해졌다. 부모님은 메이지 천황의 병환 소식에 크게 충격을 받는다. 아버지는 메이지 폐하를 항상 천자님으로 부르고 있었다. 아버지는 '황공하게도 천자님 병도 아버지 병과 비슷한 것 같구나'라고 말했다.

메이지 천황이 이 세상을 떠난 것을 알았을 때, 아버지는 신문을 손에 들고 '아, 아, 천자님도 드디어 가셨구나. 나도…'라고 말하며 깊게 탄식하며 슬퍼했다.

'나'는 친구로부터 지방의 중학교 교사 자리를 소개받았지만 거절했다. 부모님의 기대에 보답하기 위해 '나'는 도쿄에서 지내고 있는 선생에게 취직을 주선해 달라는 편지를 보낸다.

'내'가 도쿄로 상경하려고 했을 때, 아버지가 갑자기 쓰러졌다. '나'는 도쿄에 가는 것을 미루고 아버지 병간호를 했다. 기운을 차리신 아버지는 신문을 보고 노기 대장이 메이지 천황을 따라 할복 자살했다는 것을 알고는 '큰일이다. 큰일이다'라고 말했다. 아버지는 가끔 '노기 대장에게 죄송

하구나. 정말이지 면목이 없어. 아니죠, 저도 곧 뒤를…'이라는 말을 종종 했다.

아버지의 병간호를 하고 있는 중에 선생으로부터 보통 편지에 비하면 훨씬 무게가 많이 나가는 두터운 편지를 받는다. '나'는 선생의 편지에서 '이 편지가 당신 손에 들어 갈 때쯤이면, 나는 이미 이 세상에 없겠지요. 벌써 죽고 없겠지요'라는 문구에 동요되어 병실을 빠져나와서 도쿄행 열차에 올라탔다. '나'는 굉음을 울리며 달리는 삼등 열차 안에서 선생의 편지를 꺼내어 처음서부터 끝까지 읽어 나갔다.

• 하—선생과 유서

> 나는 어두운 인간 세상의 모습을 주저하지 않고 당신의 눈앞에 던져 보여 주겠습니다. 하지만 두려워해서는 안 됩니다. 그 어둠을 잘 보고, 그중에서 당신한테 참고가 될 만한 것을 얻어 주십시오. 내가 어둡다고 말하는 것은 당연한 이야기지만 윤리적으로 어둡다는 이야기입니다. 나는 윤리적인 사람입니다.

선생은 스무 살이 채 되지 않은 나이에 장티푸스로 부모를 잃었다. 부모님이 돌아가시고 난 이후, 외동아들이었던 선생은 유산을 삼촌에게 맡기고 도쿄에 상경하여 고등학교를 다녔다. 그러나 이후 삼촌이 유산의 일부분을 횡령한 것을 알게 되었다. 그때 선생은 인간은 신뢰할 수 없다고 하는 의식을 갖게 된다.

선생은 선인이 악인으로 변하는 것은 돈 때문이라고 아래와 같이 '나'에게 말했다.

> 내가 언젠가 당신에게 이 세상에는 원래부터 악인이라는 것이 있는 것은 아니라고 했던 말을, 많은 선인들이 여차하면 돌연 악인이 되는 거니까 주의하지 않으면 안 된다고 했던 것을, 그때 당신은 나보고 흥분하고 있다고 말했습니다. 그리고 어느 때 선인이 악인이 되는 거냐고 물었습니다. 내가 단지 한마디로 돈이라고 대답하자, 당신은 불만스러운 얼굴을 했습니다.

고향에 유산으로 남은 재산을 정리해서 도쿄로 돌아온 선생은 청일전쟁 때 전사한 군인 미망인의 집에 하숙을 하게 된다. 하지만 선생은 삼촌에게 유산을 횡령당했다고 생각한 이후부터 극도로 인간을 불신하게 된다.

하숙집에는 부인과 '시즈靜'라고 하는 매우 아름다운 젊은 딸이 있었다. 삼촌에게 배신당한 이후 인간을 불신했던 선생은 처음에는 시즈를 경계의 눈으로 보았지만 시간이 지남에 따라 두 사람은 서로 신앙에 가까운 사랑을 한다.

선생이 시즈와 사랑을 느끼고 있을 때, 금전에 여유가 있었던 선생은 친구 K가 경제적으로 어려운 처지에 놓이게 되자, 그를 도와주려고 주인의 반대를 무릅쓰고 자신의 하숙집에 K를 데려온다.

K는 선생에게 시즈에 대한 사랑을 털어놓게 된다. 자신이 이전부터 사랑하고 있었던 시즈를 K도 사랑하고 있다는 것을 확인한 선생은 마음이 다급해진다. K로부터 시즈에 대한 사랑의 고백을 들은 선생은 어느 날 K를 빼돌리고 시즈 어머니에게 시즈와 자신과의 결혼 허가를 받아냈다.

두 사람의 혼약을 알게 된 K는 선생에게는 아무 말도 하지 않고, 밤에 선생의 옆방에서 작은 칼로 경동맥을 끊고 자살한다. K가 유서를 통해 고백한 자살 이유는 '자신은 의지가 약하고 결단성이 없어서 도저히 앞날에 대한 희망이 없으니 자살한다'는 것이었다. 그리고 유서의 마지막 부분에 좀더 빨리 죽어야 했는데도 왜 지금까지 살아왔는지 모르겠다고 썼다.

하지만 이것은 유서를 통해 나타난 표면적인 자살 이유이다. K가 자살을 결행했던 가장 큰 동기는 선생이 자신을 따돌리고 시즈와 결혼하기로 했다는 것에 대한 정신적 충격 때문이었다.

그러나 그의 자살은 단순하게 선생과 시즈의 결혼 소식에 대한 충격뿐만 아니라 복합적인 이유도 존재한다. 즉 '현실과 이상의 충돌' 문제라든가, 그가 '성격적으로 외롭고 허전함'을 느꼈기 때문인 것과 관계가 있다.

K가 자살한 뒤, 선생은 대학을 졸업하고 시즈와 결혼을 했다. 결혼 생활은 겉으로는 행복하게 보이지만 무슨 이유에선지 아이는 태어나지 않고 생각한 만큼 행복하지 않다.

더욱이 선생은 K의 죽음 이후 항상 불안하고 죄의식과 고독감에 휩싸이게 된다. 선생은 인간의 죄를 깊게 느껴 매달 K가 묻혀 있는 무덤에 찾아가고 있다. 그런 죄의식과 번민의 상태로 있을 때, 선생은 메이지 천황이 서거했다는 소식을 듣게 되자 아래와 같이 생각한다.

> 나는 메이지 정신이 천황에서 시작되어 천황에서 끝났다는 생각이 들었습니다. 가장 강하게 메이지의 영향을 받은 우리들이 그 뒤에 살아남아 있는 것은 어쩔 수 없이 시대에 뒤처지는 일이라는 생각이 들었습니다. 나는 아내한테 그렇게 노골적으로 이야기를 했습니다. 아내는 웃으면서 상대하지 않았지만 무엇을 생각했는지 갑자기 나한테 그럼 순사殉死라도 하면 되지 않느냐면서 놀렸습니다.

이후 선생은 신문을 통해 노기 대장이 천황을 따라 순사했다는 것을 알게 되었다. 그로부터 이삼 일 후 선생은 자살할 결심을 한다.

작품에 나타난 죽음과 자살 가운데 가장 정점을 이루고 있는 것은 선생의 자살이다. 하지만 선생이 자살을 한 것은 확실하지만 어떠한 방법으로 자살을 했는지는 작품 속에 명확하게 나타나 있지 않다. 선생은 아내인 시즈에게는 자신이 자살하는 이유를 밝히지 않는다. 대신 제자인 '나'라는 청년에게 편지 형식의 유서를 통해 '내가 죽은 다음에도 아내가 살아 있는 동안은 당신한테만 고백된 나의 비밀의 모든 것을 가슴속에 담아 놓고 있어 주십시오'라고 부탁한다.

10. 미치쿠사

10-1. 작품 안내

〈미치쿠사道草〉는 1915년(大正 4) 6월 3일부터 같은 해 9월 14일까지 102회에 걸쳐 도쿄, 오사카의 《아사히신문》에 연재된 장편소설이다. 1915년 10월에 이와나미서점에서 간행되었다.

〈미치쿠사〉는 나쓰메 소세키가 자신의 체험을 소재로 한 유일한 자전적 소설로 평가받고 있다. 〈미치쿠사〉의 소재가 된 것은 나쓰메 소세키가 영국 유학을 마치고 귀국한 1903년부터 1905년 처녀작 〈나는 고양이로소이다〉를 발표하기까지 기간의 전후 실생활이다.

작품 첫 부분에서 주인공 겐조健三가 먼 곳에서 돌아와 도쿄 고마고메駒込 한구석에 살림을 차렸다는 내용이 나온다. 겐조가 살았던 '고마고메의 집'은 작품 속에 묘사된 여러 내용을 참고해 볼 때, 나쓰메 소세키가 영국 유학에서 돌아와 살았던 도쿄 혼고구 고마고메 센다기초 57번지 집임에 틀림없다. 현재의 주소로는 도쿄 분쿄구文京区 무코가오카向丘 2정목 20번 7호이다.

당시 나쓰메 소세키가 살았던 고마고메의 집은 나쓰메 소세키와 문학적 경쟁자였던 모리 오가이森鴎外가 이전에 살았던 집이었다. 이 집은 일본 근

일본에서 발행된 〈미치쿠사〉 초판본.

대문학을 성립시켰다고 말할 수 있는 두 명의 문호가 살았던 유서 있는 집이다. 아쉽게도 지금은 보존되어 있지 않고 집터에 기념비만 세워져 있다. 옛날에 있었던 이 집의 건물은 현재 나고야 근교에 있는 메이지무라明治村라는 관광지 산 속으로 이전되어 있다.

〈미치쿠사〉에 등장하는 모델을 추측해 보면 대략 아래와 같다.

· 겐조健三 : 주인공 ⇒ 나쓰메 소세키
· 오스미御住 : 겐조의 아내 ⇒ 나쓰메 교코夏目鏡子
· 시마다 헤이키치島田平吉 : 겐조의 어린 시절 양아버지 ⇒ 나쓰메 소세키의 어린 시절의 양아버지였던 시오바라 마사노스케塩原昌之助
· 시마다 쓰네島田常 : 겐조의 어린 시절 양어머니 ⇒ 나쓰메 소세키의 어린 시절의 양어머니였던 야스
· 겐조의 아버지 ⇒ 나쓰메 소세키의 친아버지 나쓰메 코헤나오카쓰
· 겐조의 어머니 ⇒ 나쓰메 소세키의 친어머니 치에
· 히다 나쓰比田夏 = 겐조의 누나 ⇒ 나쓰메 소세키의 누나였던 후사ふさ
· 초타로長太郎 = 겐조의 형 ⇒ 나쓰메 소세키의 셋째형이었던 나쓰메 와사부로

10-2. 작품 줄거리

외국 유학에서 돌아와 대학 교수가 된 36세의 주인공 겐조는 대학 강의 준비를 위해 그날그날의 일에 쫓기고 있었다. 그는 집에 와서도 느긋하게 있지 못했다. 자기가 읽고 싶은 책을 읽는다든지, 쓰고 싶은 것을 쓴다든지, 생각하고 싶은 걸 생각하고 싶다는 욕구에 사로잡혀 여유라고 하는 것을 모른 채, 늘 책상 앞에 달라붙어 있다.

겐조의 몸에는 아직도 먼 이국 냄새가 들러붙어 있었다. 오락 등 취미를 생각할 수 없을 만큼 바쁜 그는 친구를 포함한 주위 사람과의 교제가 거의 없다. 그러므로 친척들은 그를 괴짜 취급했다.

겐조에게는 이복누이와 형이 있었다. 하지만 불행하게도 겐조는 누나와 형과 별로 친하게 왕래하지 않고 있다.

겐조는 유학 생활을 마치고 도쿄로 돌아와서 설렘과 일종의 쓸쓸함을 느끼며 가랑비가 부슬부슬 내리는 날 평소와 같이 산책을 하던 중 우연히 과거 어린 시절 양아버지였던 시마다를 만난다. 겐조는 시마다를 만났을 때, 마음속으로 기억하기 싫은 추억이 되살아나는 듯한 기분을 느낀다.

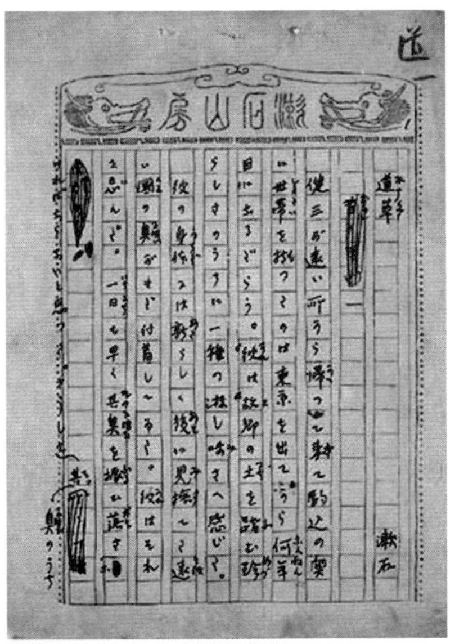
나쓰메 소세키가 원고지에 직접 쓴 〈미치쿠사〉 원고.

불안을 느낀 겐조는 누나를

찾아가 시마다에 관해 상담을 했지만 별로 속시원한 답변을 듣지 못한다. 시마다가 갑자기 겐조 앞에 나타난 이유는 '다달이 얼마간 보태줄 수 없겠느냐?'는 돈의 원조 문제였다. 시마다는 겐조에게 사람이 너무 좋다 보니까 걸핏하면 다른 사람들한테 속고, 받을 가망이 없는 사람한테 돈을 빌려 주어 곤경에 처해 있다고 말했다.

시마다가 어느 날 오후 조그만 선물을 들고 겐조 집 현관에 나타나서는 집안을 둘러보고 돌아갔다. 또한 어느 날 겐조가 피곤에 지쳐 집으로 돌아오자 아내가 시마다가 찾아왔었다고 말한다.

겐조가 부재중일 때, 형이 찾아와서 무엇인가 참고가 될 것이라고 아버지가 중풍으로 죽기 전에 남긴 서류 뭉치를 아내에게 맡기고 갔다. 겐조는 서류 뭉치를 하나씩 펼쳐 보았다. 수속서, 계약서, 장부 등이 차례로 나왔다. 아버지가 시마다에게 매월 3, 4엔씩 준 기록도 나왔다. 취급소 근무 중 도오야마 후지라는 미망인과 정분이 일어난 내용도 나왔다. 문서 끝에는 양자였던 겐조의 호적을 생가 쪽으로 고쳐 주지 않은 것도 나왔다. 뿐만 아니라 어느 틈에 겐조를 호주로 고쳐 그의 인감을 남용, 여기저기에서 돈을 빌린 예가 열거되어 있다. 아버지가 시마다와 손을 끊을 때 양육비를 시마다에게 건넨 돈 문서까지 나왔다.

겐조의 형은 말단 공무원이었다. 그는 도쿄 한복판에 있는 규모가 큰 관공서에 근무하고 있다. 형은 웅장한 건물 속에서 긴 세월 동안 짓눌린 채 나이가 들어가는 것을 스스로 불안하게 생각했다. 삼남으로 태어난 형은 장남과 차남이 차례로 병으로 죽자 생가의 대代를 잇게 되어 장남 노릇을 했다. 형은 아버지가 죽자 기다렸다는 듯이 얼른 집과 토지, 가재도구까지 팔아 버렸다. 형은 세 아이의 아버지였으나 제일 귀여워했던 맏딸은 악성 폐결핵에 걸려 죽었다.

형은 첫 번째 아내와 이혼했으며, 두 번째 아내는 일찍 죽었다. 형은 두 번째 아내가 아팠을 때에 걸핏하면 집을 비웠다. 형은 두 번째 아내의 병을 대수롭지 않게 생각하고 있었다. 세 번째 아내를 맞아들일 때, 형은 아버지에게만 허락을 얻었다. 그러나 동생인 겐조에게는 일언반구 의논도 없이 결혼을 했다.

겐조의 아내 오스미는 히스테리가 아주 심했지만 지금은 많이 가라앉았다. 그러나 아내의 히스테리는 그의 가슴에 알 수 없는 불안의 그림자를 드리웠다. 겐조는 아내의 히스테리를 마음속으로 무서워하고 있었다.

아내는 잠이 많은 여자였다. 겐조보다 늦게 자리에서 일어날 때도 있었고, 겐조를 배웅한 뒤에 다시 드러눕는 날도 적지 않았다. 실컷 자지 않으면 머리가 어지러워 하루 종일 정신이 멍해진다는 것이 언제나 되풀이되는 아내의 변명이었다.

'오스미'의 모델이라고 일컬어지는 나쓰메 소세키의 처 나쓰메 교코의 젊은 시절 모습.

아내와의 긴장이 극에 달하면 겐조는 언제나 아내에게 친정으로 돌아가라고 말했다. 아내는 '그럼 당분간 애들을 데리고 친정에 가 있겠어요'라고 말하며 친정으로 간 적도 있다. 겐조는 아내가 친정으로 가자

학생 시절처럼 혼자 생활하게 된 것을 기뻐했다. '아이고, 살 것 같군'이라고 말하면서 다다미방 한복판에 작은 두레상을 펴 놓고, 아침부터 밤까지 노트에 대고 글만 썼다.

겐조는 어린 시절 시마다 집안에 양자로 가서 양부모와 함께 살았다. 이때, 양부모 부부의 마음속 깊은 곳에는 양아들 겐조에 대한 일종의 불안감이 깃들어 있었다고 아래와 같이 회고한다.

> 화로 앞에 앉는 차가운 늦가을 밤이면 그들은 곧잘 겐조에게 이런 질문을 했다.
>
> "네 아버지는 누구지?"
>
> 겐조는 손가락으로 시마다를 가리켰다.
>
> "그럼 네 엄마는?"
>
> 겐조는 또 오쓰네의 얼굴을 보고 그녀를 가리켰다.
>
> 그걸로 일단 안심하고 나면 이번에는 같은 걸 다른 식으로 물었다.
>
> "자, 그럼 네 진짜 아버지와 엄마는?"
>
> 겐조는 싫지만 같은 말을 되풀이할 수밖에 없었다. 그러나 그게 웬일인지 그들을 기쁘게 했다. 그들은 얼굴을 마주보며 웃었다.
>
> 어느 때는 거의 매일이다시피 셋이 둘러앉아 같은 문답을 주고받았던 적이 있었다. 〔…〕
>
> "너 누가 제일 좋아. 아버지? 어머니?"
>
> 겐조는 그녀의 뜻을 헤아려 상대가 원하는 대답을 해야 한다는 게 싫어서 견딜 수 없었다. 그는 말없이 막대기처럼 서 있었다. 〔…〕
>
> 부부는 전력을 다해 겐조를 자신들의 전유물로 만들고자 노력했다. 또 사실상 겐조는 그들의 전유물임에 틀림없었다.

어린 겐조에게 시마다 부부는 말끝마다 겐조에게 자신들의 은혜를 각인시키려고 했다. 양부모의 애정 속에는 이상한 보상 심리가 도사리고 있었다. 이런 환경에서 자란 탓일까. 어린 시절에 겐조의 착한 심성은 사라져 가고 그 대신 고집이 생겨났다. 또한 버릇없기가 날로 심해져 자기가 좋아하는 것을 손에 넣지 않으면 길가든 어디든 가리지 않고 철퍼덕 주저앉아 움직이지 않았다.

그러는 동안 양부모는 격렬하게 말다툼을 하기 시작했다. 양부모의 싸움은 매일 계속되었다. 싸움이 계속되는 와중에 양아버지가 겐조의 눈앞에서 홀연히 사라지고 말았다. 그러자 오쓰네는 만나는 사람들을 붙들고 '아이고 분해. 아이고 원통해' 하고 울었다. 양어머니의 양아버지에 대한 저주는 겐조의 마음을 점점 더 양어머니에게서 멀어지게 만들었다.

그 즈음 시마다가 또 겐조 집에 나타났다. 그때 겐조의 눈에 비친 이 노인은 그야말로 과거의 유령 같았다. 시마다는 현재의 인간이기도 했고, 또한 겐조에게는 어두운 미래의 그림자임에 틀림없었다. 겐조는 '언제까지 이 그림자가 내 몸에 붙어 다닐 작정인가' 하고 생각했다. 그날도 시마다는 혼자서 이야기를 계속 하다가 돌아갔다.

사흘 뒤에 또 시마다가 겐조 집에 왔다가 이런 저런 이야기를 하고는 돌아갔다. 시마다의 이야기 내용은 역시 돈이었다. 시마다는 겐조에게 '아무래도 좀 곤란해서. 어디 다른 데 부탁할 데도 없는 처지라. 꼭 한 번' 하고 돈을 달라는 부탁을 했다. 이 말을 들은 겐조는 서재로 가서 책상 위에 있는 지갑을 가지고 와서 '어차피 당신 청구대로 드리지는 못합니다. 실은 지금 가지고 있는 전부를 드리는 겁니다'라고 말하고는 지갑 속에서 손에 잡히는 대로 돈을 꺼내 시마다에게 주었다.

이후 시마다는 자주 겐조네 집에 모습을 나타냈다. 그때마다 겐조는 서재로 들어가 지갑을 시마다에게 내놓지 않으면 안 되었다. 그러는 동안 시마다의 태도는 점점 적극적으로 변해 갔다. 20엔, 30엔 하고 태연하게 목돈을 청구하기 시작했다. 겐조의 마음은 구겨진 휴지조각처럼 엉망진창이 되었다.

겐조의 장인은 관리였다. 겐조가 유학을 떠날 때 장인에게 처자를 맡겼다. 장인은 자기 저택 안에 있는 작은 집을 비워서 처자를 살게 했다. 하지만 불행하게도 장인은 내각이 붕괴되는 와중에 휘말려 관직에서 물러났다. 이후 사업에 손을 댔다가 그나마 있던 예금마저 깨끗이 날려 버렸다. 외국 유학에서 돌아온 겐조는 참담한 지경에 처한 자신의 처자식을 그냥 묵묵히 바라볼 수밖에 없었다. 귀국 후 이런 어려운 환경에서 겐조는 가족을 먹여 살리려고 혼신의 노력을 다했다. 그런 노력 덕택에 겐조는 간신히 도쿄에서 자리를 잡게 된 것이다.

장인이 겐조의 집을 방문했다. 아내는 장인이 외투가 없어 추워 보이자 남편의 헌 외투를 장인에게 드렸다. 사흘 뒤에 장인은 다시 겐조의 집을 찾아왔다. 장인은 겐조에게 돈 변통에 대한 이야기를 했다. 은행에 근무하고 있던 겐조의 친구가 겐조가 보증을 해 주면 돈을 빌려주겠다고 말했다는 것이었다. 장인은 겐조에게 보증용 인감을 떼어 달라고 부탁한다.

겐조는 은행에 자신이 보증을 서서 대부를 받는 것은 싫다고 분명하게 장인에게 말했다. 그 대신 할 수 있는 만큼의 돈을 변통해 드리겠다고 약속했다. 겐조는 친구의 손아래 동서인 시미즈에게 400엔을 빌려 장인에게 건네주었다. 겐조로서는 최대한 장인을 위해 노력한 것이다.

아내는 걸핏하면 '저는요. 어떤 남편이라도 괜찮다고요. 그저 저한테 잘해 주기만 한다면'이라고 말한다. 겐조는 아내의 이런 말을 듣고 '도둑놈이라도 괜찮아?'라고 묻자, 아내는

> 도둑놈이면 어떻고 사기꾼이면 어때요. 그저 마누라 애지중지 위해 주기만 한다면 그걸로 그만이죠. 아무리 훌륭하고 존경받는 인간이면 뭐해요? 집에서 못하는 남자는 아내한테는 아무짝에도 소용없죠

라고 말한다.

겐조는 오로지 학문에만 매달려 있는 자기를 아내가 이런 말로 비난하고 있다고 생각한다.

임신을 한 아내는 산기産気를 느껴 신음소리를 내며 겐조를 흔들어 깨웠다. 겐조가 산파를 불렀으나 빨리 오지 않았다. 아내는 '아이고 나와요!'라는 단말마 같은 말을 외쳐 대면서, 여태껏 죽을힘을 다해 참아온 듯한 비명을 벼락같이 지르며 태아를 분만했다.

겐조는 어떻게 해야 좋을지 쩔쩔맸다. 그때 산파가 왔기 때문에 겨우 안심했다. 이윽고 갓난아기의 울음소리가 집안의 차가운 공기를 흔들었다. 아내는 또 딸을 낳았다. 겐조는 다소 실망했다. 첫 번째도 딸, 두 번째도 딸, 지금 막 태어난 아이 역시 딸, 모두 세 딸의 아버지가 된 겐조는 딸만 낳아서 어떻게 할 셈이냐고 마음속으로 아내를 힐난했다. 그렇게 말하면서도 그렇게 낳게 한 자기의 책임에 대해서는 전혀 생각하지 않았다.

아내는 기쁜 듯이 태어난 아이가 자는 모습을 들여다보고 있었다. 그리

고 손가락 끝으로 그 작은 볼을 콕콕 누르며 어르기 시작했다. 겐조는 이 작은 덩어리의 아기가 지금의 아내처럼 커지는 미래를 상상했다.

겐조가 어릴 적에 양어머니였던 오쓰네가 두 번째 찾아왔다. 이런 저런 이야기를 하다가 그날도 겐조는 서재에 들어가 지갑에서 5엔짜리 한 장을 꺼내어 오쓰네 앞에 내놓고는 '죄송합니다만, 이걸로 인력거라도 타고 가시지요'라고 말했다. 오쓰네는 사양을 하면서도 겐조에게 돈을 5엔 받아 품속에 넣었다. 겐조는 오쓰네가 다음에 왔을 때도 '만약 5엔짜리가 없으면 어떻게 하지?'라고 생각하자 그 자신이 어리석게 느껴졌다.

양어머니였던 오쓰네가 찾아온 다음에 양아버지였던 시마다가 또 겐조 집을 찾아왔다. 시마다는 겐조의 한 달 수입이 800엔 정도 되니까, 그중에서 100-200엔을 도와 달라고 겐조에게 부탁을 한다. 화가 난 겐조는 '이젠 한 푼도 못 드려요'라고 시마다의 요구를 단호하게 거절했다.

이후 시마다는 대리인을 보내 돈을 요구했으나 겐조는 시마다의 요구를 계속 거절했다. 시마다는 겐조가 어린 시절 생가로 복적할 당시 써 준 증서와 돈을 바꾸자는 조건을 내걸었다. 결국 누나의 남편인 히다와 형이 시마다와 타협을 해서, 시마다에게 100엔을 주고, 증서 두 장을 받아 왔다. 한 장의 증서에는 틀림없이 시마다가 100엔을 받았다는 것과 향후 일체의 관계를 끊겠다는 내용이 적혀 있었다. 그 증서에는 시마다의 도장도 분명히 찍혀 있었다.

또 한 장의 증서는 겐조가 어린 시절 생가로 복적할 당시 써 준 증서였다. 그 증서에는 '저는 금일 귀가貴家와 인연을 끊음에 있어, 친부로부터 양육비를 지급하옵되, 금후 상호 불성실, 몰인정함이 없도록 명념하옵니다'라고 쓰여 있었다.

두 장의 증서를 받아본 겐조는 히다와 형에게 '정말 수고하셨습니다. 감사합니다'라고 고마움을 표했다. 겐조는 100엔을 주고 증서 두 장을 사들인 것이나 마찬가지였다. 아내는 '아이고, 잘됐다. 그 사람은 이걸로 끝이 나서'라고 말하면서 이제 안심할 수 있다는 표정을 지었다.

하지만 겐조는 '이 세상에 끝나는 것이란 하나도 없어. 일단 한번 일어난 건 언제까지나 계속되지. 그저 여러 가지 형태로 모양만 바꾸는 거니까, 남도 나도 느끼지 못할 뿐이야'라고 말했다. 이 말을 들은 아내는 말없이 아기를 끌어안으며 '아이고, 우리 아기 예쁘기도 하지. 아버님 말씀은 무슨 말씀인지 하나도 못 알아듣겠네'라고 이야기하면서, 아기의 빨간 볼에 연신 입을 맞추는 장면에서 작품은 막을 내린다.

제4장

참고자료

1. 번역본 현황

■ 나는 고양이로소이다 吾輩は猫である

1. 김성한金聲翰 옮김, 《나는 고양이다》,新裝版世界文學全集 36(乙酉文化社, 1962)
2. 민병산閔丙山 옮김, 《나는 고양이다》(三省出版社, 1975)
3. 민병산 옮김, 《나는 고양이다》(信永出版社, 1994)
4. 민병산 옮김, 《나는 고양이다》(중앙미디어, 1995)
5. 유유정 옮김, 《나는 고양이로소이다》(문학사상사, 1997)
6. 임희선 옮김, 《나는 고양이로소이다》, 상 · 하(도서출판 홍, 2004)
7. 김상수 옮김, 《나는 고양이로소이다》, 상 · 하(신세계북스, 2006)
8. 임희선 옮김, 《나는 고양이로소이다》, 개정판(H&book, 2006)
9. 김상수 옮김, 《나는 고양이로소이다》(신세계북스, 2007)
10. 김효순 옮김, 《나는 고양이로소이다》, 논술 네비게이션 27(위너스초이스, 2007)

■ 도련님坊っちゃん

1. 김성한 옮김, 《봇쨩》, 新裝版世界文學全集 36(乙酉文化社, 1962)
2. 이종열李鍾烈 옮김, 〈도련님〉, 《日本文學選集 1》(知文閣, 1966)
3. 김성한 옮김, 《봇쨩》(乙酉文化社, 1984)
4. 장남호張南瑚 옮김, 〈도련님〉, 《日韓對譯名作시리즈 3》(시사일본어사, 1994)
5. 장남호 옮김, 《도련님》(시사일본어사, 1994)
6. 김성한 옮김, 〈도련님〉, 《도련님/일야一夜》(을유문화사, 1994)
7. 김미자 편, 〈도련님〉, 《세계명작만화 15》(글동산, 1997)
8. 정회성 옮김, 《도련님》(지경사, 2001)
9. 오유리 옮김, 《도련님》(문예출판사, 2001)

10. 육후연 옮김, 《도련님》(인디북, 2002)
11. 정치훈 옮김, 《도련님》(하서출판사, 2003)
12. 한은미 옮김, 《도련님》(소담출판사, 2003)
13. 지희정 옮김, 《도련님》(에이치앤비, 2005)
14. 강영숙 옮김, 《중학생이 보는 도련님》(신원문화사, 2005)
15. 박현석 옮김, 《도련님》(동해, 2005)
16. 이규민 옮김, 《도련님》(아이세움, 2006)
17. 양정화 옮김, 《도련님》(꿈꾸는아이들, 2006)
18. 김상수 옮김, 《도련님》(신세계북스, 2007)

■ 풀베개草枕

1. 방기환方基煥 · 표문태表文台 옮김, 〈草枕〉, 《日本代表作家百人集》(希望出版社, 1966)
2. 유정柳呈 옮김, 〈풀베개〉, 《世界代表隨筆文學大全集》(泰成出版社, 1983)
3. 유정 옮김, 〈풀베개〉, 《世界에세이100人選集 5》(良友堂, 1985)
4. 오석윤 옮김, 《풀베개》(책세상문고, 2005)

■ 몽십야夢十夜

1. 김윤성金潤成 옮김, 《몽십야 · 열흘 밤의 꿈》, 世界短篇文學全集(啓蒙社, 1966)
2. 김윤성 옮김, 《열흘 밤의 꿈》, 世界短篇文學全集(新韓出版社, 1976)
3. 신수철申洙澈 옮김, 《열흘 밤의 꿈》, 世界短篇文學全集(良友堂, 1981)
4. 유정 옮김, 《꿈》, 世界代表隨筆文學大全集(泰成出版社, 1983)
5. 秀進出版社 編, 《열 가지의 꿈》, 世界文學精選集(秀進出版社, 1983)
6. 유정 옮김, 〈꿈〉, 《世界에세이100人選集 5》(良友堂, 1985)
7. 박유하 옮김, 〈꿈 열흘 밤〉, 《꿈 열흘 밤 · 마음》(웅진출판, 1995)
8. 김정숙 옮김, 〈몽십야〉, 《나쓰메 소세키 단편선집》(삼신각, 1996)
9. 김정미 · 김현석 · 김형숙 · 오석윤 옮김, 〈열흘 밤의 꿈〉, 《일본대표단편선 2》(고려원, 1996)

10. 박유하 옮김, 〈꿈 열흘 밤〉, 《마음》(웅진닷컴, 2002)

11. 이병하 옮김, 《열흘 밤의 꿈》(레종북스, 2003)

12. 김정숙 옮김, 〈꿈 열 밤〉, 《런던탑 · 취미의 유전》(을유문화사, 2004)

13. 노재명 옮김, 《몽십야》(하늘연못, 2004)

■ 산시로三四郎

1. 최병련崔炳璉 옮김, 《산시로오》(도서출판 우일, 1987)

2. 최재철 옮김, 《산시로》, 세계문학총서 일본편 7(한국외대출판부, 1995)

■ 그 후それから

1. 서석연 옮김, 〈그 후〉, 《마음》(범우사, 1990)

2. 김석자 옮김, 《그러고 나서》(단국대학교출판부, 1997)

3. 서석연 옮김, 〈그 후〉 《마음 · 그 후》(범우사, 1999)

4. 윤상인 옮김, 《그 후》(민음사, 2003)

■ 문門

1. 송현순 옮김, 《문》(도서출판 밝은세상, 1997)

2. 유은경 옮김, 《문》(향연, 2004)

■ 행인行人

1. 유숙자 옮김, 《행인》(문학과지성사, 2001)

■ 마음こころ

1. 서석연 옮김, 《마음》(범우사, 1990)

2. 권순만 옮김, 《고코로》, 世界名作百選 41(日新書籍, 1994)

3. 박유하 옮김, 〈마음〉, 《꿈 열흘 밤 · 마음》(웅진출판, 1995)

4. 서석연 옮김, 〈마음〉, 《마음 · 그 후》(범우사, 1999)

5. 박유하 옮김, 《마음》(웅진닷컴, 2002)

6. 오유리 옮김, 《마음》(문예출판사, 2002)

7. 박순규 옮김, 《마음》(인디북, 2002)

■ 미치쿠사道草

1. 김정숙 옮김, 《한눈팔기》(문학과의식, 1998)

2. 송현순 옮김, 〈미치쿠사〉, 《나쓰메 소세키 자전소설 미치쿠사》(계명, 2000)

3. 정수원 옮김, 《굴레》(제이앤씨, 2004)

4. 김정숙 옮김, 《길 위의 생》(이레, 2006)

■ 명암明暗

1. 김정훈 옮김, 《명암》(범우사, 2005)

■ 일야一夜

1. 곽하신郭夏信 옮김, 《일야》, 日本短篇文學選(乙酉文化社, 1975)

2. 곽하신 옮김, 〈일야〉, 《도련님/일야》(을유문화사, 1994)

3. 정치훈 옮김, 〈하룻밤〉, 《도련님》(하서출판사, 2003)

4. 노재명 옮김, 〈하룻밤〉, 《몽십야》(하늘연못, 2004)

■ 런던탑倫敦塔

1. 김정숙 옮김, 〈런던탑〉, 《나쓰메 소세키 단편선집》(삼신각, 1996)

2. 김정숙 옮김, 〈런던탑〉, 《런던탑 · 취미의 유전》(을유문화사, 2004)

3. 노재명 옮김, 〈런던탑〉, 《몽십야》(하늘연못, 2004)

■ 문조文鳥

1. 김정숙 옮김, 〈문조〉, 《나쓰메 소세키 단편선집》(삼신각, 1996)

2. 김정숙 옮김, 〈문조〉, 《런던탑 · 취미의 유전》(을유문화사, 2004)

■취미의 유전趣味の遺伝

1. 김정숙 옮김, 〈취미의 유전〉, 《나쓰메 소세키 단편선집》(삼신각, 1996)
2. 김정숙 옮김, 〈취미의 유전〉, 《런던탑 · 취미의 유전》(을유문화사, 2004)
3. 노재명 옮김, 〈취미의 유전〉, 《몽십야》(하늘연못, 2004)

■칼라일 박물관カーライル博物館

1. 김정숙 옮김, 〈칼라일 박물관〉, 《나쓰메 소세키 단편선집》(삼신각, 1996)
2. 김정숙 옮김, 〈칼라일 박물관〉, 《런던탑 · 취미의 유전》(을유문화사, 2004)
3. 노재명 옮김, 〈칼라일 박물관〉, 《몽십야》(하늘연못, 2004)

■영일소품永日小品

1. 유정 옮김, 〈영일소품〉, 《世界代表隨筆文學大全集》(泰成出版社, 1983)
2. 유정 옮김, 〈영일소품〉, 《世界에세이100人選集 5》(良友堂, 1985)
3. 김정숙 옮김, 〈영일소품〉, 《나쓰메 소세키 단편선집》(삼신각, 1996)
4. 김정숙 옮김, 〈긴 봄날의 소품〉, 《런던탑 · 취미의 유전》(을유문화사, 2004)
5. 노재명 옮김, 〈영일소품〉, 《몽십야》(하늘연못, 2004)

■이백십일二百十日

1. 노재명 옮김, 〈이백십일〉, 《몽십야》(하늘연못, 2004)

■환영의 방패幻影の盾

1. 노재명 옮김, 〈환영의 방패〉, 《몽십야》(하늘연못, 2004)

■교토의 저녁京に着ける夕

1. 노재명 옮김, 〈교토의 저녁〉, 《몽십야》(하늘연못, 2004)

■만한 이곳저곳満韓ところどころ

1. 노재명 옮김, 〈만한 이곳저곳〉, 《몽십야》(하늘연못, 2004)

■이상한 소리変な音

1. 노재명 옮김, 〈이상한 소리〉, 《몽십야》(하늘연못, 2004)

▪유리문 안에서硝子戸の中

1. 송현순 옮김, 《뜰 안의 풍경》(陽地, 1999)
2. 김정숙 옮김, 《유리문 안에서》(민음사, 2000)

▪현대 일본의 개화現代日本の開化

1. 황지헌 옮김, 〈현대 일본의 개화〉, 《나츠메 소세키 문명론》(소명출판, 2004)
2. 김정훈 옮김, 〈현대 일본의 개화〉, 《나의 개인주의 외》(책세상, 2004)

▪나의 개인주의私の個人主義

1. 황지헌 옮김, 〈나의 개인주의〉, 《나츠메 소세키 문명론》(소명출판, 2004)
2. 김정훈 옮김, 〈나의 개인주의〉, 《나의 개인주의 외》(책세상, 2004)

▪문예와 도덕文芸と道徳

1. 황지헌 옮김, 〈문예와 도덕〉, 《나츠메 소세키 문명론》(소명출판, 2004)
2. 김정훈 옮김, 〈문예와 도덕〉, 《나의 개인주의 외》(책세상, 2004)

▪점두록点頭録

1. 황지헌 옮김, 〈점두록〉, 《나츠메 소세키 문명론》(소명출판, 2004)
2. 김정훈 옮김, 〈점두록〉, 《나의 개인주의 외》(책세상, 2004)

서간書簡 이종수 옮김, 《소가 되어 인간을 밀어라》, 나쓰메 소세키의 《서간》(岩波書店)에서 편지 146통을 골라 번역한 모음집(미다스북스, 2004)

평론評論 황지헌, 《나츠메 소세키 문학예술론》(소명출판, 2004)

강연講演, 시론時論 황지헌, 《나츠메 소세키 문명론》(소명출판, 2004)

2. 단행본 현황

1. 윤상인尹相仁, 《世紀末と漱石》(岩波書店, 1994)
2. 권혁건權赫建, 《나쓰메 소세키 文學世界—작가와 작품연구》(학사원, 초판: 1994, 개정판: 1998)
3. 권혁건, 《일본근대소설연구—나쓰메 소세키를 중심으로》(학사원, 1996)
4. 진명순陳明順, 《漱石漢詩と禪の思想》(勉誠社, 1997)
5. 유상희柳相熙, 《나쓰메 소세키 연구》(보고사, 2001)
6. 권혁건 · 김정훈金正勳 등 19인, 《나쓰메 소세키 문학연구》(제이앤씨, 2001)
7. 조영석曺榮錫, 《나쓰메 소세키의 문학세계》(보고사, 2001)
8. 김정훈金正勳, 《漱石—男の言草, 女の仕草》(和泉書院, 2002)
9. 권혁건 편저, 《나쓰메 소세키 작품 〈마음〉 연구》(제이앤씨, 2003)
10. 오경吳敬, 《가족관계로 읽는 소세키 문학》(보고사, 2003)
11. 권혁건, 《나쓰메 소세키와 한국》(제이앤씨, 2004)
12. 한국나쓰메소세키연구회韓國夏目漱石研究會 편, 《나쓰메 소세키의 전기 삼부작 연구》(제이앤씨, 2005)
13. 진명순, 《漱石詩と文學思想》(제이앤씨, 2006)

3. 나쓰메 소세키 연보

1867년 나쓰메 소세키는 1867년(慶応 3) 2월 9일(음력 1월5일) 당시 에도 우시고메牛込 바바시타요코초馬場下横町, 현재의 도쿄 신주쿠구新宿区 우시코메키쿠이초牛込喜久井町 1번지에서 태어남. 그의 부친은 그 일대를 지배한 나누시名主(현재의 동장이나 이장에 해당됨) 나쓰메 고헤나오카쓰였고, 모친은 나쓰메 고헤나오카쓰의 후처後妻'지에'였음. 그는 5남 3녀 가운데 막내아들로 태어남. 나쓰메 소세키의 본명은 나쓰메 긴노스케夏目金之助였음.

부친인 나쓰메 고헤나오카쓰의 본처本妻는 '고토'였으나 1853년에 병으로 사망함. 나쓰메 소세키의 누나였던 사와佐和와 후사房는 본처 고토 소생所生이었음. 후처인 치에 소생의 자녀는 다이스케大助, 나오노리直則, 나오타다直矩, 히사키치久吉, 치카ちか, 나쓰메 소세키를 포함하여 여섯 명임. 그가 태어났을 때, 두 명의 누나와 세 명의 형이 살아 있었음. 그러나 바로 위 넷째 형 히사키치와 셋째 누나 치카는 나쓰메 소세키가 태어나기 이전, 어릴 때 사망했음.

나쓰메 소세키가 태어날 때, 부친의 나이는 50세, 모친은 42세였음. 당시 일본인의 평균 수명은 50세 전후였음. 부친은 50세라는 고령과 전처 소생의 두 명의 딸과 후처 소생의 세 명의 아들이 있는 이유로 인해 나쓰메 소세키의 탄생을 그다지 환영하지 않았음. 그러므로 부친은 나쓰메 소세키를 태어나자마자 고물상에 수양아들로 보냄. 고물상에 수양아들로 보내진 그는 매일 밤 가게 앞에 잡동사니와 함께 소쿠리에 넣어진 채 놓여짐. 소쿠리에 넣어진 동생 나쓰메 소세키를 보고 불쌍히 여긴 누나가 그를 생가에 데리고 돌아온 적이 있음.

1868년(1세) 9월 에도가 도쿄로 바뀜. 10월 연호가 메이지明治로 바뀜. 11월 도쿄 요쓰야 나누시 시오바라 마사노스케塩原昌之助의 양자로 들어감. 태어나자마자 수양아들과 양자로 갔던 어린 시절의 어두웠던 체험은 후에 나쓰메 소세키의 개성 형성과 작품 테마에 커다란 영향을 미침.

1870년(3세) 천연두 예방을 위해 종두를 접종했지만 그것이 원인이 되어 생애生涯 내내 얼굴에 천연두 흔적이 남음.

1873년(6세) 양아버지 시오바라 마사노스케가 도쿄 아사쿠사浅草의 동장戸長에 임명되어 아사쿠사스와마치로 이사함.

1874년(7세) 양아버지가 새로운 여자와 사귀게 되어 가정불화가 일어남. 나쓰메 소세키는 양어머니 야스와 함께 일시적으로 생가로 돌아옴. 나쓰메 소세키는 양어머니와 함께 나쓰메 본가에 맡겨졌지만 12월경 새 양어머니 가쓰かつ와 데리고 온 딸 렌れん이 동거하고 있는 아사쿠사의 양아버지 집에 돌아오게 됨. 12월에 아사쿠사 도다초등학교戸田小学校에 입학. 성적이 매우 우수했음.

1875년(8세) 4월에 양부모가 이혼을 하게 됨. 양아버지의 집에 적籍을 둔 채, 나쓰메 소세키는 생가로 돌아옴.

1876년(9세) 양아버지가 동장戸長을 면직당함. 나쓰메 소세키는 이치가야초등학교市ケ谷小学校로 전학. 10월 이치가야초등학교 하등소학下等小学 제삼급第三級 수료.

1878년(11세) 4월 이치가야초등학교 상등上等 제팔급第八級으로 졸업. 10월 간다금화학교 초등 심상과 2급 후기 졸업.

1879년(12세) 3월 간다神田의 도쿄부립제일중학교東京府立第一中学校 정칙과正則科에 입학. 하지만 정칙과에 영어 수업이 없는 것에 불만을 느낌.

1881년(14세) 1월 21일 생모 치에가 54세로 사망. 이를 전후로 하여 도쿄부립제일중학교를 중퇴함. 4월경에 한학漢学을 전문으로 가르치는 이송학사二松学舎에 들어가 한학을 배움.

1883년(16세) 8월경에 도쿄대학예비문東京大学予備門 시험 준비를 위해 나쓰메 소세키는 좋아하던 한학 공부를 중단하고, 영어를 전문으로 가르치는 성립학사成立学舎에 입학해서 본격적으로 영어를 배움.

1884년(17세) 9월 도쿄대학예비문 예과予科에 입학.

1886년(19세) 4월 도쿄대학예비문이 제일고등중학교第一高等中学校로 개칭됨에 따라 동교同校 예과에 편입함. 7월에 나태한 학교생활을 한데다 복막염까지 앓게 되어 낙제함. 이 낙제 체험을 계기로 면학에 심기일전하여 이후 수석을 놓치지 않음. 9월경 친구 나카무라 제코中村是公와 고토기주쿠江東義塾라는 학원에서 아르바이트로 강사를 함. 이 때 사귄 친구 나카무라 제코 덕택에 나쓰메 소세키는 후에 만주와 한국을 방문하게 됨. 고토 기주쿠 기숙사에 머무르며 제일고등중학교에 다님.

1887년(20세) 3월 큰형 다이스케가 31세의 나이에 폐결핵으로 사망. 6월 둘째형 나오노리가 29세의 나이에 폐결핵으로 연이어 사망.

1888년(21세) 1월 양자 집안인 시오바라 집에서 생가인 나쓰메 집으로 복적함. 7월 제일고등중학교 예과를 졸업함. 당초에는 건축과를 지망하였으나 친구 요네야마 야스사부로米山保三郎의 권유로 영문학 전공으로 바꿈. 9월에 본과에 진학하여 영문학를 전공함.

1889년(22세) 1월 친구 마사오카 시키正岡子規와 가깝게 사귀기 시작함. 마사오카 시키의 한시문집 〈칠초집七艸集(나나쿠사슈)〉에 대한 한문으로 쓴 평에서 처음으로 소세키漱石라는 호를 사용함. 8월 한 문체의 기행문紀行文 〈목설록木屑録(보쿠세쓰로쿠)〉을 집필하여 마사오카 시키로부터 절찬을 받음.

1890년(23세) 7월 제일고등중학교 본과를 졸업함. 9월 도쿄제국대학 문과대학 영문과에 진학함. 여름에 하코네箱根에 체재하면서 한시 10여 수를 지음.

1891년(24세) 7월 특대생特待生이 됨. 셋째 형수 도세登世가 임신중독증으로 사망하여 크게 낙담함. 12월 J. M. 딕슨 교수의 요청으로 일본의 중세 수필집 《호조키方丈記》를 영어로 번역함.

1892년(25세) 4월 친가로부터 분가하여 호적을 홋카이도北海道로 옮김. 나쓰메 소세키가 호적을 도쿄에서 홋카이도로 옮긴 이유는 병역을 기피할 목적이었음. 5월 도쿄전문학교東京専門学校(현재의 와세다대학의 전신)에 강사로 출강함. 6월 노자의 철학老子の哲学을 집필함. 8월 시코쿠四国 마쓰야마松山 고향에서 요양 중인 마사오키 시키를 방문하여 그 곳에서 다카하마 교시高浜虚子와 처음으로 대면함. 10월 마사오키 시키가 도쿄제국대학을 퇴학함.

1893년(26세) 1월 도쿄제국대학 문과대학 영문학 간담회에서 〈영국 시인의 천지산천에 대한 관념英国詩人の天地山川に対する観念〉에 대하여 강연함. 이를 《철학잡지》에 3월부터 9월까지 연재하여 호평을 받음. 7월에 도쿄제국대학 문과

대학 영문과를 졸업하고, 동 대학원에 진학함. 10월부터 도쿄고등사범학교東京高等師範学校에 영어 강사로 출강함.

1894년(27세) 신경쇠약의 악화와 함께 극도의 염세주의 빠짐. 8월 일본 동북지방에 있는 마쓰시마松島를 여행하여 그곳에 있는 서암사瑞巌寺 절에서 참선参禅을 시도했지만 곧 단념함. 12월 도쿄 근방에 있는 관광지 가마쿠라鎌倉의 원각사円覚寺라는 절에서 참선을 함. 하지만 마음의 안정을 얻지 못함.

1895년(28세) 2월 학창시절 절친한 친구 가운데 한 사람인 스가 도라오菅虎雄의 중개로 요코하마의 영자신문 《재팬 저널*Japan Journal*》 기자 모집에 응모하였으나 불합격함. 4월 시코쿠四国의 에히메 현愛媛県에 있는 진조중학교尋常中学校 영어교사로 부임함. 교사 월급은 80엔이었음. 8월 청일전쟁에 종군従軍중 각혈하여 고향에 돌아온 마사오키 시키를 만나 잠시 함께 살게 됨. 이곳에서의 체험이 후년 〈도련님〉의 소재가 됨. 12월 귀족원 서기관장貴族院書記官長 나카네 시케카즈中根重一의 장녀 교코鏡子와 맞선을 본 후 약혼함.

1896년(29세) 4월 마쓰야마松山 중학교를 사직하고 구마모토의 제오고등학교第五高等学校 강사로 취임함. 월급은 100엔임. 6월 자택에서 나카네 교코와 결혼식을 거행함. 7월 교수로 승진함.

1897년(30세) 4월 교사를 그만두고 문학에만 전념하고 싶다는 뜻을 마사오카 시키에게 편지로 내비침. 6월 부친인 나쓰메 고헤나오카쓰가 사망함. 부친 사망 소식을 듣지만 학년말시험 때문에 장례식에 참석하지 않음. 7월 처 교코와 함께 도쿄로 상경함. 하지만 구마모토에서 도쿄까지의 먼 거리 여행이 원인이 되어 교코가 유산流産함. 12월 규슈에 있는 오아마온천小天温泉을 여행하여 〈풀베개〉라는 작품의 소재를 얻음.

1898년(31세) 6월 제오고등학교 학생으로 후년에 문하생이 된 수필가 데라다 도라히코寺田寅彦 등에게 하이쿠俳句를 지도함. 6월 말 또는 7월 초순경 부인 교코가 구마모토 현의 자택 가까이를 흐르고 있는 수량水量이 많은 시라카와白川의 이가네부치井川淵 하천에 뛰어들어 투신자살을 기도했지만 다행히 주위에 있는 어부에게 구해져 목숨을 건짐. 부인 나쓰메 교코가 입덧이 심해 고민함.

1899년(32세) 5월 장녀 후데코筆子가 출생함. 6월에 영어과 주임이 됨. 9월경 규슈 구마모토 주위에 있는 아소산阿蘇山을 여행하여 작품 〈이백십일〉 소재를 얻음.

1900년(33세) 5월 일본 문부성文部省으로부터 영어 연구를 위해 2년간의 영국 유학 명을 받음. 유학비는 연 1,800엔. 9월 8일 독일기선 프로이센호로 요코하마를 출발하여 10월 28일에 런던에 도착함.

1901년(34세) 1월 둘째 딸 쓰네코恒子 출생함. 5월 과학자 이케다 기쿠나에池田菊苗가 베를린에서 런던에 있는 나쓰메 소세키에게 찾아와 약 2개월 동안 그와 동숙함. 이케다 기쿠나에와의 만남을 통해 크게 자극을 받아 〈문학론〉의 구상을 결심함. 7월 극도의 신경쇠약에 시달림. 〈문학론〉의 저술에 몰두함. 도쿄에 있는 나쓰메 교코에게 열심히 편지를 보내지만 답장이 오지 않기 때문에 런던 유학생활 중 고민을 함. 신경쇠약이 악화됨.

1902년(35세) 3월 장인 나카네 시게카즈에게 서간을 보내 일영동맹日英同盟 체결에 들뜬 일본인들을 비판하고, 대규모의 저술 구상을 내비침. 9월 과도한 연구 등으로 인하여 신경쇠약이 극도로 악화됨. 일본에까지 나쓰메 소세키의 발광 소식이 전해짐. 문부성으로부터 독일 유학생 후지시로 데이스케藤代禎輔에게 '나쓰메 소세키 정신이상 〔…〕 보호하여 귀국하라'는 명령이 내려짐. 11월 생애의 친구 마사오카 시키가 사망하였다는 소식을 다카하마 교시의 서간을 받고 알게 됨. 12월 5일 일본 우편선 하카다마루博多丸에 승선하여 귀국 길에 오름.

1903년(36세) 1월 24일 영국 유학을 마치고 도쿄에 도착함. 3월 도쿄 혼고구 센다기로 이사함. 4월 연봉 700엔을 받는 조건으로 제일고등학교 강사가 됨. 또한 연봉 800엔을 받는 조건으로 도쿄제국대학 영문과 교수를 겸함. 도쿄제국대학에서는 전임자 고이즈미 야쿠모小泉八雲(1850-1904)를 대신하여 〈영문학형식론〉과 〈문학론〉 등을 강의함. 한편 신경쇠약이 악화되어 처와의 불화가 심해져, 9월에는 임신 중인 처를 친정으로 돌려보내고 일시 별거 생활을 함. 11월 셋째 딸 에이코栄子가 출생함.

1904년(37세) 2월 러일전쟁이 시작됨. 9월 월급 30엔을 받는 조건으로 메이지대학 강사를 겸함. 12월에 마사오카 시키의 제자로 당시 《호토토기스》를 주재하고 있던 다카하마 교시高浜虚子로부터 작품 집필을 권유받음. 작품 〈나는 고양이로소이다〉를 문학 모임에서 낭독하여 호평을 받음.

1905년(38세) 1월 〈나는 고양이로소이다〉를 《호토토기스》에 발표함. 당초에는 1회분으로 끝날 예정이었으나, 공전의 호평을 얻어 다음해 8월까지 11회 걸친 장편으로 연재됨. 이와 병행하여 〈런던탑〉을 《제국문학》에 발표. 〈칼라일박물관〉, 〈환영의 방패〉, 〈일야〉 등을 연이어 여러 지면에 발표함으로써 왕성한 창작활동을 함. 12월 넷째 딸 아이코愛子가 출생함.

1906년(39세) 4월 〈도련님〉을 《호토토기스》에 발표함. 9월 〈풀베개〉를 《신소설》에 연이어 발표함. 10월 〈이백십일〉을 《중앙공론》에 발표. 평소 그의 자택에 출입이 잦은 문하생들의 방문 일을 매주 목요일 오후 3시 이후로 정함으로써 목요회木曜会로 불리게 됨. 11월 요미우리신문사로부터 입사 의뢰가 왔으나 거절함.

1907년(40세) 1월 〈태풍〉을 《호토토기스》에 발표함. 4월 제일고등학교와 도쿄제국대학 강사를 사직하고, 아사히신문사에 소설을 쓰는 전속작가로 입사함. 6월 입사 후 첫 작품 〈구비진소虞美人草〉를 《아사히신문》에 연재함. 이후 그의 모든 작품을 《아사히신문》에 연재함. 장남 준이치純一 출생. 9월 도쿄 우시고메구 와세다미나미초로 이사함. 이후 그는 죽을 때까지 '수석산방漱石山房'이라고 불렸던 이 집에 거주함.

나쓰메 소세키가 1907년 도쿄 신주쿠구 와세다미나미초에 이사하여 죽을 때까지 살았던 '수석산방'이라고 불리는 곳에 세워진 그의 흉상(저자 촬영).

1908년(41세) 1월 〈갱부〉를 발표함. 9월 〈산시로〉를 연재시킴. 12월 〈문조〉, 〈몽십야〉를 차례로 연재함. 차남 신로쿠神六가 출생함.

1909년(42세) 3월 어릴 시절의 양아버지가 찾아와서 금전을 달라고 함. 〈영일소품〉을 연재함. 6월 〈그 후〉를 연재함. 9월 남만주철도주식회사 총재인 친구 나카무라 제코의 초대로 만주와 한국을 여행함. 이때 한국의 신의주, 평양, 서울, 인천, 부산에 옴. 만주와 한국의 체험을 〈만한 이곳저곳〉이란 기행문 제목으로 《아사히신문》에 연재함. 11월 《아사히신문》에 〈아사히문예란〉을 신설하여 주재함. 양부에게 절연絶縁을 약속하는 조건으로 100엔을 건네줌. 위경련으로 고통받음.

1910년(43세) 3월 다섯째 딸 히나코ひな子가 출생함. 작품 〈문〉을 연재함. 6월 〈문〉을 탈고한 후에 위궤양 때문에 나가요위장병원長与胃腸病院에 입원함. 8월 전지 요양을 위해 갔던 슈젠지修善寺온천에서 대량의 피를 토하고 30분간 인사불성의 위독한 상태에 빠짐. 이를 '슈젠지의 대환'이라고 부름. 11월 〈생각나는 일들〉을 발표.

1911년(44세) 2월 위궤양으로 입원 중이던 나가요위장병원에서 퇴원함. 입원 중에 문부성으로부터 문학박사학위 수여의 통지를 받았으나 거절함. 8월 오사카 《아사히신문》의 의뢰로 관서지방関西地方을 순회 강연함. 10월 나쓰메소세키가 주재하던 《아사히신문》 〈아사히 문예란〉이 폐지 됨. 11월에 아사히신문사에 사표를 제출하였으나 반려됨. 5녀 히나코가 급사急死함.

1912년(45세) 1월 〈히간스기마데〉를 연재함. 4월 이시카와 다쿠보쿠石川啄木 장례식에 참가. 이 무렵에 신경쇠약과 위궤양이 재발하여 고통받음. 7월 메이지 천황이 서거, 연호가 다이쇼大正로 바뀜. 12월 〈행인〉을 연재하기 시작함. 이때 남화풍南画風 그림을 그리기 시작함.

1913년(46세) 3월 신경쇠약과 위궤양 재발하여 5월까지 자택에서 치료를 받음. 4월 〈행인〉 연재를 일시 중단하고 자택에서 요양하였으나 11월에 완결함. 그림에 대한 흥미를 가짐.

1914년(47세) 4월부터 8월까지 〈마음〉을 연재함. 홋카이도에서 도쿄로 본적을 되돌려놓음. 9월 위궤양이 재발하여 자택에서 한 달여 동안 안정을 취함. 11월 학습원学習院에서 〈나의 개인주의〉라는 테마로 강연함.

1915년(48세) 1월 제자 데라다 도라히코寺田寅彦에게 보낸 연하장에 '죽을지도 모른다'고 씀. 〈유리문 안에서〉를 연재함. 3월 교토 여행을 함. 6월 〈미치쿠사〉를 연재함. 12월 아쿠타가와 류노스케, 구메 마사오, 기쿠치 간 등이 처음으로 나쓰메 소세키 문하생들의 모임인 목요회에 출석함.

1916년(49세) 1월 〈점두록点頭録〉을 발표함. 2월 아쿠타가와 류노스케에게 보낸 편지에 작품 〈코鼻〉를 격찬함. 4월 당뇨병 진단을 받고 치료에 들어감. 5월 〈명암〉을 연재하기 시작함. 8월 오전 중에는 소설을 쓰고, 오후에는 한시를 쓰고 남화를 그림. 11월 초 목요회에서 만년의 사상으로 알려진 '칙천거사則天去私'에 대하여 처음으로 언급함. 11월 16일 최후의 목요회가 열려 모리타 소헤이, 아베 요시시게, 아쿠타가와 류노스케, 구메 마사오 등이 출석함. 11월 22일 위궤양이 급격하게 악화되어 위독한 상태에 빠져 병상에 누움. 11월 28일 주치의의 헌신적인 치료에도 불구하고 위궤양이 악화되어 인사불성 상태가 됨. 12월 2일 내출혈로 재차 위독한 상태에 빠짐. 12월 9일 사망함.

〈명암〉은 12월 14일까지 연재되었으나 188회를 마지막으로 미완으로 영원히 중단됨. 장례식 접수를 아쿠타가와 류노스케가 담당함. 모리 오가이를 비롯한 많은 명사들이 조문함. 법명法名은 '문헌원 고도 소세키 거사文献院古道漱石居士'임. 12월 28일 도쿄 도시마구豊島区에 있는 조시가야 묘지雑司ヶ谷墓地에 안장됨. 조시가야 묘지는 그의 작품 〈마음〉의 주인공 K가 자살한 이후 묻힌 장소임.

1917년(사후 1년) 1월 〈명암〉이 이와나미서점에서 간행됨. 11월 《소세키 하이쿠집漱石俳句集》이 이와나미서점에서 간행됨. 12월 소세키전집간행회漱石全集刊行会에서 최초의 《소세키전집漱石全集》 13권을 이와나미서점에서 간행함. 소세키전집간행회 대표자는 나쓰메 소세키의 제자였으며, 작품 〈마음〉을 출판했고, 당시 이와나미서점岩波書店을 운영했던 이와나미 시게오岩波茂雄임. 이후 오늘날까지 《소세키전집》이 잇따라 이와나미서점에서 간행되고 있음. 때문에 나쓰메 소세키 작품을 구입한다고 하면, 이와나미서점 발간 서적을 구입해야 한다는 말이 나오고 있는 것임.

1918년(사후 2년) 최초의 《소세키전집》(전13권)이 이와나미서점에서 간행됨.

1984년(사후 68년) 나쓰메 소세키의 인품과 그가 창작한 문학 작품의 질적 수준이 높게 평가되어 일본 사람들이 제일 많이 사용하는 천 엔千円권 지폐 속에 그의 초상이 새겨짐. 지폐에 새겨진 나쓰메 소세키의 모습은 콧수염을 기른 점잖은 표정으로 무엇인가를 지긋이 생각하는 중후함을 나타내고 있음.

1993년(사후 77년) 신편집 최신판 《소세키전집》(전28권)이 이와나미서점에서 간행되기 시작함.

2000년(사후 84년) 2000년 6월 일본 아사히신문사에서는 독자들 20,569명을 대상으로 천 년간의 기간 동안 가장 인기 있는 문학자를 선별해 보는 '천 년의 문학자' 인기투표를 실시했음. 그 결과 나쓰메 소세키가 3,516표를 얻어 1위로 차지했음. 위와 같은 조사 결과는 나쓰메 소세키가 노벨문학상을 수상한 작가는 아니지만 일본문학을 대표하는 인기 작가임에 틀림없다는 것을 증명해 주고 있는 것임.

일본학총서 간행사

한 · 일 양국은 지정학적인 위치뿐만 아니라, 정치 · 경제 · 사회 · 문화 등 제반 분야에서 그 어떤 나라보다도 가까운 이웃이라 할 수 있다. 그렇지만 양국은 '가깝고도 먼 나라'라는 표현처럼 서로를 심리적으로는 가까이 하기 어려운 대상으로 여겨왔고 지금까지도 그러한 경향이 적지 않게 남아 있는 것 또한 사실이다. 일견 이 모순되는 상황은 양국의 역사적인 갈등과 대립에 의해 형성된 측면도 있지만, 그보다 더 본질적인 원인은 서로에 대한 심도 있는 인식과 이해가 부족하다는 점에서 찾을 수 있다.

21세기 글로벌 시대를 맞아 일본을 재인식하자는 분위기가 점차 고조되고 있으며, 그에 발맞춰 과거 국내에서 행해졌던 일본연구에 대한 반성과 더불어 새로운 비전 설정이 요구되고 있다. 이에 따라, 피상적인 일본이해를 벗어난 분석적이고 본질적인 일본이해의 필요성과, 일본의 특정 분야 연구에서 끝나지 않은 열린 연구에 대한 지향성이 요구되고 있으며, 금후의 한일관계를 공존 · 공영이라는 큰 틀 안에서 재정립하기 위해서 동아시아적 시각으로 세계의 구조 속에서 일본을 파악할 필요성이 대두하고 있다고 하겠다.

이에 고려대학교 일본학연구센터에서는 기존의 연구성과를 정리하여 일본연구를 체계화하고 새로운 방향성을 설정하고자 '일본연구총서'의 간행을 기획하게 되었다. '일본연구총서'는, 국내외 학자들의 일본 연구서,

교양서, 연구 명저의 번역 등을 모은 '일본학총서'와 일본이해의 기반을 이루는 고전명작을 해당 전문가가 번역한 '일본명작총서'의 두 분야로 이루어져 있다. 본 간행 사업은 거시적인 안목에서 지속적으로 추진해 나갈 예정이며, 이를 통해 한국에서 일본연구의 질적 향상과 더불어 인문학 발전에 기여할 수 있기를 바란다.

아무쪼록 '일본연구총서'가 외국연구의 이정표가 되기를 기원하며, 마지막으로 본 총서의 간행을 담당해 준 고려대학교출판부, 그리고 간행사업을 지원해 준 일본국제교류기금과 만국박람회기념협회에 깊은 감사를 드린다.

고려대학교 일본학연구센터
일본연구총서 간행위원회

Ⅰ본서는 2006년도 일본 만국박람회기념협회와 국제교류기금의 보조금에 의한 출판물이다.
本書は平成18年度日本万国博覧会記念協会と国際交流基金の補助金による出版物である。

일본학총서 · 6

나쓰메 소세키
생애와 작품

초판 발행 2007년 8월 30일
초판 2 쇄 2011년 2월 15일
지은이 권혁건
펴낸곳 고려대학교출판부
www.kupress.com
kupress@korea.ac.kr
136-701 서울특별시 성북구 안암동
02-3290-4230, 4232
Fax 923-6311
찍은곳 동화인쇄공사

ISBN 978-89-7641-624-7 04830
ISBN 978-89-7641-589-9 (세트)

값 15,000원